ELOGIOS PARA *O CALENDÁRIO CÓSMICO*

"Christopher Renstrom fez algo verdadeiramente estelar com *O Calendário Cósmico*: tornou o amplo tema da astrologia algo fácil de aplicar à nossa vida. É um livro muito agradável de ler!"

— ISAAC MIZRAHI, autor do *best-seller I.M.: A Memoir*

"Com sua nova abordagem 'sazonal' da astrologia, Renstrom acerta sempre."

— PATTI STANGER, *The Millionaire Matchmaker*

"Christopher Renstrom alia seu profundo conhecimento da história a uma visão sábia e bem-humorada de nosso modo de viver hoje. *O Calendário Cósmico* é leitura indispensável para quem busca compreensão mais profunda do emprego da astrologia para tirar o máximo proveito da vida."

— J. COURTNEY SULLIVAN, autora do *best-seller Friends and Strangers*

O CALENDÁRIO CÓSMICO

Christopher Renstrom

O CALENDÁRIO CÓSMICO

Guia Prático para Decodificar seu Mapa Astral e Usar a Astrologia na Vida Cotidiana

Tradução
Marta Rosas de Oliveira

Editora Pensamento
SÃO PAULO

Título do original: *The Cosmic Calendar – Using Astrology to Get in Sync with Your Best Life.*

Publicado mediante acordo com TarcherPerigee, um selo da Penguin Publishing Group, uma divisão Penguin Random House LLC.

Editor: Adilson Silva Ramachandra
Gerente editorial: Roseli de S. Ferraz
Gerente de produção editorial: Indiara Faria Kayo
Preparação de originais: Marta Almeida de Sá
Editoração eletrônica: Join bureau
Revisão: Verbenna Yin e Adriane Gozzo

Dados Internacionais de Catalogação na Publicação (CIP)
(Câmara Brasileira do Livro, SP, Brasil)

Renstrom, Christopher
O calendário cósmico: guia prático para decodificar seu mapa astral e usar a astrologia na vida cotidiana / Christopher Renstrom; tradução Marta Rosas de Oliveira. – São Paulo: Editora Pensamento, 2025.

Título original: The cosmic calendar: using astrology to get in sync with your best life.
ISBN 978-85-315-2423-3
1. Astrologia 2. Esoterismo I. Título.

25-259679 CDD-133.5

Índices para catálogo sistemático:

1. Astrologia 133.5
Eliete Marques da Silva – Bibliotecária – CRB-8/9380

Direitos de tradução para o Brasil adquiridos com exclusividade pela
EDITORA PENSAMENTO-CULTRIX LTDA., que se reserva a
propriedade literária desta tradução.
Rua Dr. Mário Vicente, 368 – 04270-000 – São Paulo – SP – Fone: (11) 2066-9000
http://www.editorapensamento.com.br
E-mail: atendimento@editorapensamento.com.br
Foi feito o depósito legal.

Para Wendy Wilburn e Janet Robins,
por estarem sempre disponíveis para o que der e vier,
não importa qual seja a estação nem se o momento é adequado ou não.

SUMÁRIO

INTRODUÇÃO

Em 46 a.C., Júlio César mudou o mundo. Ele havia sido convidado para jantar na barcaça da rainha Cleópatra e viu-se sentado ao lado de Sosígenes, um dos astrônomos da corte. Os dois começaram a conversar e ficaram tão entretidos na conversa que não pararam de falar a noite toda. A discussão era sobre calendários. O calendário romano estava uma bagunça havia décadas. Pelo fato de se basear na Lua, era preciso acrescentar meses intercalares a cada oito anos para alinhá-lo com as estações. Embora os calendários lunares fossem comuns em todo o Mediterrâneo, os sacerdotes romanos vinham adicionando e subtraindo meses a seu bel-prazer, no intuito de ampliar os mandatos de seus políticos preferidos e reduzir os mandatos dos políticos dos quais não gostavam. Na verdade, essa manipulação do tempo estava causando grandes prejuízos à navegação, ao comércio e à arrecadação de impostos.

Sosígenes sugeriu mudar para o calendário egípcio, que se baseava no Sol. Séculos antes, os egípcios haviam calculado que o Sol levava 365,25 dias para voltar a ocupar no céu o lugar em que estava no equinócio da primavera. Ele demonstrou a César que, dividindo o ano em doze meses (alternando meses de 30 e de 31 dias), era possível criar um ano com 366 dias e, em seguida, reduzir fevereiro em mais um dia, para sincronizar o calendário com o Sol. Desse modo, em vez de adicionar ou subtrair um mês inteiro a cada oito anos, bastaria a César adicionar um dia a fevereiro uma vez a cada quatro anos. Assim surgiu o calendário juliano, que recebeu esse nome em homenagem a Júlio César, o que permitiu a padronização da medição dos dias em toda a República. Relógios de sol e obeliscos (ambos invenções egípcias) logo se tornaram uma coqueluche em Roma, pois habilitavam os cidadãos romanos a identificar por si mesmos a hora do dia, o mês e o ano em que estavam. Além disso, essa mudança no calendário deu origem à astrologia ocidental, que, desde os dias crepusculares da Babilônia, se baseava na Lua e, a partir de Júlio César, passou a se basear no Sol.

Seu mapa astral é um calendário. Um calendário exclusivamente seu, por ser a imagem do céu no momento de seu nascimento. Pense nele como uma captura de tela do céu – do *seu* céu. Esse mapa estelar personalizado pode guiá-lo por toda a vida. Ele lhe indica se você está em uma estação propícia ou não e também se o momento é bom para começar determinado empreendimento ou refletir melhor a respeito. Ele lhe mostra os períodos de tolerância, durante os quais você pode vencer dignamente os obstáculos, e o avisa a respeito de futuros momentos de dificuldade, nos quais você pode encontrar resistências. No entanto, o mais importante é que, assim como o calendário, tudo isso pode ser feito com base no Sol, e é por isso que é fundamental saber onde está o Sol em seu mapa astral. Nem todo mundo nasce enquanto o Sol está brilhando. Muitos de nós nascemos após o pôr do Sol. Quem nasce nas primeiras horas da manhã não é semelhante a quem nasce no fim da tarde, do mesmo modo que quem nasce no meio do outono não tem a mesma perspectiva de vida de quem nasce na primavera. Este livro também vai descrever seu temperamento elemental individual conforme o posicionamento dos planetas em seu mapa astral. Você não terá dificuldade para entender isso, pois tudo se relaciona ao Sol. O Sol representa você em seu mapa astral, e vamos usá-lo como planeta sinalizador de posição – "onde você está" – ao longo deste livro.

Como usar este livro

Você precisará de seu mapa astral e, para isso, terá de saber exatamente o dia e o ano em que nasceu, além da hora e do local de nascimento. Em meu *site*, em inglês, você pode baixar uma cópia de seu mapa astral: RulingPlanets.com.

Se você não sabe qual é a hora exata em que nasceu, então use 12h00. Os astrólogos costumam usar o meio-dia como horário-padrão porque ainda dá uma ideia geral de onde está a Lua. Talvez você não saiba dizer se nasceu durante o dia ou durante a noite, mas pelo menos terá acesso a uma lista dos planetas de seu aniversário que ainda lhe permitirá usar este livro.

1. **Identifique seu Signo Solar** (para isso, procure o dia de seu aniversário na página 51).

2. **Identifique sua estação:** Você nasceu na primavera, no verão, no outono ou no inverno?

3. **Qual é seu modo:** Você é uma força impossível de deter? Um ser imutável? Ou é daqueles que tentam consertar uma situação impossível?

4. **Você nasceu durante o dia ou à noite?** Isso é importante porque, se tiver nascido de um parto noturno, a Lua terá em seu mapa tanto peso quanto o Sol, talvez até mais.

5. **Qual é sua constituição elemental?** Isso é o que realmente descompacta o mapa astral. Os quatro elementos – Água, Terra, Ar e Fogo – descrevem os pilares de sua personalidade: vida emocional, bem-estar material, habilidades sociais e convicções espirituais. Com base nas estações, raramente a distribuição dos quatro elementos é uniforme em um mapa astral. E, já que funcionam com (e, às vezes, contra) o Sol, esses elementos influenciam seu temperamento.

6. **Explore o Sol em cada signo.** Esta seção descreve a passagem do Sol pelos doze signos do zodíaco em ordem calendárica. Você pode usá-la para ler a seu próprio respeito e a respeito de amigos e entes queridos, mas também pode usá-la para identificar seu planeta regente. Como o regente é o planeta que rege seu Signo Solar, vale a pena pesquisá-lo (junto ao signo em que ele está) para informar-se melhor sobre como a energia de seu Sol será canalizada em sua vida. E, por fim, também pode usar essa seção sobre os signos solares para compreender melhor a disposição sazonal dos demais planetas em seu mapa.

7. **Conheça os planetas.** Esta seção mostra os planetas em seu mapa e também os signos em que eles estão. Cada planeta se reportará a seu Sol (ou seja, a você), e é por isso que certos planetas serão úteis, outros serão difíceis e alguns vão deixá-lo em dúvida. Além disso, essa seção descreve o que é ter Mercúrio e Vênus como estrelas da manhã e como estrelas da noite, explica o que significa dizer que um planeta está em movimento retrógrado e mostra onde os planetas estão em domicílio, em detrimento, em exaltação ou em queda.

8. **Aprenda a usar seu mapa astrológico como calendário pessoal.** Esta parte do livro mostra como usar as estações e os elementos para transformar seu mapa em um calendário. É útil não só para que você escolha os momentos certos para tomar decisões sobre romances e conversas sérias com os filhos, por exemplo, mas também para ajudá-lo a cuidar das áreas problemáticas de seu mapa astral, nas quais a energia pode ficar presa ou ocorrer alguma desconexão. Não existe mapa "ruim", pois o Sol está sempre percorrendo os doze signos do zodíaco. Pode demorar dias, semanas ou meses, mas o Sol sempre "nascerá amanhã", pois em algum momento entrará em uma estação ou passará por algum signo do zodíaco de elemento igual ou complementar ao do seu signo. Esse método, que é fácil de usar, o ajudará a preparar-se para isso e, sobretudo, a fazer as coisas no próprio tempo, ou seja, quando for mais conveniente para você.

ENTENDA SEU CALENDÁRIO CÓSMICO

A ASTROLOGIA É UM CALENDÁRIO

A astrologia não é uma ciência. A astrologia não é uma religião. A astrologia é um calendário. É por isso que quase todas as grandes civilizações do planeta – no Oriente Médio, na Índia, na China e na Mesoamérica – desenvolveram alguma forma de astrologia. Seu objetivo era medir o tempo.

Na astrologia, tudo é visto do ponto de vista da Terra. Sim, na verdade, todos sabemos que os planetas orbitam o Sol, que está no centro de nosso sistema solar. No entanto, na astrologia, o horóscopo (também chamado de mapa astrológico, mapa natal e mapa astral) é configurado para mostrar que *os planetas nos orbitam.*

O conceito não é tão mirabolante quando se considera que o Sol nasce no leste pela manhã, viaja pelo céu durante o dia e, por fim, põe-se no oeste à noite. Não é verdade que todos nós podemos dizer que horas são com base na posição do Sol no céu? O calor e a luz não são diferentes às 06h00, às 14h00, às 17h30 e às 21h00? O arco que o Sol descreve no céu é o mesmo que os planetas descrevem. Mercúrio, Vênus, Marte, Júpiter e Saturno – e mesmo aqueles que não podemos ver a olho nu, como Urano, Netuno e Plutão – fazem o mesmo percurso pelo céu. Eles nascem e se põem como o Sol e a Lua. E, sim, o Sol e a Lua são considerados planetas na astrologia. "Planeta" vem da palavra grega *planetoi,* que significa "luzes errantes". Os gregos usavam essa palavra para distinguir as luzes que se moviam no céu (como o Sol e a Lua) das luzes que não se moviam, como as constelações do zodíaco.

Então, essa é a primeira coisa que você precisa saber sobre a leitura de seu mapa astral: os planetas se movem, mas os signos do zodíaco, não.

Imagine o mostrador de um relógio. Nesse mostrador, há doze números. Doze números, nada mais. Agora, se eu lhe perguntasse "Que horas são?" e você só pudesse ver os números, conseguiria me dizer as horas?

Claro que não, pois faltam os ponteiros, não é? Para poder me informar as horas, você precisaria de um ponteiro para as horas, outro para os minutos e, talvez, mais um para os segundos.

Os signos do zodíaco são como os números do mostrador de um relógio. Existem doze signos, assim como doze números em um relógio e doze meses em um ano. E sua ordem nunca muda.

Porém os planetas são como os ponteiros de um relógio. Eles estão em movimento constante. Os astrólogos usam os planetas para dizer que horas são.

Áries o Carneiro	Touro o Touro	Gêmeos os Gêmeos	Câncer o Caranguejo	Leão o Leão	Virgem a Donzela

Libra a Balança	Escorpião o Escorpião	Sagitário o Arqueiro	Capricórnio a Cabra	Aquário o Aguadeiro	Peixes o Peixe

É por isso que, quando você está diante de seu mapa astrológico, os signos estão do lado de fora da roda (assim como os números do relógio) e os planetas estão dentro da roda (assim como os ponteiros do relógio). Os planetas apontam para os signos. É a isso que se referem os astrólogos quando dizem que seu Sol está em Áries e sua Lua está em Capricórnio. Isso equivaleria às 09h00: o ponteiro das horas estaria apontando para 9, e o ponteiro dos minutos, para 12.

Imagine como deve ter sido a vida antes da difusão do calendário. Você não teria como saber que as flores que desabrochavam na primavera não durariam para sempre, nem que o inverno, após a queda da temperatura e o começo das nevascas, não significaria o fim do mundo para toda a eternidade. A vida teria parecido delicada, perigosa e bem deprimente. Como as demais criaturas do planeta, estaríamos presos a nossos relógios biológicos: comendo quando sentíssemos fome, dormindo quando estivéssemos cansados, fazendo sexo, dando à luz e morrendo sem pensar muito no futuro. Então, a que devemos nosso abandono da rotina cansativa de colher uma fruta aqui e correr atrás de um antílope ali para vislumbrar uma vida melhor? Aos astros.

Newgrange é um monumento pré-histórico encontrado no Condado de Meath, no lado leste da Irlanda. Parece um enorme monte cor de esmeralda. Construída por volta de 3200 a.C., durante o período neolítico, a tumba de Newgrange é mais antiga que Stonehenge e as grandes pirâmides do Egito. A entrada desse monumento está alinhada com o sol nascente no solstício de inverno do Hemisfério Norte, de modo que todos os anos, por volta de 21 de dezembro, o Sol incide diretamente em uma abertura retangular acima da entrada, por uma longa e escura passagem, e enche de luz a câmara central por cerca de dezessete minutos. Essa é a única época do ano em que a escuridão absoluta do interior de Newgrange é iluminada de forma natural. Agora, a luz penetra ali por cerca de quatro minutos depois que o Sol nasce, mas cálculos baseados na precessão da Terra mostram que há cinco mil anos a primeira luz teria entrado exatamente ao nascer do Sol. Assim, no dia mais curto do ano, quando o mundo estava frio e sombrio, Newgrange recebia uma promessa de luz. Não podemos saber se essa promessa se destinava a garantir às pessoas que habitavam o local havia milênios que um novo ano estava por vir ou se tinha como objetivo dar-lhes a esperança de uma vida futura. Tudo que sabemos é que esse monumento não poderia ter sido construído se essas pessoas pré-históricas não estivessem usando o céu para determinar a passagem do tempo.

A astrologia nunca esteve associada à superstição nem ao temor. Na pior das hipóteses, foi criada para neutralizar nossos maiores medos. Compreender que as fases da Lua compunham um mês, que as quatro estações – nas quais o Sol nascia na primavera, atingia o pico no verão, se punha no outono e se afastava no inverno – podiam ser medidas em 365 dias e que os próprios planetas invariavelmente retornavam ao lugar do céu onde haviam sido avistados pela primeira vez dava à humanidade sensação de continuidade e estabilidade. A órbita regular dos corpos celestes era a garantia de que realmente havia uma ordem das coisas e de que a vida não era aleatória e caótica. É por isso que os símbolos do zodíaco podem ser encontrados em igrejas, sinagogas, templos e edifícios governamentais em toda a América, na Europa e na Ásia. Eles não estão lá para decorar esses locais nem para afastar espíritos malignos; estão lá para nos lembrar de que *todos nós vivemos no tempo*. Não importa como o marcamos, categorizamos, obsoletamos ou prorrogamos: o tempo transcende todas as ciências, as religiões, as economias e as culturas. Tudo nasce, atinge o pico, declina e morre, mas a história sobre o modo como isso ocorre no tempo e o que acontece ao longo do caminho é tão diversa e tão singular quanto as vidas que nascem neste mundo.

Todos nós vivemos no tempo, mas o tempo também vive em nós, e é nisso que consiste seu horóscopo. Ele é o carimbo de data e hora do momento em que você veio ao mundo; uma captura de tela do céu no dia em que você nasceu. Seu horóscopo tem duas funções: pintar um retrato psicológico seu com base nas posições dos dez planetas e funcionar como um calendário pessoal exclusivo que lhe diz quando você está ou não em comunhão com o momento. Você sabe, a astrologia nunca viu o destino como algo fixo, pois o tempo não é fixo. Ela descreve a relação entre um céu em movimento acima interagindo com um horóscopo que cresce abaixo. Sabe quando falamos em sincronizar nossos dispositivos móveis com a nuvem? Bem, seu horóscopo funciona de modo semelhante: quanto mais sincronizado estiver com *seu* tempo, mais você poderá extrair de seus momentos de expansão, recuperar-se dos golpes que sofrer e viver uma vida plena de realizações. A astrologia nunca lhe diz o que fazer, mas, sim, quando fazer.

AS ESTAÇÕES DO ANO

Há doze signos do zodíaco, um para cada mês do ano. A melhor maneira de se lembrar da ordem dos signos é agrupá-los em estações. Áries, Touro e Gêmeos são signos da primavera no Hemisfério Norte e do outono no Hemisfério Sul; Câncer, Leão e Virgem são signos do verão no Hemisfério Norte e do inverno no Hemisfério Sul; Libra, Escorpião e Sagitário são signos do outono no Hemisfério Norte e da primavera no Hemisfério Sul; e Capricórnio, Aquário e Peixes são signos do inverno no Hemisfério Norte e do verão no Hemisfério Sul.

Signos da primavera/outono

♈	♉	♊
Áries	Touro	Gêmeos

Signos do outono/primavera

♎	♏	♐
Libra	Escorpião	Sagitário

Signos do verão/inverno

♋	♌	♍
Câncer	Leão	Virgem

Signos do inverno/verão

♑	♒	♓
Capricórnio	Aquário	Peixes

O que você precisa fazer em seguida é fracionar esse ciclo sazonal em equinócios e solstícios. Os equinócios e os solstícios definem os quatro marcos do ano.

OS EQUINÓCIOS

Você pode ver que as posições de Áries e Libra os colocam em localização exatamente oposta de um em relação ao outro na linha do horizonte, como duas pessoas de frente uma para a outra em uma gangorra. Isso se deve ao fato de estes serem os signos do equinócio. O *equinócio* simboliza os dias que têm a mesma duração que as noites, e é isso que vemos todos os anos quando o Sol entra em Áries (em 21 de março ou por volta desse dia) e em Libra (em 22 de setembro ou por volta desse dia). É quando – do ponto de vista da Terra – o Sol cruza o Equador, movendo-se de um hemisfério ao outro. Na primavera, o Sol se aproxima de um dos Hemisférios; é quando as árvores florescem e os primeiros brotos verdes crescem da terra. No outono, o Sol passa de novo pelo Equador e entra no outro Hemisfério. No outono, a vegetação muda de cor, e as folhas começam a murchar e a cair das árvores. A partir do primeiro dia do equinócio de primavera, os dias ficam mais longos, e as noites, mais curtas, até que o Sol atinja o solstício de verão. Da mesma maneira, no primeiro dia que se segue ao equinócio de outono, os dias ficam mais curtos, e as noites, mais longas – como uma sombra –, e isso continua a ocorrer até que o Sol chegue ao solstício de inverno.

Os equinócios

OS SOLSTÍCIOS

Solstício significa literalmente "paralisação do Sol". No entanto, é claro que o Sol na verdade não para. Se isso acontecesse, teríamos muitos problemas. Mas assim o viam as pessoas que o observaram durante séculos; então, os solstícios marcam as duas épocas do ano em que o Sol está mais distante do equador celeste. Era nessas épocas que o Sol parecia parar: não podia ir mais alto (verão) nem mais baixo (inverno) no céu. O solstício de verão marca o dia mais longo e a noite mais curta do ano. É no verão que o Sol nos parece mais próximo e abrasador. E o solstício de inverno representa o dia mais curto e a noite mais longa do ano. É no inverno que o Sol nos parece mais distante e frio. Isso é ilustrado no mapa com Câncer e Capricórnio posicionados, respectivamente, onde ficam as 6h00 e as 12h00.

As pessoas que nascem sob o signo de Áries, Gêmeos e Touro estão no eixo da primavera-outono e são consideradas novatas porque representam os "signos joviais". Ansiosos para deixar sua marca no mundo, os nativos desses signos veem a vida de uma maneira repleta de oportunidades e querem capitalizar todas elas. São autênticos e um pouquinho ingênuos, e não há como negar que seu entusiasmo é contagiante: são como eternas crianças que nunca vão crescer. Pegam as coisas rápido e são bons de conversa, mas têm dificuldade de fazer os projetos saírem do papel.

Os equinócios e os solstícios

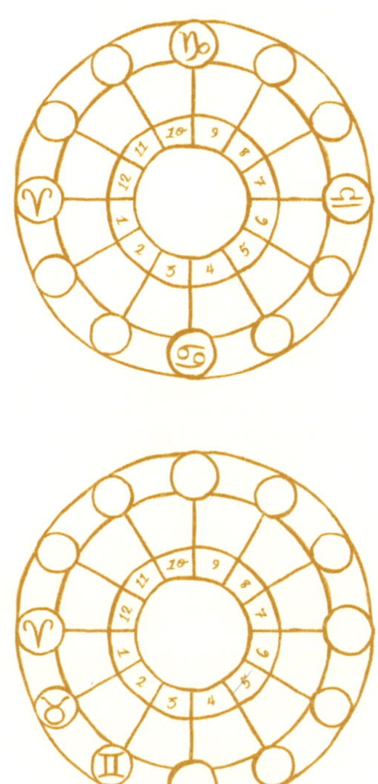

Você pode pensar nos nascidos sob o signo de Câncer, Leão e Virgem, que estão no eixo do verão-inverno, como os "buscadores do sol". Nascidos na estação da abundância, quando as barracas de beira de estrada estão cheias de frutas e legumes maduros, ou da precaução com os estoques feitos, eles não têm motivos para acreditar que, algum dia, terão decepções na vida. São representantes dos signos mais seguros e confiantes do zodíaco. Seu caminho é o caminho certo. Pouco importa que seus objetivos sejam modestos ou ambiciosos: eles sabem que seu lugar à mesa está garantido. É por isso que não se saem bem quando surgem contratempos.

As personalidades dos signos de Libra, Escorpião e Sagitário, do eixo do outono--primavera, são as "que dão a volta por cima". Nascidos durante a época do ano em que o Sol está "se pondo" no Hemisfério Norte e do retorno solar depois do inverno no Hemisfério Sul, seus representantes sabem, por experiência própria, o que é levar uma queda depois de ter conhecido o topo. Também sabem que, se cederem à dúvida e ao medo, nunca se reerguerão do tombo. Essa vontade indômita de ressuscitar faz desses signos os mais experientes do zodíaco.

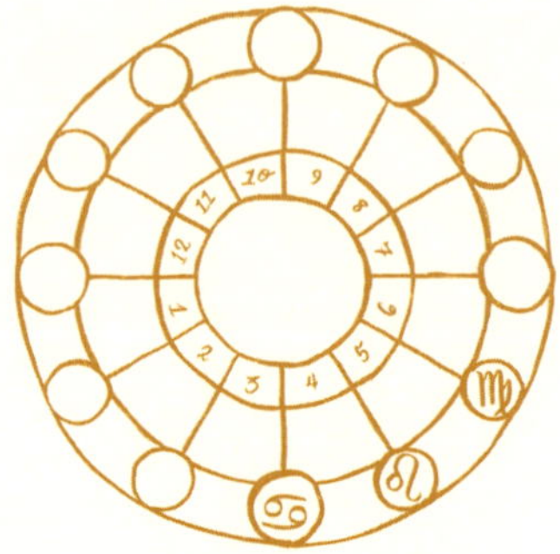

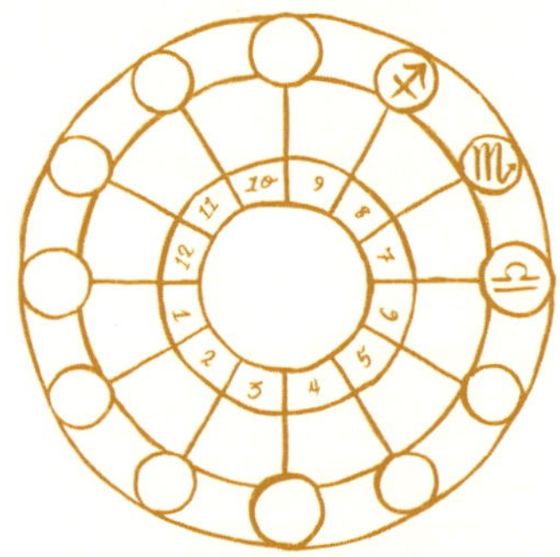

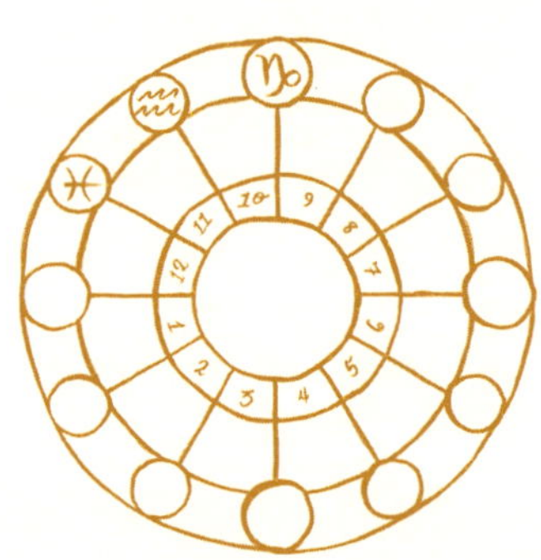

Os nascidos nos signos de Capricórnio, Aquário e Peixes, no eixo do inverno-verão, demoram a animar-se. Conhecendo de perto as dificuldades das condições extremas, preveem a necessidade de assumir responsabilidades pesadas na vida e se orgulham de sua capacidade, de sua perseverança e de sua resiliência. Enquanto os signos da primavera-outono veem a vida como se ela estivesse sempre começando ou se renovando, esses três signos a veem como se estivesse decaindo, por isso o desafio é fazê-los experimentar coisas novas e ver o mundo com novos olhos. São as "almas velhas" do zodíaco. Agora, essas descrições não têm nada a ver com evolução pessoal nem com quantas vidas passadas você já viveu aqui na Terra. Elas se baseiam exclusivamente no Sol. Em que época do ano você nasceu? Quando o Sol estava raiando? Quando estava no pico? Declinando? Ou já era noite?

OS MODOS

Na astrologia, cada estação – primavera, verão, outono e inverno – é composta de três signos, os quais obedecem a uma ordem rigorosa de aparição: cardinal, fixo e mutável. São as chamadas *quadruplicidades* ou – se você quiser mostrar que está a par das novidades – modos.

Os signos cardinais são os signos do zodíaco que regem um equinócio ou um solstício. São aqueles que iniciam uma estação e, por isso, têm mais iniciativa. Quando está no modo cardinal, você aponta a direção, mas não a segue. Os signos cardinais são as forças do zodíaco que não se detêm diante de nada, porém não abordam a vida da mesma maneira: Áries ataca as situações de frente. Câncer faz um longo rodeio em torno do objetivo antes de atacá-lo. Libra convoca as pessoas a reunir forças, aumentando, assim, a própria força, e Capricórnio, exímio escalador de montanhas, passa por cima de quem tentar detê-lo. Os signos cardinais vão longe e sempre alcançam seus fins. É por isso que são os que mais se guiam por metas entre os signos do zodíaco.

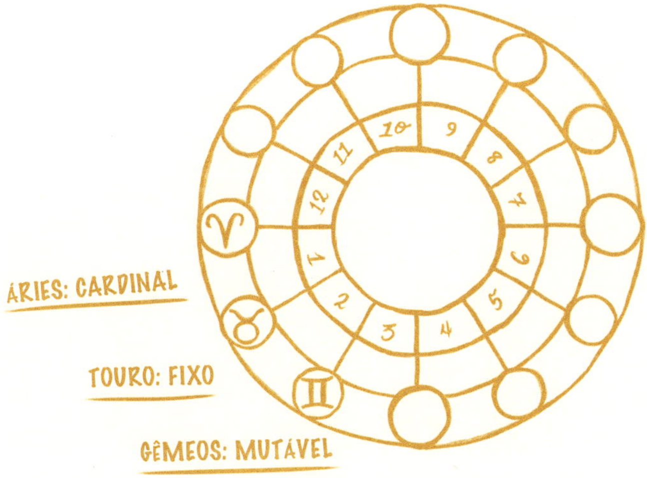

Os signos fixos sempre seguem algum dos signos cardinais e, por ficarem no centro, são considerados o coração de sua respectiva estação. Eles sempre dizem "não" antes de dizer "sim". Dizer "não" antes de "sim" implica que cabe a você vender-lhes sua ideia. Sua mentalidade é: mostre-me. Os signos fixos jamais renunciam ao poder de veto, o que os torna objetos intransponíveis para a força irrefreável dos signos cardinais. Sua força está na fixidez da resistência. E, como os cardinais, os signos fixos resistem de maneiras diferentes: Touro planta, Leão se aquece, Escorpião o encara com seu olhar fulminante e Aquário simplesmente o congela.

Os signos mutáveis encerram as estações. E é porque são signos de transição – sempre olhando para o que veio antes enquanto antecipam o que virá a seguir – que são retratados com dois corpos. Eles têm duas figuras – como Gêmeos e Peixes – ou são uma figura composta, uma mistura de dois seres, como Virgem – representado em mapas estelares antigos como uma mulher com asas – e Sagitário – metade homem e metade cavalo. Dualistas por natureza, esses signos introduzem flexibilidade a um zodíaco espremido entre forças imparáveis e objetos permanentemente imóveis. É de sua natureza serem adaptáveis e complacentes. Seu objetivo é facilitar as coisas, encontrar uma forma de fazer a situação funcionar. Gêmeos é o intermediário, Virgem é o ajudante, Sagitário acentua o positivo e Peixes desperta a empatia.

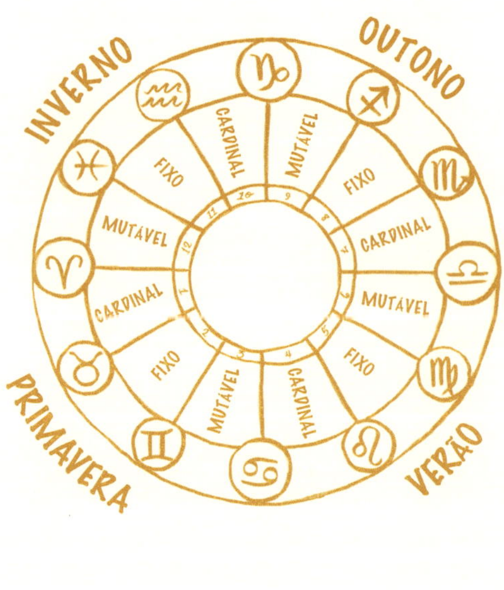

OS ELEMENTOS

Depois de agrupados por estações do ano e divididos por modos, os signos se unem por elementos. Na astrologia, a diferença entre modos e elementos é como, no alfabeto, a diferença entre consoantes e vogais. As consoantes constituem os blocos fundamentais, mas são as vogais que criam os sons. Elas animam as palavras. Do mesmo modo, na astrologia, são os elementos que dão vida aos signos do zodíaco. E, como as vogais, eles têm comportamentos próprios e distintos.

Os quatro elementos – Água, Terra, Ar e Fogo – são os pilares da astrologia: Água ocupa o ponto mais baixo da escala, seguida por Terra, Ar e Fogo, que está no ponto mais alto. Isso não implica absolutamente que um elemento seja mais evoluído que outro. O que os antigos estavam tentando fazer ao estabelecer essa ordem ascendente era descrever a própria natureza dos elementos. É da natureza da água descer: a chuva cai do céu, a água flui ladeira abaixo (não acima), e um vazamento sempre buscará o ponto mais baixo antes de escoar. É por isso que a água está na parte inferior da escala. A terra "assenta-se" na água, como se vê quando se chega à terra por meio do mar. É o terreno sólido em que pisamos. O ar está à nossa volta. Enche nossos pulmões, carrega as nuvens e cria a atmosfera em que vivemos, enquanto o fogo sobe, expandindo-se para cima e para fora. A maior fonte de calor e luz é o Sol, que nasce e se põe acima do mundo em que vivemos. A água busca profundidade. A terra busca acúmulo. O ar busca circulação. E o fogo busca altura. É por isso que o fogo coroa a escala elementar.

FOGO	♈ Áries	♌ Leão	♐ Sagitário
AR	♊ Gêmeos	♎ Libra	♒ Aquário
TERRA	♉ Touro	♍ Virgem	♑ Capricórnio
ÁGUA	♋ Câncer	♏ Escorpião	♓ Peixes

ÁGUA

A água representa nossa vida emocional. Ela nos confere profundidade e sentimento. Dois terços de nosso planeta são cobertos por água, e 60% de nosso corpo compõe-se de água; a água é um elemento essencial. Sem ela, não existe vida. Nossa vida emocional não pode existir sem nossos sentimentos, nossas lembranças, nossas fantasias e nossos sonhos. A água rege nosso inconsciente, essa parte misteriosa que há em nós, submersa na mente consciente da vigília. É nela que despertamos, reabastecidos e renovados, todas as manhãs, e é a essas águas restauradoras que só o sono pode trazer que voltamos todas as noites. Na verdade, se pensarmos bem, nossa consciência é apenas uma ilha, uma pequena porção de terra assentada sobre a psique vasta e profunda.

Os signos de água são Câncer, Escorpião e Peixes. São os signos emocionais do zodíaco. Pense um instante na palavra *emocional*: quando se diz que alguém é emocional, em geral, a conotação não é a de que essa pessoa está histérica, louca ou fora de controle? Apesar disso, é notório que os signos de água não são expressivos. Para eles, os sentimentos existem para ser sentidos. É por isso que eles não falam sobre si mesmos nem tentam explicar suas reações. Quando se pergunta a alguém de um signo de água o que sente, a resposta costuma ser monossilábica. Os signos de água não são poéticos como os de fogo nem analisam padrões de comportamento como os de ar. Eles têm profunda desconfiança em relação à palavra falada. Agora, no caso deles, isso não se aplica às palavras em geral. Alguns dos nossos maiores escritores, poetas e compositores são representantes dos signos de água. São pessoas que entendem que as palavras são encantamentos que podem lançar um feitiço sobre os leitores ou os ouvintes e abrir-lhes o coração para a magia da vida interior. A desconfiança dos nativos de signos de elemento Água em relação à palavra falada vem do medo de que suas palavras possam ser usadas contra eles, pelo fato de, muitas vezes, já terem sido mal interpretados ou visto suas palavras serem distorcidas para expressar alguma coisa que, na realidade nunca sentiram. Repita o que alguém de um signo de água lhe disse em uma discussão – ou, pior ainda, recorra à semântica para exigir-lhe uma resposta – e você o verá entrar em parafuso. Ele ficará irritado e confuso como uma testemunha interrogada num tribunal e responderá: "Não foi isso o que eu quis dizer!". Ele vai se debater de um lado para outro como um peixe fora d'água. Seu mundo não é o da lógica fria e sistemática. Os signos de água desconfiam dos fatos e das estatísticas e sentem, a quilômetros de distância, o cheiro de um raciocínio alinhavado às pressas. Eles sabem muito bem que, nas mãos erradas, as palavras podem se tornar armas.

Os signos de água acreditam que todos nós bebemos da mesma fonte da emoção. A maneira como alguém se apaixona em Nova York não difere da maneira como alguém se apaixona no Japão, na Somália ou na Islândia. Todo mundo sabe o que é sentir faltar o chão, ter esperança ou alegria, assim como todo mundo sabe o que é ser magoado, sentir-se rejeitado, furioso ou desanimado. Então, se todos nós sabemos o que é ser feliz, por que fazer alguém infeliz?

Isso é o que dá aos nascidos em Câncer, Escorpião e Peixes empatia e compaixão. Eles sentem a dor dos outros. Não tentam evitar o assunto, dizer que você deve superá-lo, nem o acusam de se sabotar. Os signos de água têm a presença do coração para ficar a seu lado no sofrimento. Eles acalmam, tranquilizam e reconfortam.

Além disso, sabem imaginar a vida emocional dos demais. Para os signos de água, não é difícil se colocar no lugar do outro e ver o mundo com seus olhos. Às vezes, os nativos de outros signos acham que isso é desconcertante e chegam até a perguntar: "Como você pode sentir pena de um criminoso tão cruel que fez intencionalmente tanto mal?". No entanto, os signos de água sabem que todo mundo já foi criança um dia e que talvez alguns tenham ficado assim por terem passado por sofrimentos e negligência na infância. Os signos de água sabem que todos os santos já foram pecadores. Nem sempre tratar os outros como você mesmo gostaria de ser tratado ou dar a outra face e perdoar as ofensas que lhe fazem é algo que ocorre de forma natural, mas é assim que ocorre com os signos de água. O perdão é um ponto forte, não uma fraqueza.

A maior dificuldade para um signo de água é aceitar que nem todo mundo consegue nadar em águas tão profundas. A maioria das pessoas prefere caminhar ao longo da costa, nadar sempre em águas rasas, ou, talvez, fazer um pouco de *snorkeling*. Nem todos são mergulhadores de águas profundas. Cada um lida com a rejeição à sua maneira, porém os signos de água a veem como uma terrível traição. Isso porque grande parte do que acontece entre duas pessoas se baseia nas correntezas silenciosas que circulam entre ambas. Há uma compreensão tácita, uma relação mediúnica, que permite aos signos de água interpretar ânimos, decifrar gestos e saber o momento exato de dizer a coisa certa. Com certeza, é algo fantasmático e nebuloso, mas é isso que torna esses signos tão prescientes. Por isso é tão importante que eles saibam discernir quando devem interpretar de forma literal o que alguém lhes disser, mesmo que essa pessoa esteja virando as costas para a melhor coisa que já aconteceu com ela ou cometendo um grande erro. No fim das contas, os erros das pessoas a elas pertencem. Alguém pode compartilhar de seus sentimentos, mas simplesmente decidir agir de outra maneira. Esse tipo de aceitação não é fácil, mas lhe dará força e fará mais sentido que tentar estabelecer "limites pessoais". Quais são esses limites para alguém que é tão fluido e profundo quanto você?

Você não precisa ser de um signo de água para ter muita água em seu mapa. Qualquer astrólogo sabe disso: se você tiver quatro ou mais planetas em signos de água, seu mapa é bem aquoso. Nesse caso, vai atrair pessoas que sofrem danos psicológicos, enfrentam desafios na vida afetiva ou carregam muita bagagem pessoal. Elas estão em busca de sua água como nômades à procura de um oásis no deserto. Muitas vezes, vemos as pessoas emocionais como carentes, mas elas não são assim. Se seu mapa tiver muita água é porque você tem muito amor para dar. Na verdade, você tem amor *demais* para dar, e é por isso que precisa que bebam de seu poço, para evitar que ele transborde. As pessoas que têm muita água tendem a ser retraídas, deprimidas e isoladas. Quando se doam no âmbito emocional, a água circula, o que as torna mais leves e eleva seu moral. Pensando bem, isso funciona como o ciclo da água: o excesso de água é levado para a atmosfera para formar nuvens que, quando ficam pesadas demais, devolvem essa água à Terra em forma de chuva. Os signos de água não procuram os emocionalmente feridos que andam a esmo por aí porque são masoquistas; eles os atraem para sua órbita no intuito de manter a própria energia fluindo.

Quem tem muito de Câncer, Escorpião e Peixes no mapa traz a água para nós neste mundo ressequido. São pessoas que nos enchem a vida de intimidade, nos comovem com sua sensibilidade e nos encantam com sua criatividade. Embora talvez nem sempre valorizemos suas qualidades, não poderíamos viver sem elas. Sem imaginação, não seríamos capazes de pensar a vida de formas diferentes dessa que vemos diante de nós. Sem memória, não nos lembraríamos de quem éramos nos momentos em que nos esquecemos de quem somos. Sem consolo, não poderíamos cair soluçando nos braços de outra pessoa e, sem esperança, não poderíamos amar de novo. As pessoas cujos mapas são aquosos têm dificuldade de se enxergar como seres empoderados. Porém, quando param de pensar em balde e começam a pensar em reservatório, passam a entender a ideia de que sua fonte de energia é renovável. A água da garrafa que você comprou na semana passada é tão antiga quanto as primeiras gotas de água que caíram na Terra há milênios. Ela não para de dar voltas e mais voltas. Continua se reciclando. Literalmente, a água reencarna. É por isso que ela sempre esteve ligada à vida imortal da alma.

TERRA

Imagine um planeta aquático onde abundam recifes de corais, peixes nadam livremente e florestas de algas se estendem em todas as direções, sem fronteiras. Agora, imagine jogar algumas porções de terra em cima dele: é a Terra.

E Terra é o elemento em que vivemos. Ela é o chão em que pisamos, os corpos que habitamos e o sustento de que precisamos: comida, abrigo e subsistência. Tudo o que produzimos no âmbito físico – seja um arroto ou uma grande obra de arte – é regido pela terra. A terra é o domínio do mundo material, o mundo das coisas que você pode tocar e sentir por meio do corpo. E esses objetos têm grande variedade de formas e tamanhos. Alguns podem ser quentes e aconchegantes, enquanto outros podem ser frios e afiados. Há objetos de fácil acesso e objetos muito mais difíceis de encontrar. E, além disso, há os artigos de luxo e as imitações baratas. Os signos de terra sabem que há imensas disparidades nesse mundo material em que vivemos e nem tudo tem o mesmo valor. É por isso que estão sempre avaliando as situações em termos do valor que elas realmente têm.

Apenas uma pergunta move os signos de terra: *como se vive num mundo em que tudo acaba desmoronando?* É por isso que Touro, Virgem e Capricórnio estão sempre preocupados com o tempo que está passando, com quanto dinheiro há no banco e com a data de validade dos alimentos estocados no fundo da geladeira. O maior medo de um signo de terra é ser jogado fora por ser inútil ou indesejável. Eles nunca querem ser pegos desprevenidos, e é o espectro desse medo do abandono que lhes confere garra, disciplina e determinação.

Os signos de água são compassivos, simpáticos e empáticos. Eles acreditam que todos nós bebemos do mesmo reservatório emocional, e isso é que os predispõe tanto a compartilhar, abraçar e fazer sacrifícios. Digamos que os signos de terra não pensam exatamente assim. São grandes defensores da ideia de que boas cercas fazem bons vizinhos, pois acreditam que, se você ficar do seu lado da cerca, e eu, do meu, então estará tudo bem. Cuidar cada um da própria vida é um credo dos signos de terra. Você não precisa lhes pedir que estabeleçam limites; eles já vieram a este mundo com muros de fronteira erguidos e escudos defletores ligados.

Isso vem do corpo. Os signos de terra são físicos, regidos por seus apetites e desejos, por sua necessidade de adquirir e proteger. A Terra é o elemento da saúde e da riqueza. Enquanto tiver saúde, você pode trabalhar; enquanto trabalhar, pode ganhar dinheiro; e, enquanto tiver dinheiro, pode cuidar de si mesmo. Simples assim. O sexo é regido pela terra, mas não o amor. O amor pertence ao domínio da água. A razão pela qual o sexo é regido pela terra está no fato de ser um desejo físico que pode ser facilmente satisfeito, como comer um lanche quando o nível de açúcar no sangue está baixo ou tomar um cafezinho à tarde para espantar a sonolência. Seja qual for a necessidade, você a satisfaz e volta ao trabalho. Agora, isso não quer dizer que os signos de terra sejam avessos ao romantismo. Só que tirá-los do menu para viagem e vender-lhes a ideia da *haute cuisine* pode demorar um pouco. Superado esse entrave inicial, eles rapidamente se tornam *connoisseurs*; você só precisará ajudá-los a trocar a quantidade pela qualidade.

Seja como for, essa ideia de separação é fundamental para a compreensão da mentalidade dos signos de terra. Eles sabem, em nível molecular, que todos nós nascemos sós e morremos sós, e essa é a razão pela qual sempre deixam transparecer certo senso de isolamento em todos os seus intercâmbios. São os mais existenciais entre os signos do zodíaco; é muito difícil para alguém de Touro, Virgem e Capricórnio confiar seu bem-estar a outra pessoa. Eles nunca sabem se essa pessoa vai ficar aquém das expectativas, ser parte do problema, em vez da solução, ou acabar sumindo. É muito melhor que o signo de terra seja o confiável da dupla que o contrário: assim, não haverá surpresas.

Você não precisa ser de signo de terra para ter muita terra no mapa. Qualquer astrólogo sabe que, se você tiver quatro ou mais planetas em signos de terra, seu mapa é bem terreno. Nesse caso, você se define por seus deveres, suas responsabilidades e suas obrigações. Essas são as coisas que o tiram da cama toda manhã e o mantêm nos trilhos. A mortalidade nunca está muito longe de seus pensamentos. Você pode rir dessa ideia (já que *mortalidade* é uma palavra tão pesada, não é?), mas é por isso que se preocupa tanto com coisas como seu tempo, sua agenda, seu dinheiro e sua comida. Você sempre tem medo de ficar sem elas. Os que têm muita terra no mapa tendem a ficar ansiosos e preocupar-se muito. É isso que faz deles os *workaholics* do zodíaco. Nunca cigarras, sempre formigas, os signos de terra são laboriosos. Precisam construir, criar coisas, produzir. Para eles, dia bom é quando riscam todas as tarefas que havia na lista. E fica melhor ainda se, para isso, tiverem sido pagos regiamente.

Entretanto, os signos de terra têm profundo compromisso consigo mesmos de cuidar das pessoas que amam. É de sua natureza abrigar, prover e proteger. Mas isso não quer dizer que sejam facilitadores. Eles acreditam piamente no ditado "Dê um peixe a um homem, e ele se alimentará por um dia. Ensine um homem a pescar, e ele se alimentará por toda a vida!". Autossuficiência é o mantra dos signos de terra, e é por isso que eles sabem tão bem ensinar os filhos a cuidarem de si mesmos. Sim, pode ser chato ter de se sentar e ouvir um longo sermão que explica por que as coisas funcionam como funcionam enquanto o pai ou a mãe do signo de terra desmonta um aparelho para que você possa ver todo o mecanismo interno e, em seguida, mostra-lhe como remontá-lo. Com um signo de terra, não há como apontar e clicar para obter a resposta que você busca – mas o que você obtém, no fim, é o processo passo a passo, que lhe permite fazer isso sozinho, o que vem a calhar quando você tem de trocar um pneu à beira da estrada no meio da noite ou consertar um problema no computador quando ainda estiver dentro do prazo.

Os signos de terra não têm paciência com os preguiçosos e, às vezes, são muito severos quando se trata dos problemas alheios. Antes de contar com a ajuda deles, é preciso convencê-los de que você realmente está precisando, e, mesmo assim, não espere esmolas. Eles vão querer que você lhes pague o que deve, seja em prestações ou com seu trabalho. Isso é por causa do dinheiro? Sem dúvida. Mas também é para que você aprenda a viver de acordo com suas possibilidades. Aprender a viver dentro das possibilidades não é apenas ser frugal; faz parte de conhecer seus limites, poupar seus esforços e aproveitar ao máximo seus recursos. As pessoas dos signos de terra sabem que não valorizamos as coisas quando não demos duro por elas; acha que só vamos consumi-las e depois voltaremos para pedir mais.

Os indivíduos dos signos de terra não são muito afeitos a criar uma visão de mundo, mas precisam ter uma. Precisam de algo que os faça erguer os olhos para não se tornarem escravos da rotina. O grande talento do elemento Terra é pegar o que está no esboço e dar-lhe forma física. Pessoas dos signos de terra podem transformar um projeto em um edifício, um plano de negócios em uma empresa próspera ou um sonho em realidade. Muita gente fala das próprias Mona Lisas, mas só alguém de um signo de terra conseguiria pintar uma. Se houver muita terra em seu mapa, você tem instinto para moldar e dar forma, modelar e corrigir. Ponha isso a serviço de um sonho, uma esperança, uma causa ou um propósito maior e verá como é incrível o que você consegue fazer. Para um signo de terra, o paraíso não mora no futuro, mas, sim, no aqui e agora. Este mundo é seu terreno para semear, cultivar e colher.

AR

Os signos de água acreditam que todos nós bebemos da mesma fonte emocional. Os signos de terra acreditam que somos seres à parte e nossos corpos são fronteiras naturais em torno de cada um de nós. Os signos de ar têm visão panorâmica da situação. Deslizando sobre a terra, que fica sobre a água, os signos de ar reconhecem que ninguém é uma ilha. Cada um de nós confia em algumas pessoas e cada um de nós é objeto da confiança de algumas outras pessoas. É da natureza da vida, mesmo no âmbito molecular, organizar-se em corpos maiores. Agrupar-se, juntar-se, reunir-se. Os signos de ar sabem que juntos estamos melhor que separados. É por isso que são os construtores de pontes do zodíaco. Esses signos driblam constantemente a divisão que separa uma pessoa da outra. Mas como se conectar com alguém que pode não ter nada em comum com você no aspecto emocional, espiritual, econômico ou político? Para isso, você precisa da palavra.

As palavras são importantes para os signos de ar. Elas não só descrevem e explicam o que está acontecendo com você para outra pessoa que não tem a menor ideia do que isso seja como também podem ser usadas para que você consiga o que almeja. Por exemplo, se fizer um pedido com educação e respeito, em vez de rispidez e arrogância, provavelmente conseguirá o que deseja. Convencer as pessoas a verem a razão quando os ânimos estão exaltados exige que você seja, ao mesmo tempo, eloquente e lúcido, ao passo que orientar aqueles que você está liderando é algo que precisa ser feito por meio da linguagem mais simples possível para ser eficaz. As palavras comunicam e unem. É por isso que, para um signo de ar, dar sua palavra é o mesmo que assinar um contrato. A palavra vale tanto quanto a assinatura.

"Nós" é a palavra favorita dos signos de ar. Os signos de ar são Gêmeos, Libra e Aquário. E, por falar nisso, você não precisa ser de um signo de ar para ter muito ar no mapa. Os astrólogos dizem que, se você tiver quatro ou mais planetas em signos de ar, seu mapa é bem aéreo. Nesse caso, você se vê como parte de um par, um relacionamento ou um grupo. Raramente se refere a si mesmo na primeira pessoa do singular, pois quase sempre o faz na primeira pessoa do plural. E isso não é por modéstia nem para se esconder por trás de outras pessoas. Para os signos de ar, é importante que todos sejam ouvidos. Eles sabem muito bem que isso nos convida a ter visões contrárias, debates acalorados e dissonância em vez de harmonia, mas não se importam tanto, porque não querem que todos tenham a mesma opinião. Sintonia? Sim, pois os signos de ar sabem que nunca conseguirão fazer nada se não coordenarem esforços. Mas pensar igual? Não. Se há uma coisa que os signos de ar apreciam muito é um bom debate, pois são notoriamente curiosos, experimentais e teóricos. Ninguém é capaz de ampliar seus horizontes nem de melhorar o mundo insistindo na conformidade. Os signos de ar nem sempre têm mente aberta, mas com certeza têm muita curiosidade e sempre querem saber o que os outros estão fazendo.

Isso, às vezes, pode dar uma impressão de superficialidade, de que eles se importam demais com o que os outros pensam. E, de fato, algumas vezes, é assim mesmo, mas o importante a lembrar sobre os signos de ar é que seus recursos mais preciosos são os recursos humanos. Não importa se você é quem leva o cachorro dele para passear ou se se casou com ele; cada pessoa tem um papel a desempenhar no ecossistema da vida de um signo de ar. É por isso que as pessoas desses signos estão sempre enviando mensagens de texto, mensagens de áudio, postando e "curtindo". Elas abordam seus relacionamentos como uma florista que organiza um buquê feito por encomenda. Cada pessoa é única e preciosa, uma flor que precisa ser cuidada.

Os signos de ar já foram comparados a borboletas sociais que voam de uma pessoa para outra, mas, na verdade, são mais como as ocupadas abelhas de uma colmeia. A colmeia é diferente do rebanho. A mentalidade de rebanho é quando as pessoas apenas acompanham um grupo. Porém, na colmeia, cada membro cumpre uma tarefa específica que serve a uma função específica. Especializada e hierárquica, a colmeia não poderia funcionar sem seus membros; o todo sempre é maior que a soma das partes. É por isso que os signos de ar sentem atração por grandes organizações, instituições e órgãos públicos. Há um apelo em fazer parte de um esforço coletivo, em saber qual é seu papel na programação das tarefas e em ouvir o zumbido ininterrupto da conversa de fundo que deixa a mente agitada à vontade. De fato, os signos de ar pensam melhor quando estão em grupo – e, quanto mais ruidoso e dispersivo for o grupo, melhor. Nada torna um signo de ar mais infeliz que se ver separado dos outros. Eles podem dizer que é disso que precisam para se concentrar, mas, em seguida, vão ligar a tevê para ver as notícias ou colocar um par de fones de ouvido para ouvir um *podcast*. Eles precisam de companhia para pensar.

O primado da lei é importante para os signos de ar. Você pode não pensar assim no início, porque eles costumam desafiar os limites estabelecidos, porém o que mais importa para eles é a resposta, não a pergunta. Na realidade, há, de fato, uma maneira certa de fazer as coisas no que se refere aos signos de ar, e, em geral, ela é lógica, imparcial e demonstrável. É por isso que eles são os primeiros a fechar o contrato quando há um litígio, a apresentar *e-mails* com carimbo de data/hora quando alguém não se lembra muito bem do que aconteceu ou a citar fatos e estatísticas quando as discussões descambam para o lado pessoal. Eles não fazem isso porque precisam mostrar que estão certos (embora, muitas vezes, achem que são mais inteligentes que a maioria); eles o fazem apenas porque acreditam na existência de um universo ordenado. Tudo pode ser explicado, mesmo que ainda não tenhamos a capacidade de dar uma explicação.

Contudo, considerando um elemento que se volta tanto para os outros, é impressionante ver como os signos de ar podem ser insensíveis diante dos sentimentos alheios. Não espere que percebam seu estado de ânimo; eles vão checar com tranquilidade suas mensagens de texto enquanto você se senta do outro lado da mesa em silêncio furioso. E não é porque estejam tentando evitá-lo, mas apenas porque presumem que, se você está calado, é porque não tem nada a dizer. Vale a pena se lembrar de que, como as palavras são tudo para os signos de ar, você precisa dizer a eles – letra por letra – que está chateado. E depois precisa ter tempo para analisar com eles o que está acontecendo e discutir de maneira detalhada todos os pormenores. Em parte, porque sua própria vida emocional é para eles um completo mistério; por outro lado, porque acreditam nas propriedades terapêuticas da conversa, as pessoas dos signos de ar creem na cura pela palavra. Portanto, falar sobre o que sentem é uma oportunidade de decifrar esses sentimentos. Seja acalorada ou fria, a conversa firma uma conexão; portanto, enquanto duas partes em conflito permanecerem na mesma sala, sempre haverá esperança de que as pazes sejam feitas. Os signos de ar insistem em não ir para a cama com raiva, ainda que isso signifique ficar acordado a noite toda para discutir a relação.

Então, o desafio das pessoas dos signos de ar são as emoções? Sim. É como os signos de água, que se fecham, os de terra, que se recusam a compartilhar, e os de fogo, que não conseguem imaginar como alguém poderia viver sem eles. Cada elemento tem seu ponto cego, e, no caso do ar, esse ponto está nas emoções. Trata-se apenas de uma desconexão mental que ocorre quando as coisas ficam muito perturbadoras, profundas ou pessoais. As emoções estão lá, mas os circuitos, não. E, assim, os signos de ar são atraídos para outras pessoas, para poderem se conectar e conhecerem a si mesmos. Talvez seja frustrante ouvi-los quando o acusam de fazer coisas que eles fazem o tempo todo, mas é que os signos de ar são como crianças: jogam a salada no seu prato para poder mostrar que o deles já está limpo e ter direito à sobremesa. Para eles, projetar é natural; por isso, às vezes, relacionar-se com eles pode parecer-lhe mais uma sessão contínua de análise freudiana. Mas o que você recebe em troca é alguém comprometido com você. Para um signo de ar, um relacionamento é como um pacto ou uma aliança. É por isso que eles demoram tanto para dizer "sim". Porém, depois que o fazem, esse vínculo é sólido e eterno.

FOGO

Os povos antigos acreditavam que as estrelas eram as fogueiras dos deuses. E, enquanto estalavam e pipocavam, elas cuspiam centelhas que flutuavam sem rumo pelo espaço, durante algum tempo, até percorrerem as sete esferas planetárias. À medida que caía, cada centelha ia sendo abençoada por cada um dos planetas, até chegar ao corpo de um bebê no exato momento do nascimento. Quando o primeiro bebê encheu os pulmões de ar pela primeira vez, aquela centelha lhe abriu os olhos, iluminou-lhe a mente e o fez chorar. O espírito entrou no corpo do bebê e instalou-se nele como o dono de uma casa que entra nela à noite e acende todas as luzes. O fogo é literalmente a centelha da vida, o espírito que anima nosso corpo, nos motiva e nos deixa loucos para experimentar tudo que o mundo tem a oferecer. Os signos de fogo querem viver, viver, VIVER!

Espírito não é o mesmo que alma. Quando dizemos que alguém é "espirituoso", geralmente queremos dizer que essa pessoa é excitável, vibrante e cheia de energia: como uma chama. Ela é indomável, volátil e independente de um jeito feroz. A "alma", por outro lado, implica quietude, contemplação e até melancolia, qualidades que se opõem ao fogo. Se nasceu sob o signo de Áries, Leão ou Sagitário, você é governado por seus entusiasmos, alimentado por suas paixões e estimulado por suas convicções. Você expressa tudo o que está acontecendo dentro de si, e o faz de imediato. Não há como conter isso. Nada de remoer sentimentos, de aguardar de maneira cerimoniosa sua vez nem de se colocar no lugar de outra pessoa. Os signos de fogo experimentam tudo no momento em que ocorre. O Fogo é o mais sincero, o mais espontâneo e o mais impulsivo dos elementos. Os signos de fogo são também os mais propensos a voltar atrás no que acabaram de dizer. Se seu mapa tiver muito fogo, pedir desculpas por coisas que você diz ou faz não será nenhuma novidade. Alguns poderiam achar que isso seria humilhação, mas não é. Você já aceitou há muito tempo que suas palavras e seus atos simplesmente vão irritar algumas pessoas, e tudo bem, desde que possa ser fiel a si mesmo.

Para os signos de ar, é o outro que é importante; seus maiores recursos são os recursos humanos, e, por isso, eles prezam tanto os relacionamentos. *Nós* é sua palavra-chave. Para entender o modo de pensar dos signos de fogo, pegue o *nós* e troque por *eu*: assim você descobrirá sua senha. Ninguém mais que eles valoriza a individualidade. Os signos de fogo sabem que, se não fosse essa centelha especial que torna cada pessoa única e diferente, estaríamos todos vivendo em um mundo de moldes para biscoitos. Os signos de fogo fazem a diferença de modo pessoal.

Você não precisa ser de um signo de fogo para ter muito fogo no mapa. Qualquer astrólogo sabe que, se você tiver quatro ou mais planetas em signos de fogo, seu mapa é bem ardente. As pessoas que têm muito Áries, Leão e Sagitário nos mapas sabem que são especiais. Embora, como todo mundo, elas possam ter suas crises de dúvida e insegurança, no fundo sabem que nasceram para realizar grandes coisas, que têm um dom especial ou que estão predestinadas a cumprir uma importante missão. Na Antiguidade, pessoas assim eram retratadas com coroas de pedras preciosas, auréolas ou línguas de fogo tremulando sobre a cabeça – símbolos que mostravam que continham o sinal do divino. Eram privilegiadas, eleitas e favorecidas pelos deuses. Hoje, nós as chamamos de estrelas. As estrelas irradiam algo que as faz se destacar na multidão, subir ao topo de sua área e ter zilhões de seguidores no Instagram. Os demais podem se preocupar com marcas pessoais e eus autênticos, mas os signos de fogo não precisam fazer isso. Eles apenas são. Seu senso intuitivo sempre os leva ao lugar certo na hora certa para que a fortuna lhes sorria. Se tiver a sorte de estar perto de um signo de fogo, é bem provável que parte dessa fortuna também respingue em você.

Para os signos de fogo, o maior desafio é a sustentabilidade: aprender a poupar suas forças, moderar seu ritmo e avaliar as situações com calma antes de mergulhar de cabeça nelas, pois tendem a saltar primeiro e perguntar depois. Parte disso decorre da urgência que os impele a seguir sempre em frente (os signos de fogo são muito voltados para o futuro e acreditam que o melhor ainda está por vir), e, outra, do fato de serem, por temperamento, mais sensacionais que emocionais. As emoções são regidas pela água; são experiências pessoais muito profundas que não precisam ser expressas nem demonstradas porque são apenas *sentidas*. As personalidades sensacionais (como os signos de fogo) têm atração por experiências culminantes. Elas vivem a todo o vapor. Quando se apaixonam, o romance tem de ser o melhor de todos os tempos! Quando sentem raiva, não conseguem apenas falar a respeito, precisam BERRAR e ser DRAMÁTICAS! Quando sentem vergonha, não conseguem apenas procurar um canto para se lamentar; precisam CHORAR e CONFESSAR para todo mundo ver. Tudo se destina à exibição pública. E é claro que quem vive os altos naturalmente vai acabar vivendo também os baixos. Porém, no caso dos signos de fogo, esses baixos podem ser arrasadores. Por isso, eles evitam qualquer coisa que seja pesada, sombria ou deprimente demais; têm medo de que seu fogo se apague.

Os signos de fogo não pensam duas vezes para sair de empregos, relacionamentos e obrigações que se tornaram becos sem saída. Como incêndios florestais, não hesitam em pular divisões e barreiras se houver algo combustível e mais animador do outro lado. Estão sempre buscando novos começos. Apesar disso, o Fogo é um elemento que pode ter dificuldade de aprender com os próprios erros. Não é reflexivo como a água, não se recrimina como a terra, nem é analítico como o ar. Como o Sol que nasce a cada novo dia ou a lendária Fênix que ressurge das cinzas, os signos de fogo ribombam para a vida ao riscar de um fósforo, de modo que remoer o passado ou debruçar-se sobre as brasas não é para eles. É quase como se tivessem nascido com um botão de reinicialização psicológica; estão muito mais focados em fazer melhor da próxima vez, e, como sempre haverá uma próxima vez, podem adotar uma atitude de "isso foi naquela época, não é agora" em relação a tudo que aconteceu antes. É por isso que eles continuam enfrentando os mesmos problemas no amor e no trabalho, sem ter a menor ideia do motivo pelo qual estão acontecendo de novo. Pois, pelo fato de pertencerem a um elemento que defende o direito de ser fiel a si mesmo, eles podem ter sérios problemas com a questão da responsabilidade. E simplesmente não querem ser vistos sob uma luz pouco favorável.

Os signos de fogo precisam de muito amor e aceitação. Pelo modo como se apresentam, você poderia achar que não, mas eles são assim. Não jogue areia nos sonhos deles, mesmo que esses sonhos extrapolem qualquer possibilidade. Em vez disso, por que não ser solidário e oferecer-se para acompanhá-los? Além de abrir seu próprio mundo, você pode acabar vivendo a maior aventura de sua vida.

COMO FUNCIONA O CÉU

Veja como funciona o céu em um mapa astrológico. A Terra orbita o Sol em sentido anti-horário. A órbita da Terra em torno do Sol nos dá as estações do ano. À medida que o Sol vai percorrendo os signos ao longo de um ano (o Sol está em Áries em abril, em Touro em maio, em Gêmeos em junho, e assim por diante), você o vê se mover na direção mostrada na figura ao lado. A presença do Sol em um signo do zodíaco sempre indica qual é a época do ano. É por isso que Áries, o primeiro signo do zodíaco, é seguido por Touro, Gêmeos, e assim sucessivamente, todos em ordem anti-horária.

A Terra orbita o Sol em sentido anti-horário; portanto, a ordem dos signos é anti-horária

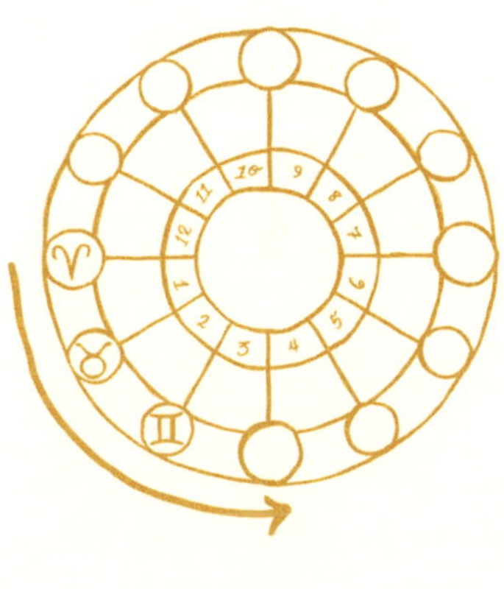

Enquanto gira em torno do Sol, a Terra gira também em torno do próprio eixo. A rotação da Terra em seu eixo nos dá o dia e a noite. O lado que está voltado para o Sol é o dia, e o lado que está voltado para a direção oposta é a noite. A Terra gira em seu eixo no mesmo sentido anti-horário, de oeste para leste, o que cria a ilusão de que o Sol se move em sentido horário. É por isso que o Sol nasce de manhã à esquerda, percorre o céu e depois se põe à direita, à noite. Lembre-se de que, na astrologia, tudo é visto da perspectiva da Terra, e é assim que o Sol nos encara no céu durante o dia.

Então, por que o Sol faz isso em um mapa astral se todos sabem que ele nasce no leste e se põe no oeste? Porque a maneira mais fácil de identificar onde o Sol está no céu é ficar de costas para o norte. O percurso do Sol pelo céu – como o dos planetas à noite – fica mais ao sul do que o local onde estamos situados. É por isso que o Sol – assim como os planetas – nasce a leste à esquerda e se põe a oeste à direita.

A Terra gira em seu eixo de oeste para leste, criando a ilusão de que o Sol se move em sentido horário

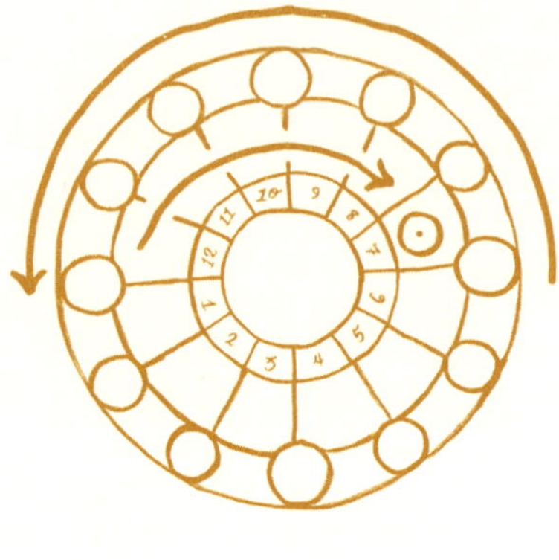

MAPA DIURNO

O percurso do Sol pelo céu fica mais ao sul do que onde estamos situados

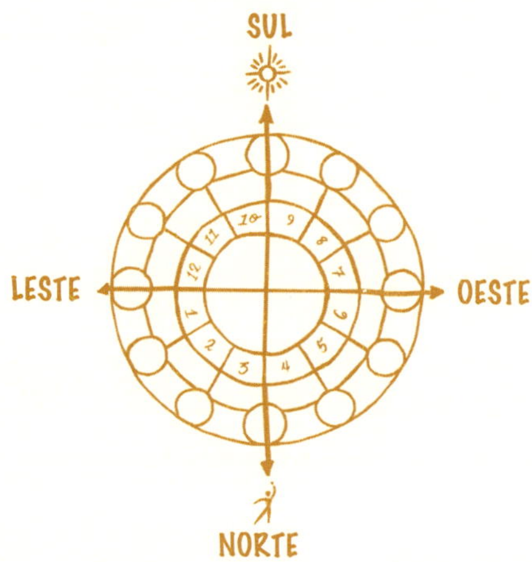

Se você nasceu durante o dia, o Sol aparecerá acima do horizonte em seu mapa astral. E é nesse lugar que o Sol quer estar, pois é quando ele começa a brilhar. As pessoas nascidas durante o dia precisam ser vistas e reconhecidas. Elas querem impressionar os outros e divulgar seu nome. Tudo o que fazem se destina a ser exibido, pois sabem perfeitamente que estão sendo observadas e julgadas. Isso é ótimo quando seu ego é do tipo que se apresenta bem, pois você vai se esforçar para subir ao topo e ser o *melhor* que puder. O engraçado de ter o Sol acima do horizonte é que, mesmo que seja de um signo tímido e retraído (como Câncer ou Virgem), você ainda se verá lançado diante dos olhos do público. A desvantagem é a necessidade desesperada de atenção. Não podemos ver os planetas durante o dia, quando o Sol brilha – e, como o Sol, você pode querer ofuscar os outros monopolizando os holofotes. Aprender a dividir o espaço, a ouvir e a dar crédito quando isso deve ser feito é algo que as pessoas que nascem durante o dia, precisam trabalhar melhor, de fato. Há também um grande medo de sumir de vista, sobretudo entre os nascidos num horário próximo ao pôr do sol.

O Sol aparece acima do horizonte num mapa diurno

DIA

O posicionamento mais confortável para a Lua em um mapa diurno é abaixo do horizonte. Assim, ela não precisa competir com o Sol, porque está no próprio horário: a noite. Isso dá à Lua força igual à do Sol. A Lua pode fazer o que faz de melhor, que é propiciar uma vida privada, um lugar para chamar de lar quando voltar para casa no fim do dia. Ao traçar uma linha entre suas esferas pública e pessoal, a Lua permite que você deixe para trás as tensões do dia. Você pode se reconectar com a família, relaxar com os amigos depois do trabalho ou buscar um *hobby* ou outra atividade pessoal que lhe agrade ainda mais que seu trabalho diário. Sem essa linha de demarcação, você estaria de plantão 24 horas por dia, 7 dias por semana, o que poderia trazer exaustão e levar ao esgotamento. A natureza da Lua é temperar, resfriar e restabelecer. Pense na Lua abaixo do horizonte em um mapa diurno como as raízes de uma árvore. Você nunca as vê, mas sabe que são elas as responsáveis por manter essa árvore no lugar em que está. Seu crescimento e seu desabrochar na vida sempre se basearão em seu sistema de raízes.

O posicionamento mais confortável para a Lua em um mapa diurno é abaixo do horizonte

DIA

MAPA NOTURNO

Se você nasceu durante a noite, o Sol aparecerá abaixo do horizonte em seu mapa astrológico. Essa é a hora do dia em que o Sol não é visto. Mas só porque o Sol desapareceu não significa que não esteja por perto. Você pode não ser visto, mas sua presença sempre se faz sentir. Você prefere ser o poder por trás do trono; não a pessoa que se senta nele. Líderes coroados podem ser derrubados. Pessoas nascidas durante a noite gostam de se misturar com os arredores. Manter a discrição permite-lhes entrar e sair como bem quiserem. A "visão noturna" lhes confere também a capacidade de reconhecer o potencial oculto das pessoas e das coisas. Graças a essa visão, você pode ser um excelente desenvolvedor, um olheiro ou um investidor. Reconhece um diamante em estado bruto quando o avista. Porém, às vezes, pode se concentrar tanto em um trabalho em andamento que nunca o traz à luz. Isso é, em especial, o caso dos nascidos pouco antes do raiar do sol. Seu grande desafio é colocar as coisas em prática, mesmo que sintam que ainda não estão prontos; é provável que estejam mais bem preparados do que imaginam.

O Sol aparece abaixo do horizonte em um mapa noturno

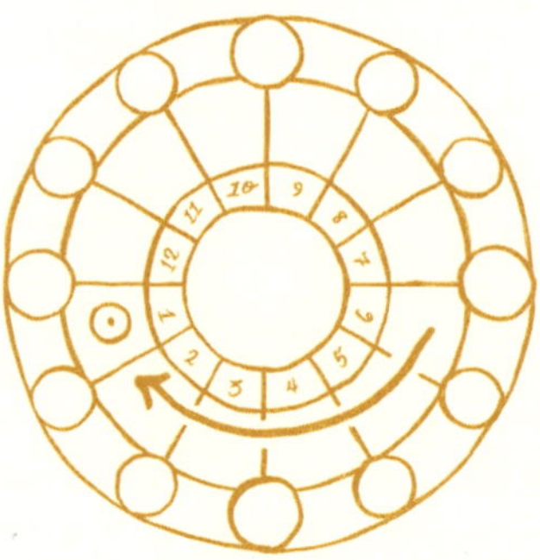

NOITE

O posicionamento mais confortável para a Lua num mapa noturno é acima do horizonte. Isso demonstra que o Sol já se pôs e agora é a vez de a Lua brilhar. Isso a torna tão forte quanto o Sol, ou até mais. Portanto, se você tiver um mapa noturno, seu Signo Lunar pode desempenhar em seu horóscopo papel tão importante quanto seu Signo Solar. Um mapa noturno com a Lua visível torna a mãe a força parental dominante em sua vida. Como a Lua rege o corpo, prover comida, abrigo e roupas é a principal prioridade. Seu bem-estar e o bem-estar dos demais são de suma importância para você. Não há nada de objetivo, desapaixonado ou distante em você. Seu corpo é você mesmo, e seu lado pessoal é político, independentemente de suas tendências políticas nas questões do dia. Para você, suas realizações importam menos que aquilo que você produz – o que faz sentido, tendo em vista que a Lua é o planeta do crescimento. Pense na Lua que se ergue acima do horizonte num mapa noturno como os galhos de uma árvore: ela propicia sombra quando o Sol está alto e carrega-se de frutos do seu trabalho.

O posicionamento mais confortável para a Lua em um mapa noturno é acima do horizonte

E se você nascesse com um mapa diurno com a Lua acima do horizonte ou com um mapa noturno com a Lua abaixo do horizonte? Isso significaria que você está ferrado? É pouco provável. A princípio, é impossível nascer com um mapa em que todos os planetas estão nas posições ideais. Esse mapa astral não existe. Na verdade, a arte da interpretação está em descobrir como ter acesso aos pontos fortes de um planeta ou redirecionar suas energias mais difíceis. Considere a expressão latina *Astra inclinant, sed non obligant* – As estrelas nos inclinam, mas não nos obrigam. Os maiores provedores de astrologia do mundo antigo eram os marinheiros, porque se baseavam nas estrelas para guiar seus navios, e isso também vale para seu horóscopo; ele existe para ajudá-lo a navegar em meio a todos os levantes e poentes, os meios-dias e as noites escuras, para chegar à sua melhor vida de todos os tempos.

OS ÂNGULOS

A última coisa que ainda lhe falta compreender para entender como funciona o céu em um mapa astrológico são os ângulos. Voltemos à imagem do relógio, pois já sabemos que o Sol se move em sentido horário pelo céu. Pense na posição das 9 horas como o *Ascendente*: é nesse momento que o Sol nasce no horizonte. Em seguida, a posição das 12 horas, chamada *meio do céu* (do latim *medium coeli* ou MC): é nesse momento que o Sol atinge o ponto mais alto no céu. Depois, a posição das 3 horas é a do *descendente*, onde o Sol se põe ao anoitecer. E, por fim, a posição das 6 horas, chamada *fundo do céu* (do latim *imum coeli* ou IC): o lugar da meia-noite, onde o Sol termina um dia e começa o outro.

Todos os demais planetas, da Lua a Plutão, seguem o mesmo caminho que o Sol percorre no céu. Todos se levantam no ascendente, atingem o pico no meio do céu, põem-se no descendente e lançam âncora no fundo do céu. Claro, eles fazem isso em vários momentos do dia e, muitas vezes, em diferentes signos do zodíaco. Algumas vezes, vemos vários planetas agrupados em torno de um ângulo; outras, nós os vemos espalhados pelos quatro cantos do mapa.

Qualquer planeta próximo a um ângulo – ou seja, qualquer planeta que apareça na posição das 9 horas, 12 horas, 3 horas ou 6 horas – aumenta em força e desempenha papel importante em seu horóscopo, não importa qual seja seu Signo Solar, Lunar ou Ascendente. Vale a pena prestar muita atenção nesses planetas.

O SOL, A LUA E OS SIGNOS ASCENDENTES

As três características mais importantes de um mapa astrológico são o Signo Solar, o Signo Lunar e o Ascendente (também chamado Signo Ascendente).

Eles são tão importantes que você praticamente poderia ler todo um mapa apenas com esses signos. É por isso que é uma boa ideia dar uma olhada nos três quando você lê seu horóscopo diário. O Sol representa o que você *sabe* que é verdade sobre si mesmo. A Lua representa o que você *sente* que é verdade sobre si mesmo. E o Ascendente é a face que você *mostra* ao mundo. É como as pessoas o veem, mas também é como você, por sua vez, vai agir, porque esse é o papel que imagina que elas esperam que desempenhe. Às vezes, isso funciona de acordo com seu mapa, mas nem sempre. O Signo Ascendente é uma característica tão importante que merece um livro à parte, no qual pretendo trabalhar depois deste. Porém, por enquanto, vamos manter o foco na transformação de seu mapa astral num calendário; para isso, a princípio, precisamos recorrer ao Sol.

O SOL

O SOL

O Sol é o planeta mais importante de seu mapa astrológico. Se cada planeta representa um ponteiro na face do relógio celeste, o Sol é como o ponteiro das horas: marca o momento em que você veio ao mundo. É por isso que é o planeta mais fácil de encontrar. Procure o signo do zodíaco em que estava o Sol no dia de seu aniversário (veja as datas abaixo): esse é seu Signo Solar. O Signo Solar de uma pessoa indica a época do ano em que ela nasceu. (Veja o *box* da página 55 para saber um pouco mais sobre essas datas e sobre o que acontece no fim de um signo e no início do seguinte, algo a que chamamos cúspide.)

ÁRIES 20 de março a 18 de abril

TOURO 19 de abril a 19 de maio

GÊMEOS 20 de maio a 20 de junho

CÂNCER 21 de junho a 21 de julho

LEÃO 22 de julho a 21 de agosto

VIRGEM 23 de agosto a 22 de setembro

LIBRA 22 de setembro a 22 de outubro

ESCORPIÃO 23 de outubro a 21 de novembro

SAGITÁRIO 22 de novembro a 20 de dezembro

CAPRICÓRNIO 21 de dezembro a 18 de janeiro

AQUÁRIO 19 de janeiro a 17 de fevereiro

PEIXES 18 de fevereiro a 19 de março

O Sol é sua energia vital, a fonte de sua vitalidade e força. Por isso, você sempre procura fazer as coisas na sua "estação": se tiver nascido no verão, vai querer se apaixonar no verão; se tiver nascido no inverno, vai querer competir no inverno, pois é quando está no ápice da boa forma. Em contrapartida, a época do ano em que o Sol está mais longe de você – a seis signos de distância do seu na roda do zodíaco ou a seis meses de distância do seu aniversário no calendário – é aquela em que você se sente mais indisposto, esgotado e vulnerável. Você não quer tomar nenhuma decisão importante nem assumir grandes compromissos quando o Sol está no mês oposto ao de seu aniversário porque está "fora da estação", ou seja, você não está operando em capacidade máxima.

Seu Signo Solar é como seu pedaço do céu. Tendo em vista que cada signo rege um mês, isso implica que, no ano, há um período de trinta dias (com um dia a mais ou a menos) que lhe pertence. A cada aniversário, pode esperar que o Sol feche uma volta completa para reanimar, reorientar e reiniciar você. Você volta a ficar forte e vigoroso quando o Sol está em seu signo. É também por essa mesma razão que tantas pessoas falecem perto do aniversário: é a luta do espírito para voltar àquele ponto no tempo que as faz se sentir mais fortes. E, se o corpo não conseguir mais abrigar o espírito, então será o momento em que elas mais se sentirão capazes de se render e devolver o espírito às estrelas.

Porém, o Signo Solar é mais que apenas sua época do ano; ele é também sua identidade. O Sol simboliza "o que sei que é verdade sobre mim mesmo". Pare para pensar um instante nessa afirmação. Não se trata do que "sinto, penso, quero ou acredito que seja verdade sobre mim". É sobre "o que *sei* que é verdade a meu respeito". Há uma certeza nisso, um centramento, como o do Sol em nosso sistema solar: sem ele, os planetas não estariam onde estão; estariam voando em todas as direções. O trabalho do Sol em um horóscopo é colocar você no centro de seu próprio universo. Não é por acaso que o Sol sempre tenha sido ligado ao ego. E os egos são coisas importantes. Não são simples gatos (que precisam ser acariciados) nem cães (que precisam ser elogiados). São uma parte necessária da psique humana. O ego é a força gravitacional que mantém em órbita todos os aspectos – seus desejos, seus sonhos, suas lembranças, seus pensamentos, suas experiências espirituais, suas ansiedades e seus medos – que o caracterizam como indivíduo.

Signos do pai, signos da mãe

Existem três signos do pai na astrologia: Áries, Leão e Capricórnio. Se você nasceu sob um desses signos, então o pai desempenha papel de destaque em sua vida. Leão é o Pai Bom; Capricórnio é o Pai Sombrio; e Áries é o Pai Treinador. A razão dessas descrições tem menos a ver com seu pai real e mais com a época do ano em que você nasceu. Por exemplo, o Sol está à vontade em Leão porque há uma afinidade simbólica entre o fogo do Sol e o do signo de Leão. Por isso, você verá seu pai como uma presença forte, bem-humorada e corajosa. Capricórnio, por outro lado, é um signo de terra com menos afinidades com o Sol, onde este fica mais fraco e frio. É por isso que Capricórnio é o signo do Pai Sombrio. No entanto, isso não significa que seu pai não seja um bom pai, mas, sim, que ele pode ter sido severo, difícil de conhecer ou indisponível. E, por fim, o Sol é jovem e exuberante em Áries. Áries é o primeiro signo do zodíaco, e, com efeito, o Ano-Novo era celebrado em 1° de abril até o papa Gregório XIII alterar a data para 1° de janeiro, no século XVI. Demorou algum tempo para que o *novo* Ano-Novo pegasse (não havia a rede social X na época), e é por isso que os que continuaram a comemorar o Ano-Novo em 1° de abril começaram a ser chamados de tolos pelos que aderiram de imediato à novidade. Foram alvo de piadas e pegadinhas, e essa é a origem do Dia da Mentira. No entanto, o equinócio da primavera ainda é celebrado como Ano-Novo no Irã, na Turquia e no Afeganistão. A Grã-Bretanha e as colônias americanas foram redutos de resistência a essa mudança até, enfim, mudarem seus calendários para ter início no dia 1° de janeiro na década de 1750. De qualquer maneira, o Sol é considerado mais animado em Áries, e é por isso que esse é o signo do Pai Treinador.

Câncer, Virgem e Escorpião são os signos da mãe. Câncer é a Mãe Boa porque esse signo tem tendência maior ao cuidado e à compreensão, enquanto Escorpião é a Mãe Sombria porque as faces ocultas desse signo são a dor e o abandono; e Virgem é o signo das relações entre mãe e filha. Único signo do zodíaco representado como mulher, Virgem simboliza tanto os frutos quanto as sementes, pois as filhas são as únicas descendentes das mães que, por sua vez, têm a capacidade de dar à luz.

A maneira mais fácil de mensurar a força do Sol em seu mapa astrológico é definir se ele está em domicílio, em detrimento, em exaltação ou em queda. O Sol está em casa (em domicílio ou regência) em Leão; está fora da estação (em detrimento ou exílio) em Aquário; retorna em Áries, onde está em exaltação; e, por fim, parte em Libra, quando está em queda. Agora, é certo que tudo isso pode soar como um juízo – e, até certo ponto, é isso mesmo –, mas um juízo não é uma definição. Quando muito, determinar a força planetária vai nos ajudar a ler um mapa astral de maneira mais matizada. Qualquer planeta – seja o Sol, Vênus, Júpiter ou Plutão – faz tudo o que pode para exercer sua influência. No entanto, em alguns signos do zodíaco, ele se expressa com mais vigor e, em outros, tem de lutar para fazer o que precisa. E isso não é necessariamente algo ruim. Por exemplo, você deve ter notado que tanto Libra quanto Aquário – signos nos quais o Sol está em queda e em detrimento, respectivamente – são signos de ar, o que significa que a ênfase recairá em *nós,* não em *mim*. Como os signos de ar são signos de relacionamento, as pessoas nascidas em Libra e em Aquário formam alianças para ter sucesso. Não veem nenhum problema em reunir esforços e não se importam em compartilhar créditos nem reconhecimento. E isso porque seu Sol é "fraco". Seus egos não se incomodam se não obtiverem toda a glória. Como você pode imaginar, isso não vai cair bem em pessoas cujos mapas astrais têm Sol forte, naquelas que querem brilhar por conta própria. Tudo isso implica que bons posicionamentos nem sempre são benéficos, assim como maus posicionamentos nem sempre são ruins. Trata-se de algo que você deve considerar ao ler a respeito do Sol e de como ele aparece em cada um dos doze signos.

Observação sobre as cúspides

As datas listadas por mim para os signos solares (veja a página 51) são formatadas da maneira que você encontraria em jornais, colunas de astrologia ou horóscopos *on-line*. São aproximações gerais baseadas nas cúspides.

Cúspide refere-se ao dia do calendário em que o Sol sai de um signo do zodíaco para entrar no signo seguinte. Por exemplo, em 19 de abril, o Sol deixa o signo de Áries e entra no signo de Touro. Mas não se pode afirmar que isso sempre seja assim: num dado ano, o Sol pode mudar de signo em 19 de abril, mas, em outro, talvez isso aconteça no dia 20 de abril.

O motivo é que, na verdade, vivemos com base em dois tipos de anos: o ano sideral e o ano civil. O ano *sideral* é o tempo que a Terra leva para completar uma volta em torno do Sol, o que ocorre em 365 dias, 6 horas e 9 minutos. Já o ano *civil* – que se baseia no equinócio da primavera (que também é o que usamos para ajustar nossos relógios) – considera 365 dias, 5 horas e 48 minutos. Há uma diferença de 20 minutos entre nosso ano sideral e nosso ano civil. Essa diferença se acumula ao longo do tempo, de modo que a cada quatro anos conciliamos os dois adicionando um dia extra – 29 de fevereiro – ao calendário, o que deu origem ao ano bissexto.

No entanto, os colunistas de astrologia fazem ajustes para a mudança de signos do Sol todos os anos, e é por isso que, se verificar seu horóscopo *on-line* em 1º de janeiro, você verá que algumas das datas das cúspides dos signos do zodíaco mudaram em um dia, mas não mais que um dia.

Foi isso que deu origem à ideia de que quem nasce na cúspide (ou seja, no dia em que o Sol muda de signo) seria uma mistura dos dois signos, mas isso não é verdade. Você é de um signo ou de outro. É por isso que é sempre uma boa ideia fazer seu mapa astral para ver qual é o signo em que você nasceu.

SIGNOS SOLARES DO PRIMEIRO EQUINÓCIO

SOL EM ÁRIES

O primeiro equinócio do ano marca a entrada de uma nova estação: a Primavera no Hemisfério Norte e o Outono no Hemisfério Sul. Astrologicamente, a entrada das estações coincide com o ingresso do Sol nos signos cardinais, e o primeiro signo dessa natureza é o de Fogo: Áries. Um signo de fogo cardinal tem como característica estabelecer-se rapidamente, vencendo as ameaças e lançando-se à frente.

Áries é mesmo muito bom quando ocorre a explosão no instante da largada. Muitas vezes descrito como impulsivo e irritadiço, na verdade, você é bem disciplinado e focado em tudo o que se propõe a alcançar. É fruto de muita preparação. Como a criança que acorda de manhã cedo para treinar para uma competição de natação ou a que não pode sair com os amigos depois da escola porque tem aula de balé, você se sacrifica e faz o que for preciso para ser o melhor que puder. Persegue sua paixão com a determinação de um míssil guiado por calor. Nasceu sob o primeiro signo do zodíaco, mas ser o primeiro nem sempre significa ser o melhor, como tampouco significa que sua posição na linha de frente esteja garantida. Jogadas imbatíveis podem perder para um trunfo, recordes podem ser quebrados, e conquistas só existem para serem superadas. Mais que ninguém, você sabe que é tão bom quanto seu último desempenho.

Parte disso vem de seu pai. Áries, Leão e Capricórnio são três signos do zodíaco em cujo horóscopo o pai tem papel de destaque. Áries é o signo do Pai Treinador. O pai treinador é aquele que já discutiu com o árbitro por sua causa, o sabatinou sem clemência na véspera de seu grande teste e tentou mostrar-lhe como trocar um pneu quando você tinha 3 anos de idade. Ele quer ter a certeza de que você pode cuidar de si mesmo em qualquer situação e, por isso, não é dado a mimar o filho nem a agir com complacência. Pelo contrário, aponta seus defeitos, ri quando você erra e pede que se jogue de bruços no chão e faça cinquenta flexões de braço no exato momento em que você precisa de um ombro amigo em que se apoiar. Mas não há dúvida de que esse tipo de pai sempre está do seu lado; ele lhe disse que você podia melhorar, e, por causa dele, você sempre se esforça para isso. Os pais treinadores querem vitórias, não desculpas.

Para um ariano, a coisa mais difícil de aceitar é a fraqueza. Você não aguenta a fraqueza dos outros e tem tolerância zero com a sua. Por isso, não consegue deixar de rir quando alguém se ferra. Não é porque se deleite com os percalços alheios; quando muito, é porque, para os menos afortunados, você é um campeão. No entanto, o riso camufla sua profunda ansiedade diante da fraqueza. Seu planeta regente é Marte, o deus romano da guerra, por isso você tem de estar sempre pronto para a batalha. Seus gostos são espartanos; portanto, se pudesse, você dormiria numa cama de pregos todas as noites. Sempre alerta para não baixar a guarda, não perder a margem de competitividade e não se deixar embalar pela autocomplacência, o ariano costuma ter reações muito hostis ao ganho de peso. Isso explica por que você não recebe bem bajulações nem elogios. Se alguém o elogia, você presume, de imediato, que essa pessoa esteja querendo engabelá-lo e pode até reagir com um comentário ríspido. Tudo isso porque elogios e bajulações o fazem lembrar-se do quanto precisa de admiração, reconhecimento e aprovação, mas necessidades e carências são palavras proibidas no vocabulário de Áries. Demonstrar-se carente o torna lamentoso, medroso e covarde. Sua reação às pessoas que desejam lhe contar o quanto você as magoou é revirar os olhos e dizer-lhes: SUPERE ISSO.

Como o Super-Homem ou a Mulher-Maravilha, você fica de plantão 24 horas por dia, 7 dias por semana, para ajudar nas emergências. E faz isso mesmo. Só que não para por aí nem depois de ter entrado num prédio em chamas para salvar um bebê ou de ter subido numa árvore para resgatar um gato; você está pronto para a próxima crise. E, de certa forma, pode-se dizer que você é viciado em crises. É por isso que tantos arianos se juntam à força policial, às forças armadas ou a equipes de resgate e emergência. São os primeiros socorristas da astrologia. Podem até dizer que fazem isso pelo bem da verdade e da justiça, mas o fato é que o fazem apenas pela adrenalina ou pelo "barato" que ela propicia. Se pudessem, passariam o restante da vida girando como ninjas, de crise em crise.

Entretanto, os super-heróis precisam ter vítimas para salvar; isso explica por que seus amigos e entes queridos são tão caóticos, e também explica por que seus colegas de trabalho são incapazes de grampear duas páginas sem pedir ajuda – estão esperando sua chegada para salvar o dia. E, mesmo que você diga mil vezes que essa será a última vez que voará em missão de resgate, sempre acabará fazendo isso de novo. Você pode se ressentir da frequência com que as pessoas do entorno usam e abusam de seu bat-sinal. Mas por que elas não deveriam abusar se só conseguem vê-lo dessa maneira? No fim, as proezas do heroísmo não salvam as pessoas porque invariavelmente fomentam a dependência. Por isso, treiná-las para que se virem sozinhas talvez seja a melhor de todas as lições.

Além disso, sua relação com a autoridade é complicada. As pessoas dizem que você é um líder nato, mas a verdade é que você evita assumir posições de liderança. sempre que possível. porque gosta de receber ordens. Você pode ficar lá, perfilado, com a certeza de que outra pessoa está no comando. Mas essa pessoa precisa estar acima de qualquer reprovação; deve ser arrojada, resiliente, intransigente e correta. Como qualquer seguidor, você curte o culto a seus heróis; quer estar ao lado deles, guardando suas fortalezas, exigindo a observância de suas regras e prestando-lhes assistência quando necessário, *mas* você não é nenhum subalterno obediente. No momento em que esses heróis passarem de líderes a tiranos, você será o primeiro a transformar-se num Golias, a pegar seu estilingue e derrubá-los. Só que, como sempre, assim que termina de fazer isso, você logo passa as rédeas da autoridade para outra pessoa. Você é um soldado, não um general.

Excelente quando é necessário lutar, você não é tão bom quando a questão é finalizar, pois sempre tem dificuldade de terminar as coisas que começa. Alguns dizem que é porque perde o interesse ou se decepciona quando o entusiasmo inicial acaba, mas isso é decorrência de ter nascido sob o signo do primeiro equinócio; você é mais afeito a iniciar que a concluir.

O Sol é exaltado em Áries. *Exaltado* significa "celebrado". A razão disso é que o Sol de Áries é impetuoso como o sol nascente. Não é o sol do meio-dia, que atinge o zênite e se assenta em seu trono. Seu Sol é o jovem herói que está apenas começando e tem algo a provar; é o novo rosto que as pessoas buscam, a voz fresca que lhes chama a atenção, o espírito independente que as leva a questionar os próprios limites. E esse otimismo e seu idealismo nunca desaparecem. Não importa quantas vezes possa cair, ser jogado fora ou ver-se iludido por vigaristas, você sempre vai se levantar e voltar para a arena. Você é heroicamente intransigente, assumidamente apaixonado, refrescantemente sincero e surpreendentemente... inocente. Sim, inocente. Você ainda demonstra a confiança de uma criança aos 60 anos. E esse é um traço especial num mundo em que o cinismo é tomado por sabedoria e o ceticismo guarda o bastião de mentes fechadas. É preciso ter muita coragem para acreditar no melhor que há nas pessoas e muita persistência para ajudá-las a alcançá-lo. São expectativas bem altas, mas você as nutre de bom grado.

SOL EM TOURO

Algumas pessoas constroem suas casas com palha; outras as constroem com paus. Sua casa é uma construção feita exclusivamente com tijolos. Seu objetivo é criar uma base sólida, com paredes impenetráveis e telhado indestrutível, que consiga resistir a tudo o que a vida lhe reserve. Como o touro que dá nome a seu signo, você nasceu com a pele grossa; resiste a injúrias e a grosserias que deixariam outros arrasados. Quando os níveis de estresse aumentam, sua cabeça é a mais fria na sala, e isso lhe permite continuar focado na busca de uma solução. E, quando os críticos começam a encontrar defeitos irrisórios em seu desempenho no trabalho, muitas vezes você os surpreende mostrando-se... agradável. Sua perspectiva é a de que ou eles têm algo valioso para transmitir ou não têm. Se têm mesmo, então você é quem se beneficia, ouvindo-os. E, se eles não souberem do que estão falando, você vai sorrir, balançar a cabeça em concordância e esperar que terminem para voltar a fazer o que vinha fazendo o tempo todo. Você não gosta de conflito nem de drama. É preciso muito para deixá-lo com raiva, mas, quando alguma coisa o provoca, você vira um bicho; então, nesse momento, vai riscar o chão e até bufar. Contudo, essas explosões, em geral, não duram muito tempo. Depois, você volta ao seu eu tranquilo e amante da paz.

Seu signo é pastoral. É por isso que você transmite impressão de relaxamento e discrição. Talvez não passe as horas vendo ovelhas pastarem nem trançando guirlandas de flores, mas não há nada que o impeça de querer viver assim. Você nasceu para o conforto, não para a velocidade. Não há nada que deseje mais que passear até seu local favorito todos os dias, parar e apreciar a vista. Seu espaço significa muito para você. Seja sua oficina de consertos domésticos ou de artesanato, sua casa-caverna masculina, seu encontro mensal de luluzinhas, sua mesa favorita em um restaurante ou sua bicicleta na aula de *spinning*, seu lugar é seu lugar, e todos sabem disso. Como seu signo é o mais territorial do zodíaco, você empurra para trás quem quer que tente invadir seu campo, o que é engraçado, porque você não vê nenhum problema em invadir o espaço dos outros.

Nesse aspecto, você é muito sutil; começa deixando mudas de roupa no apartamento do namorado ou colocando a jaqueta no espaldar de uma cadeira em que alguém esteve sentado, para que, quando essa pessoa voltar do banheiro, encontre você sentado na cadeira em que ela estava. São associações como essa que não são captadas pelo radar. "O que é meu é meu" é o bordão favorito dos taurinos, mas, como Vênus é seu planeta regente, faz sentido acrescentar "e o que é seu também é meu".

As pessoas gostam de lhe presentear. Esse é um dos pontos positivos de nascer sob a proteção de Vênus, o planeta do amor e da beleza. Você é a personificação viva da lei da atração; não precisa correr atrás do que almeja na vida porque, muitas vezes, isso chega até você de forma natural. Deixa que outras pessoas cacem clientes ou corram atrás dos pomos de ouro que rolam por seu caminho, pois sabe que as melhores oportunidades são aquelas que lhe caem no colo. Porém, a equação venusiana que recomenda reunir forças com alguém para fazer o dobro com a metade do esforço nem sempre se aplica a você. Por princípio, você pode até gostar, só que não gosta nada quando chega a hora de dividir os lucros. Touro tem dificuldade de compartilhar: no jardim de infância, é a criança que se recusa a recolocar o brinquedo na caixa no fim do recreio porque acha que poderia ficar com ele. Com efeito, a pior coisa que alguém pode fazer a um taurino é pedir-lhe emprestado algo, como um agasalho ou um livro. Sua parte venusiana se sentirá obrigada a dizer "sim", porque Vênus tem tudo a ver com boas maneiras, mas sua parte mundana e prática entrará em ânsias com isso, porque os signos de terra têm verdadeiro pavor de encontrar-se em necessidade. Por quanto tempo essa pessoa vai ficar com meu livro? O que vou fazer se o livro estiver danificado quando ela terminar de ler? Será que ela vai me devolver mesmo? Em vez de perder o sono com isso, um taurino dirá "não" ou comprará uma versão mais barata para emprestar ou ter paz de espírito.

A julgar pelo amor ao luxo e à indulgência, alguém poderia pensar que os taurinos foram pirralhos mimados, mas, no fundo, eles são burros de carga. Não se opõem a trabalhar horas extras nem a se esforçar ao máximo para garantir que o trabalho seja feito da maneira correta, pois sabem que alguém tem que puxar esse arado e carregar essa carga. Touro é um provedor indefectível, e ninguém com quem se importe vai passar fome nem necessidade sob sua proteção. É engraçado, Touro pode não compartilhar, mas provém; talvez porque o provimento o coloque no comando, ao passo que o compartilhamento o deixa refém. Seja qual for o caso, você está feliz quando as pessoas que o cercam estão felizes. Porém, há mais em sua ética de trabalho que apenas impedir que a miséria lhe bata à porta: você, de fato, ama trabalhar. É uma das poucas pessoas ansiosas para entrar no local de trabalho todos os dias. E não importa se é barista ou alto executivo, você vai colocar tudo o que pode em tudo o que faz. Além disso, você ama o dinheiro. Pessoas de Touro têm verdadeiro polegar verde quando se trata de finanças; do mesmo modo que não veem o dinheiro como mal, não o consideram algo escasso nem domínio exclusivo daquela parcela de 1% mais rica da sociedade. Seu amor ao dinheiro é como o amor de um jardineiro às plantas. Os taurinos entendem o próprio comportamento e têm talento natural para cultivá-lo e alimentá-lo, porque, para eles, o dinheiro é uma coisa orgânica, que vive e respira. Embora nasçam alguns contadores de centavos sob o signo de Touro, também há muitos taurinos que podem fazer os negócios crescerem e os investimentos florescerem com base em seu tino instintivo; não precisam de fatos nem de estatísticas para dizer que folhas murchas significam problemas com a terra ou que as cascatas de flores são o resultado de um investimento certo em tempo e preparação. Touro pode não ser um produtor rápido, mas é prolífico; então, com o passar dos anos, seus rendimentos só vão aumentar.

Se for como a maioria dos taurinos, você tende a engordar... pudera, o taurino está sempre com fome. E isso não é necessariamente o resultado de estresse, carboidratos ou sedentarismo. Você nasceu sob o signo de Touro, e touros pastam. O tempo todo. Agora, é claro, algumas pastagens são melhores que outras, e é nesse aspecto que as escolhas saudáveis são importantes. Mas isso não pressupõe a perda da alegria. Aprenda a cozinhar, caso ainda não saiba, e informe-se sobre o que joga para dentro do corpo. Como nasceu com o primeiro equinócio, apreciaria não apenas visitar a seção de produtos da estação no supermercado (você adora apertar e cheirar coisas) como aprender a misturar e combinar sabores. Fora do corredor de petiscos processados, há um mundo inteiro que tem melhor sabor e é melhor para você.

Poucos signos vivem tanto no presente quanto o seu; você não se prende demais ao futuro nem se fixa no passado. Em vez disso, constrói um curral em torno do "aqui e agora" e confina toda a atenção a ele. Você sabe que a melhor maneira de transformar o mundo em um lugar incrível é começar pelo seu cantinho nele. Sem guerra. Sem sermão. Sem repreensão. Apenas amor e beleza. E, quanto mais bonito você tornar seu canto no mundo, mais as pessoas vão querer imitá-lo. Talvez o maior presente que você possa dar às pessoas é mostrar-lhes como viver.

SOL EM GÊMEOS

Para você, a vida começou na primeira vez em que sua mãe o levou a um encontro para brincar com outras crianças. Logo de cara, você fez o maior sucesso: nada de se agarrar à perna da calça da mamãe nem de ter ataques de choro. Estava ocupado demais trabalhando na sala – dando abraços *pro forma* nos novos amigos, avaliando rápido os brinquedos deles (identificando os que pareciam legais e os que eram só "educativos") e, em pouco tempo, inventando jogos em que todos poderiam participar. E isso é o que o geminiano tem de melhor. Você dissolve as barreiras invisíveis que as pessoas erguem em situações sociais desarmando-as, fazendo-lhes perguntas pessoais e falando de algum fato divertido ou contando uma fofoca. Você não espera ser convidado para dominar um grupo; simplesmente vai lá e quebra o gelo. É por isso que as pessoas gostam tanto de sua companhia. Você as faz falar. Talvez nunca seja o garoto mais popular da escola, mas é amigo dele. Talvez os *geeks* jamais o acolham como um dos seus, mas você será sempre bem-vindo quando quiser estar com eles. E, caso seja atraído para a órbita da garota má, saberá como socializar com ela apenas pelo tempo suficiente para desfrutar da celebridade, sem jamais se identificar de verdade com ela. Você entra e sai dançando de amizades e associações, o que deixa todo mundo tentando adivinhar quanto tempo você vai ficar. Embora esteja sempre por perto, não concede a ninguém direitos exclusivos sobre você; então, com o tempo, as pessoas passam a aceitar que você é desse jeito.

Os signos de ar regem os três tipos de relacionamentos: os de irmãos, casais e grupos. O signo de Gêmeos rege com naturalidade os relacionamentos entre irmãos, que são um importante fator em nossa relação com as pessoas na vida. Tudo o que sabe sobre ganhar e perder, competição e cooperação e dar e receber você aprendeu com seus irmãos. E, se não teve um irmão enquanto ainda estava crescendo, com certeza tinha alguém que era como uma irmã ou um irmão. Na verdade, não nos "relacionamos" com nossas mães e nossos pais quando somos crianças. Nossos pais são figuras de poder a quem recorremos para ganhar amor e aprovação. Eles nos dizem o que devemos fazer, e temos que obedecer a eles enquanto vivemos sob seu teto. Os pais não têm a mesma idade que você, mas os irmãos estão bem ali, ao seu lado. É com eles que você entra em conluio. O irmão é aquele que você segue ou aquele que o segue, se você for o mais velho. Seu irmão pode ser alguém de quem você quer estar perto, alguém que admire e até imite. Ou pode ser a pessoa com quem você briga, de quem reclama ou que dedura. No entanto, como em todas as relações de Gêmeos, não há nada que impeça uma mudança radical de atitude ou opinião. Com irmãos, nunca se sabe quem estará por cima nem quem estará por baixo de um dia para o outro, mas é provável que ainda seja um irmão a pessoa que você vai procurar quando tiver um problema que não possa discutir com mais ninguém.

Os nativos de Gêmeos "se geminam". E não precisa ser com um irmão de sangue; pode ser com um amigo, um cônjuge, um colega de trabalho ou um filho. No entanto, isso não significa que esses gêmeos vão começar a se vestir da mesma maneira nem a falar em uma língua secreta inventada. É mais parecido com um sexto sentido que você tem para identificar alguém que o entende de maneira simbiótica. Vocês podem começar como estranhos, mas logo se tornarão inseparáveis. Seu gêmeo é o bonito? Então, você começa a ser o inteligente. Ou talvez ele seja o mal-humorado? Então, isso implica que você é o que tem bom humor. Todo geminiano adora representar papéis, como um comprador que experimenta roupas no provador. Você quer ver quais delas combinam com você. Isso não significa que você seja um camaleão, mas, sim, que aprende sobre si mesmo por intermédio das pessoas, como um bebê que espelha as expressões faciais dos pais. Você vai imitar, imitar e imitar, mas não é para tomar outra pessoa como modelo; é para ver se gosta ou não de viver aquela vida.

O lado sombrio disso é a Síndrome do Gêmeo Mau. Irmãos rivais são tão velhos quanto Caim e Abel, e todos nós sabemos como essa história acabou. E, como Abel, você tem um ponto cego quando se trata de alguém que deseja seu mal; por algum motivo bizarro, os geminianos amam seus inimigos. É incrível o malabarismo que você faz para racionalizar o comportamento inaceitável deles, justificar suas mentiras ou continuar dando-lhes dinheiro mesmo depois de já ter sido depenado por eles várias vezes. E não importa o quanto as pessoas ao redor tentem soar o alarme, pois você age como se fosse incapaz de cortar relações. Na melhor das hipóteses, isso o induz a estimular sua outra metade a "criar Caim". E se for você o Caim nessa equação? Talvez sinta atração irresistível por alguém que traz à tona o que há de pior em você; seu foco se torna expor essa pessoa, neutralizar cada movimento dela ou desbancá-la por completo. Isso pode se tornar uma espécie de obsessão à medida que você começa a burlar as regras e a distorcer os fatos para conseguir o que almeja. Amigos e familiares lhe pedem que pare, mas você é capaz de fixar-se tanto nessa dúbia competição pela superioridade que não consegue. Veja bem, os geminianos não são personalidades divididas. O que fazem é *dividir* a própria personalidade e depois dar metade dela para o "gêmeo". É menos *O Médico e o Monstro* e mais *O Que Terá Acontecido a Baby Jane?* Quando um relacionamento amoroso, uma parceria comercial ou um vínculo familiar degringola nesse tipo de síndrome do duplo, é sempre melhor interromper a convivência de maneira abrupta. Você pode achar que não vai conseguir se separar, que você e o outro estão unidos pelo quadril para sempre, mas – adivinhe? – você pode e precisa fazer isso para preservar seu bem-estar psicológico. A vida é bem mais que ser o outro lado de uma moeda.

Seu planeta regente é Mercúrio, nomeado em homenagem ao mensageiro dos deuses. Veloz e perspicaz, Mercúrio estava sempre correndo entre o céu e a terra para comunicar a vontade dos deuses aos mortais e, depois, voltando para relatar aos deuses suas reações. Pense em Mercúrio como a versão da rede social X na Antiguidade. E, como Mercúrio, sua mente é rápida demais. Você fala em 280 caracteres e acha quase impossível ficar parado. Está sempre vindo de alguma coisa ou indo para alguma coisa. Mercúrio é a razão pela qual você costuma ser escalado para os papéis de porta-voz e de intermediário. É seu trabalho representar os poderes constituídos. Eles dependem de você para fechar negócios, intermediar acordos e fazer as partes em conflito voltarem à mesa quando as negociações fracassarem. Ninguém é melhor que você para conciliar o inconciliável. Você sabe despertar interesse, fingir indiferença, adoçar ofertas, provocar e sumir do mapa até que todos fiquem nervosos e venham à sua procura. Esse traço lúdico o torna envolvente e um pouco suspeito. As pessoas nunca sabem se você está jogando para se divertir ou para ganhar.

O que faz de um geminiano um geminiano é o companheirismo. Você simplesmente aparece quando as pessoas precisam de você. Está sempre à disposição para ajudar um cliente a encontrar um item ou para guiá-lo por um labirinto burocrático de benefícios e serviços. São os geminianos as pessoas que podem levá-lo daqui até lá. Eles criam amizades instantâneas que talvez não durem para sempre, mas quem foi que disse que elas precisam durar? Você é a companhia mais indicada para quem fica preso em um aeroporto, porque, além de descobrir qual é o voo seguinte que deverá pegar – sua fluência com aplicativos e agentes é incomparável, para não falar da graça e da facilidade com que você os maneja –, também vai inventar algo divertido para fazer nesse meio-tempo.

SIGNOS SOLARES DO PRIMEIRO SOLSTÍCIO

SOL EM CÂNCER

A chegada do primeiro solstício do ano, de Verão no Hemisfério Norte e de Inverno no Hemisfério Sul, coincide com a entrada do Sol no signo cardinal de Água: Câncer. Esse signo tem como característica o impulso de conservação, o cuidado emocional e o pertencimento. Agora, você pode rir e dizer "Quisera eu!", mas esse sonho de um tempo de abundância está cravado na psique de todo canceriano. Talvez seja uma lembrança pré-natal, uma fantasia arquetípica ou um simples pensamento positivo, mas essa imagem tem o poder da história e é tão latente que, mesmo que nunca tenha acontecido com você, você a viverá como se tivesse. E não importa que sua mãe não tenha sido uma pessoa muito carinhosa ou as circunstâncias da infância tenham sido difíceis e desagradáveis, pois você ainda se sentirá aquecido por esse idílio nostálgico, tanto que terá como objetivo tornar a infância dos próprios filhos melhor que a sua no lar em que foi criado.

O cuidado materno está ligado a seu DNA cósmico, e isso é algo que vale também para os homens desse signo. Câncer, Virgem e Escorpião são os três signos do zodíaco em cujo horóscopo a mãe desempenha papel de destaque.

Câncer é o signo da Mãe Boa. Você não resiste ao impulso de pegar as coisas e segurá-las; de abraçar, mimar e embalar. Esse impulso fica óbvio com bebês e crianças, mas também se evidencia no resgate de animais, nos objetos amados e até mesmo nos lugares aos quais você nunca se cansa de voltar. Você só tem essa necessidade de ter as coisas por perto, de absorver seu perfume e, se a ocasião permitir, até mesmo de cantarolar para elas. Tudo isso faz parte do vínculo materno. E esse vínculo é muito importante, porque torna familiar algo estranho. Uma coisa é sentir a dor das pessoas, outra é se preocupar com elas, e, para um canceriano, isso só pode ser feito de forma individual. Tem de haver um investimento pessoal. Promessas podem ser quebradas ou deixar de ser cumpridas, mas o vínculo é como o da mãe-pinguim, que consegue identificar o filhote entre centenas de outros que escorregam e deslizam no gelo, ou o da mamãe ursa, que corre para resgatar um filhote em perigo. Ele o une no âmbito íntimo e psíquico a uma pessoa, a um lugar ou a uma coisa. E, uma vez forjado, esse laço não se rompe. Não adianta dizer a si mesmo que não deve se apegar, pois você sempre se apega. É de sua natureza.

Por ter nascido sob o signo do lar, da família e da vida doméstica, os laços de sangue sempre terão para você importância primordial. É por isso que você fala com sua mãe todos os dias (mesmo que ela não aprove seu cônjuge ou não entenda o que você faz para ganhar a vida), que sua despensa está sempre bem abastecida (mesmo que você more sozinho) e que você sempre está arrumando a cama para o filho bumerangue (não importa quantas vezes ele se mude e diga que "dessa vez é pra valer"). Você mantém as lareiras domésticas acesas. Mas um "lar" não se define apenas por filhos e parentes. A razão pela qual os clientes indicam seu nome para atendê-los é saber que você de fato se importa. Você os trata como família, não como público-alvo. Os amigos sabem que você está sempre disponível para eles, não importa o momento ou a hora, e até mesmo estranhos acham que podem confiar em você, porque, de algum modo, sentem que você entende exatamente o que é estar no lugar deles. Pessoas nascidas sob o signo de Câncer, assim como as nascidas sob Escorpião e Peixes, têm a capacidade de agitar as águas do inconsciente de todos aqueles que encontram. Escorpião tem o *sex appeal*, e Peixes, a fantasia, mas a atração do canceriano é a memória. É por isso que, com você, as pessoas sentem familiaridade instantânea, estão sempre perguntando se já não o conheciam antes ou dizendo que você as faz se lembrar de alguém que já conheceram. Sua presença os deixa à vontade como um copo de leite morno ou uma tigela de canja de galinha.

Então, se deveria ser tão maternal e amoroso, por que você age com tanta reserva e timidez? Talvez seja porque as pessoas vejam uma refeição grátis quando olham para você, e isso é um efeito colateral para quem nasce sob o signo do caranguejo, que ocupa o lugar mais baixo na cadeia alimentar do zodíaco. O verão é famoso pela abundância de caranguejos e siris de casca recém-trocada e de sanduíches de lagosta em pão de cachorro-quente tostado. É a época do ano em que os crustáceos migram em direção às praias (cujas águas são mais quentes) para desvencilhar-se das antigas cascas e nadar pelados até crescerem as novas. Os cancerianos têm percepção muito aguda da própria vulnerabilidade. Você ama demais, se importa demais e se preocupa o tempo todo. Quando sabe (metaforicamente falando) que é o item mais popular do cardápio de gaivotas e turistas deliciados, você não vai enfrentar as coisas como um ariano, mas, sim, se esconder sob as rochas e ficar esperando uma oportunidade de esgueirar-se até sua presa e agarrá-la.

Câncer é regido pela Lua, que pertence a Diana, deusa da caça na mitologia romana. E, como caçador, você sabe cobrir seus rastros e misturar-se ao ambiente. Você é um observador atento e paciente. Furtividade e estratégia são as armas empregadas pelos cancerianos para obterem o que almejam. Quanto maior for a atração por um prêmio, mais você fingirá desinteresse e até mesmo tédio ou rispidez para despistar os outros. Como o caranguejo, os cancerianos abordam seus prêmios de forma indireta: começam traçando um largo círculo que se estreita cada vez mais à medida que vão se aproximando do alvo. Isso é o que os torna grandes colecionadores e caçadores de pechinchas e também uma opção muito natural para operações secretas. Mas há um problema quando se trata de se misturar *bem demais* à paisagem, a ponto de ser quase impossível perceber sua presença; por exemplo, aquele *crush* seu pode não ter a menor ideia de seu interesse. O comprador cujo primeiro movimento você espera também pode estar esperando o primeiro movimento seu. Se você for discreto demais numa entrevista de emprego, seu potencial empregador pode simplesmente deduzir que você não está tão interessado. É em momentos como esses que você precisa comunicar o que está sentindo para não se arriscar a ser rejeitado.

Os geminianos podem ser as personalidades dúbias do zodíaco, mas são os cancerianos que têm personalidades múltiplas. A Lua, seu planeta regente, percorre os doze signos do zodíaco em apenas um mês, enquanto o Sol leva doze meses para completar seu ciclo. Nenhum planeta muda de aparência de maneira mais rápida e drástica que a Lua, e isso também vale para o humor dos cancerianos. Quando você está "crescente", em geral, reage às falhas alheias com gentileza e generosidade e, quando está "minguante", é provável que reaja com desinteresse e distanciamento. Muita gente fica perplexa com isso e pode começar a entrar em pânico, mas quem o conhece bem simplesmente lhe dá espaço, certo de que logo, logo, você voltará a ser tão generoso e carinhoso quanto antes. Afinal, você é uma criatura cíclica.

As famílias mudaram muito de meados do século XX para cá. Agora, há mães solteiras, pais homossexuais e famílias mestiças em todos os bairros. No entanto, o que essas diferentes variações sobre o tema têm em comum é o *pertencimento*. Pertencimento é necessidade básica, como comida, água e abrigo. Testemunha nossa humanidade, sobretudo nesse mundo de portas trancadas, corações fechados e muros erguidos. Pertencimento é algo que não se define por tradição, nativismo nem raízes. As tradições são reinterpretadas à medida que vão sendo transmitidas, e as raízes podem ser desenterradas e replantadas em outro lugar. No entanto, é bom saber que existe um signo astrológico que permanece constante em meio a todas as incertezas e dificuldades, que mantém a luz acesa para todos os que precisam encontrar o caminho de casa, sempre disposto a oferecer um teto e uma cama para quem precisa; um signo que sabe que nutrir é próprio de sua natureza e nunca será apenas uma opção.

SOL EM LEÃO

Só existe um você. E você leva muito a sério o que é ser você. Agora, isso não quer dizer que pretenda supervisionar todos os aspectos de sua vida com o hiperfoco de uma celebridade de Hollywood. Claro que não vai monitorar seu percentual de gordura corporal de hora em hora, acompanhar em planilhas a evolução de seus seguidores nas redes sociais nem mergulhar o rosto em uma pia cheia de gelo para congelar os poros todas as manhãs. Os leoninos costumam ser acusados de vaidade, mas você não é *tão* vaidoso assim. Quem quer dar esse duro todo? Além disso, já sabe que você é a melhor coisa que pode acontecer na vida das pessoas. Seu sorriso ilumina o dia delas, seu bom humor as deixa à vontade, e, quando é preciso, seu comando da situação faz com que elas voltem rápido a andar nos trilhos. Poucos signos do zodíaco sabem exercer sua autoridade com tanta desenvoltura quanto Leão, e isso tem um motivo: o fato de ter nascido no topo da cadeia alimentar.

Você também nasceu sob o único planeta regente que é uma estrela de verdade: o Sol. E, como o Sol, você é único e autônomo. Você não orbita as pessoas; elas é que o orbitam. E não é como se isso fosse algo que você tivesse estabelecido de maneira deliberada, como objetivo, pois desde o início você foi escolhido por ser especial. Não pediu à professora que o preferisse nem fez campanha para ser eleito o aluno mais popular da turma. Isso meio que aconteceu por si só. Você exala um tipo de magnetismo e carisma que atrai as pessoas com naturalidade. Elas se alegram quando você chega porque é como o nascer do Sol a cada novo dia. Sabem que tudo vai dar certo porque você propicia a energia solar que faz as coisas acontecerem. Seu nome na marquise vende ingressos. Seu desempenho no time vence o jogo. Sua atuação de *chef* na cozinha transforma um excelente jantar em uma experiência sublime. Seja qual for seu talento, sua habilidade ou sua personalidade, você não consegue deixar de sobressair.

Áries, Leão e Capricórnio são os três signos do zodíaco em cujo horóscopo o pai desempenha papel de destaque. Leão é o signo do Pai Bom. Mas o que significa *Pai Bom* hoje, num mundo de fluidez de gênero, doadores de esperma e famílias monoparentais mais chefiadas por mulheres que por homens? Será que o termo *Pai Bom* diz mesmo alguma coisa? Convenhamos: nem todos os pais são bons, assim como nem todos os reis são justos, nem todos os líderes sabem para onde estão indo, mas isso não nos impede de querer que eles sejam assim. Todos nós queremos ter contato com alguém que nos sirva de modelo. Alguém que seja maior que nós, que siga o caminho mais elevado e nos chame de lado e explique por que acontecem coisas ruins quando elas acontecerem. O Pai Bom é o que está presente, protege, provê e disciplina. Lidera pelo exemplo e ajuda os filhos a se reerguerem quando tropeçam. E, talvez mais importante, prepara os filhos para o sucesso, garantindo-lhes a educação, os meios e o apoio necessários para que sejam bem-sucedidos no mundo real. Cabe ao Pai Bom mostrar-lhes as cordas e estar lá para apará-los quando caírem. Essas são qualidades que os leoninos defendem e que também valem para as mulheres nascidas sob o signo de Leão. E esse senso de guarda e responsabilidade não se aplica de forma exclusiva aos filhos; qualquer um que confie em você é um filho no que lhe diz respeito, e é por isso que você sempre vai adotar esse mesmo tipo de conduta diante de seus alunos, funcionários ou colegas de equipe.

Quem já assistiu ao Animal Planet sabe que são as leoas que fazem todo o trabalho; o mesmo acontece com as leoninas. São elas que criam os filhotes, patrulham o território e põem a comida – nesse caso, o antílope ou a zebra – na mesa, muitas vezes ao mesmo tempo que se dedicam a uma carreira. As leoninas não são felinas do tipo que fica em casa. É mais provável que esse papel seja desempenhado por suas caras-metades. As pessoas pensam que são elas que esperam ser mimadas e paparicadas o dia todo, quando na verdade são os leoninos. Em muitos casos, são as leoninas que ganham mais e têm mais sucesso e reconhecimento. No entanto, de maneira curiosa, elas minimizam suas conquistas para não ofuscar os companheiros, preferindo ficar atrás deles, do mesmo modo que a leoa fica atrás do companheiro. E não só atrás; vocês ficarão também ao lado deles. As leoninas são de uma lealdade feroz. É melhor que quem quiser mexer com seus entes queridos esteja pronto para mexer com elas. Os leões são os mais sociais entre todos os grandes felinos. A família é muito importante para eles. Vocês se orgulham do orgulho que têm.

O Sol está em domicílio em Leão. Estar *em domicílio* significa "estar em casa", e é durante o verão que o Sol está no auge da força. Porém, o Sol do verão é diferente do Sol da primavera; é mais quente e mais sufocante. E isso é algo com que você precisa tomar cuidado ao lidar com os demais. É de sua natureza dominar as situações; você sabe que seu lugar é no alto e conta com a força da personalidade para garantir a permanência lá. É por isso que você pode parecer arrogante, presunçoso e desdenhoso. E quando se nasce sob um signo acostumado a ter os outros sempre gravitando em torno de si, há momentos em que já não se está aberto às opiniões, quanto mais às críticas dos outros. Contudo, isso não chega a provocar rompimento de acordos. As pessoas de sua vida já se acostumaram a vê-lo fazer as coisas do jeito que quer. Sua manutenção pode ser cara, mas vale a pena. Não, a desvantagem de ter um Sol dominador é que, sem querer, você pode sufocar o crescimento alheio.

Quando se anda por aí envolto em um halo de luz dourada como você, é difícil imaginar que não esteja "ligado" 24 horas por dia. Cabe a você iluminar, inspirar e exaltar. A expectativa é que você tenha tudo. Mas ninguém consegue isso, e você é apenas humano. Entretanto, o leonino não aceita muito bem suas deficiências. E não é porque tenha medo de ser ofuscado ou superado. Isso decorre de uma crença ingênua: se ele não for bom em determinada coisa, como alguém mais poderia ser? E isso se aplica, sobretudo, na relação com os entes queridos.

Digamos que você sempre tenha ido mal em matemática. Por causa disso, é impossível que entenda como seu filho poderia se sair bem nessa disciplina, mesmo que ele seja um gênio da matemática. Você não consegue compreender como alguém pode ser bom em algo que você não seja. Então, você não o apoiará. E isso não tem nada a ver com desejar mal ao filho: por mais irônico que seja, deriva do fato de ser protetor e não querer ver alguém com quem se importa fracassar. Talvez você não queira criar falsas esperanças. Contudo, como tem um ponto cego quando se refere a si mesmo, talvez também não perceba quanto, na verdade, está atrapalhando o crescimento de outra pessoa. Só porque algo com você não deu certo não significa que o mesmo acontecerá com ela. Nessa situação, o melhor a fazer é parar de atrapalhar e deixar de ser um obstáculo. No fim, você reconhecerá o que todo mundo reconheceu desde o início, e, depois disso, seu rugido de aprovação será o maior de todos.

Nenhum signo valoriza tanto a individualidade quanto o seu. É preciso ter muita coragem para ser você mesmo, e é por isso que Leão rege o coração: você é corajoso. Mas nem todos os leoninos podem ser o melhor atacante de futebol, a mente mais brilhante ou a estrela mais famosa. E não precisam ser, pois eles são o centro que congrega a vida daqueles a quem amam e com quem convivem. Você será um exemplo brilhante do que cada um pode ser, desde que seja fiel a si mesmo. Sim, você pode ser mandão, insistir em ter a última palavra e ter uma necessidade inabalável de estar certo o tempo todo, mas tudo isso é uma expressão genuína daquilo que você é. O leonino está aqui para nos lembrar de que só há um como ele, e, como só há uma vida para viver, então é melhor dar o máximo de si.

SOL EM VIRGEM

Você nasceu sob o signo feminista do zodíaco. Isso não implica que tenha de pôr um gorro de lã rosa, pegar um cartaz e participar de uma marcha de protesto, mas você tem plena consciência de que as diferenças entre homens e mulheres são mais que anatômicas e se inserem na sociedade como um todo. Há uma diferença de *status*, poder e remuneração. Não é justo, mas a verdade é que há pessoas que têm mais e pessoas que têm menos. É por isso que você resolveu aprender a fazer mais com menos. Não é se *virar* com menos; é *fazer* mais com menos. Os virginianos são conhecidos pela engenhosidade e pela criatividade. Entre os doze signos do zodíaco, apenas Virgem retrata uma mulher. Isso diz muito, considerando que a astrologia existe há mais de dois mil e quinhentos anos. O signo de Virgem sempre foi retratado como uma mulher – sozinha e sem marido – que vive num mundo de homens.

Ser virginiano não significa que você sempre esteja solteiro nem que seja pudico, mas, sim, que ninguém é dono de você. Isso decorre de séculos em que as mulheres foram tratadas como itens descartáveis. A história das mulheres nas culturas antigas que deram origem à astrologia não é bonita. Bebês do sexo feminino eram abandonados à morte com frequência nas encostas das colinas. As adolescentes eram obrigadas a casar-se com homens que tinham o dobro de sua idade. E, se não morressem no parto (algo que acontecia com recorrência alarmante), poderiam sofrer abusos dos maridos, que tinham controle físico e financeiro absoluto sobre elas. E as mulheres que moravam sozinhas e cuidavam da própria vida? Nunca sabiam se um dia seriam acusadas de bruxaria e enforcadas em praça pública em virtude da simples ganância de um vizinho que estivesse de olho em suas terras e quisesse comprá-las por um preço bem baixo.

Agora, é claro, houve alguns bons casamentos ao longo dos séculos que geraram famílias felizes e sociedades prósperas, mas essa sombria história da opressão feminina paira no pano de fundo de seu signo. Esse medo do abuso nunca está longe de seus pensamentos, e ele vale também para os homens nascidos sob o signo de Virgem. Então, como viver num mundo em que as regras do jogo estão alinhadas contra você? Só mesmo usando a cabeça!

A única maneira de virar o jogo é saber jogar melhor que os adversários. É por isso que as regras são tão importantes para você. Você sabe a quais deve obedecer, quais consegue contornar e em quais pode se ancorar se alguém o desafiar. Ser versado em metodologias permite-lhe adotar outra abordagem se a anterior não funcionar, e ter olho clínico para os detalhes significa que você consegue identificar o tesouro no lixo, o defeito no *design* e qualquer tecnicidade escondida à espera do momento de prendê-lo na armadilha. Seu signo é extremamente hábil graças ao planeta que o rege, Mercúrio. Planeta da mente, Mercúrio o torna cerebral e analítico, mas também perspicaz, astucioso e rápido.

Virgem é o signo zodiacal do trabalho e das tarefas. Você tem fama de ser exigente, de fazer o que lhe mandam e de esforçar-se além do esperado. E é claro que você vai atender – se é que não vai superar – às expectativas do chefe. Para você, é quase impossível, no âmbito físico, largar um trabalho pela metade, e nada o deixa mais satisfeito que riscar item por item de sua lista de tarefas. Mas você não é um labrador *retriever* que vai buscar a bolinha e, em troca, aceita com alegria um tapinha na cabeça; aprendeu há muito tempo que o segredo para ser o mandachuva não é gritar ordens nem intimidar as pessoas para torná-las submissas. Você sabe que o segredo é se tornar indispensável.

Quando serve às pessoas, você se familiariza muito mais com as preferências delas que elas próprias. Consegue adivinhar todas as suas necessidades, prever como vão reagir e até mesmo dar-lhes um empurrãozinho na direção que quer. Com o tempo, as pessoas vão confiar-lhe cada vez mais responsabilidade. Podem pedir sua opinião, aceitar seu julgamento ou encarregá-lo de certas obrigações. Os virginianos sabem que quem está no poder abre mão de muita coisa por conveniência. Quanto mais você facilitar a vida das pessoas, mais responsabilidades elas vão atribuir-lhe. E é assim que os virginianos viram com sutileza o jogo de quem manda: gerenciando sua rotina no dia a dia.

As pessoas podem tomar seu tempo, abusar de sua paciência e monopolizar toda a sua atenção, mas a única coisa que elas não podem ter é seu corpo. É por isso que você observa tudo que põe dentro dele e não mede esforços para protegê-lo. Seu corpo é seu amigo mais confiável; podem enganar sua mente, podem brincar com seu coração e levar seu espírito a aceitar as coisas de maneira cega, mas seu corpo sempre lhe dirá a verdade. Você vai suportar muitas coisas na vida: pressões no local de trabalho, demandas em casa, estresse financeiro e pessoas tóxicas. Mas assim que qualquer uma delas começar a cobrar seu preço fisicamente acabou-se! Você cai fora. E não importa o que estiver em jogo nem quem você vai deixar na mão. Sua saúde é sua riqueza, e você não a sacrificará por nada.

No entanto, para alguém que serve, mas jamais é subserviente, por ironia, você se permite ser escravo da rotina. Imagine que lhe pediram que limpasse um quarto. Bem, todo mundo sabe que os virginianos vão limpar cada canto, lustrar cada móvel, ajeitar cada travesseiro e endireitar cada quadro. Porém, depois que o trabalho estiver terminado e você estiver livre para deixar esse quarto para trás, talvez se surpreenda, hesitando na hora de fechar a porta. Por quê? Porque não tem ideia do que vai fazer em seguida.

Não é diferente de um prisioneiro que acorda numa bela manhã e descobre que a porta da cela foi deixada aberta. Em vez de aproveitar a oportunidade para fugir, ele fica na cela e fecha a porta atrás de si. De maneira semelhante, você vai voltar para o quarto que acabou de limpar e bagunçar tudo. Vai revirar os móveis, esvaziar o lixo no chão e desfazer tudo o que acabou de fazer. Por quê? Porque é mais seguro, para você, ficar numa situação cuja rotina já conhece que passar a outra, desconhecida. É por isso que os virginianos quase sempre detonam tudo o que fazem. As pessoas pensam que é porque eles são perfeccionistas, mas, na verdade, isso é uma forma elaborada de procrastinação. Concentrar-se no que está errado impede que você identifique e, em seguida, se dedique ao que está certo.

Uma lista de tarefas não é um propósito de vida. A lista de tarefas muda todos os dias, mas continua a mesma. Propósito de vida é quando se empenha em fazer algo que é único para você e gratificante de verdade. Embora já saiba o que é isso, é provável que você tenha criado, antes, uma lista do que precisa fazer que só serve para fazê-lo trabalhar ainda mais, não da maneira mais inteligente, para alcançar o que almeja.

O segredo do sucesso está em encontrar seu nicho. É isso que vai torná-lo indispensável, de fato. Os virginianos são especialistas, mas não por saberem tudo; são especialistas porque pegam um talento ou uma aptidão e os aprimoram até transformá-los em especialidade. Você praticou o ofício, aprendeu a disciplina e tornou-se exímio nessa especialidade da qual as pessoas não sabiam que precisavam até você aparecer. Quando encontrar essa especialidade, você pode ir para qualquer lugar do mundo. Pode definir seus termos, dar seu preço e ser seu próprio chefe. Fazer aquela coisa que ninguém mais consegue fazer lhe garante demanda constante e liberdade do domínio de quem quer que seja.

Câncer, Virgem e Escorpião são os três signos do zodíaco em cujo horóscopo a mãe desempenha papel de destaque. Virgem é o signo das relações mãe/filha. Seja você homem ou mulher, é provável que sua mãe tenha enfrentado circunstâncias difíceis que o(a) forçaram a colocar responsabilidades adultas em seus ombros, apesar da pouca idade. Sendo virginiano(a), você revelou-se à altura dessas responsabilidades, e, com o tempo, sua mãe conseguiu vê-lo(a) mais como um(a) ajudante que como alguém que precisava de ajuda. É possível, inclusive, que tenha buscado em você apoio e até orientação. Crianças virginianas são notoriamente precoces e podem parecer mais maduras do que de fato são. Mas isso pode criar um impasse: quanto mais capaz e autossuficiente você se mostrasse, mais sua mãe o teria tratado como um colega, privando-o, de modo involuntário, do reconhecimento e da aprovação de que toda criança necessita. O relacionamento entre vocês é do tipo que melhora com a vida adulta. Talvez você nunca recupere o que se perdeu entre mãe e filho(a), mas o que vai ganhar é uma irmã e uma amiga.

SIGNOS SOLARES DO SEGUNDO EQUINÓCIO

SOL EM LIBRA

O segundo equinócio do ano marca a chegada do Outono no Hemisfério Norte e da Primavera no Hemisfério Sul e coincide com a entrada do Sol no signo cardinal do Ar: Libra. Esse signo tem como característica o impulso pela socialização e pela consideração racional dos acontecimentos, levando em conta os vários pontos de vista de uma situação. Os librianos são acusados, com frequência, de ser indecisos, evasivos e muito preocupados com o que os outros pensam. Isso dá a impressão de que você não consegue se decidir. Na realidade, você conhece sua mente muito bem, mas não a mente alheia. Gêmeos, Libra e Aquário regem os três tipos de relacionamentos: entre irmãos, entre casais e entre grupos. Você nasceu sob o signo da parceria, pois sabe que, reunindo forças, aumenta de maneira automática as chances de sucesso. É por isso que está à procura de alguém especial com quem possa começar uma família, criar uma empresa ou colaborar em um projeto. Como libriano, você nunca faz nada sozinho, se puder evitar. Por que fazer as coisas sozinho quando pode trabalhar com alguém e fazer o dobro pela metade do esforço? Levar as pessoas a participar do que você quer fazer é uma de suas maiores prioridades. Se for mesquinho, egoísta ou grosseiro, ninguém vai querer ter parceria com você. No entanto, todos vão topar se você os fizer se sentir valorizados e inteligentes e lhes mostrar que o que eles dizem é importante. E o que eles dizem, de fato, importa, pois você se interessa de verdade por pontos de vista diferentes. Perguntando às pessoas o que elas pensam, como lidariam com determinada situação se estivessem em seu lugar ou se podem explicar-lhe algo que não entende, você ganha o benefício da percepção, da experiência e do conhecimento delas. Você aprendeu há muito tempo quanto vale atrair para sua vida pessoas que tragam para a mesa coisas que você ainda não tem. A maioria das pessoas gosta de ouvir a própria voz, mas você prefere absorver o que os outros têm a dizer.

Zodíaco significa "círculo de animais", e é revelador que o seu seja o único signo astrológico que é um objeto inanimado. A balança é um dos mais antigos instrumentos de medição de nossa civilização. Composta de uma trave presa a uma haste de cujas extremidades pendiam dois pratos, a balança era usada para determinar o valor de mercadorias compradas e vendidas em rotas comerciais entre culturas que não falavam a mesma língua. As balanças eram as grandes equalizadoras. Ninguém contestava seu julgamento. Eram consideradas imparciais. Também eram convincentes do ponto de vista visual, porque, se alguém acusasse o comerciante de trapacear, ele sempre poderia apontar a balança e dizer: "Ei, veja o que diz a balança; não tenho nada a ver com isso!". É algo que todos nós experimentamos quando pisamos na balança do banheiro: às vezes, recuamos horrorizados com o número mostrado e tentamos nos convencer de que é por causa do "peso da água", mas a balança não mente. Você tem de aceitar seu veredito. De fato, as balanças eram tão respeitadas por sua justiça que uma de nossas primeiras imagens de Libra é a de Anúbis, o deus egípcio dos mortos, pondo o coração de um morto em um prato e, no outro, uma pena como contrapeso. Se o coração fosse mais pesado que a pena, a alma era considerada má e atirada nas mandíbulas abertas de Ammit, criatura infernal que era uma mescla de crocodilo, leão e hipopótamo. Se a alma pesasse o mesmo que a pena, era considerada justa e admitida na vida depois da morte.

Pesar almas na balança pode soar um tanto incoerente, mas explica por que você faz tantas perguntas, busca contra-argumentos e insiste em ouvir o outro lado da história. Muitas vezes, você se vê arbitrando situações nas quais as opiniões estão divididas, e os campos, polarizados. Talvez seja você o mediador convocado para resolver a disputa, o árbitro do bom gosto que decide o que estará na moda ou aquele que concede o prêmio que diferenciará uma pessoa de todas as demais. E você leva seu trabalho a sério. Daí é que vem a resistência a deixar-se controlar, prender ou obrigar a assumir um compromisso antes de estar preparado. Você se esforça para tirar seus pensamentos e sentimentos da equação e colocar sua fé em sistemas imparciais, como pesos e medidas, padrões de excelência e Estado de Direito. A seu ver, nada é pior que fazer um mau julgamento que todos tenham de aceitar.

O Sol está em queda em Libra, o que o torna o menos egocêntrico de todos os signos do zodíaco. Isso não quer dizer que você não tenha ego, porque ego todo mundo tem. Você não seria quem é se não tivesse o ego. No entanto, o põe o de lado para fazer o que é certo para o relacionamento com as pessoas. Você não faz as coisas por si mesmo; as faz por *nós*.

Um relacionamento é composto de três partes: você, o parceiro e o relacionamento em si. Se pensarmos bem, não é diferente das balanças, com você em um prato e o parceiro no outro. Seu relacionamento é uma aliança que respira, viva. E você cuida dela da mesma maneira que cuidaria de qualquer coisa confiada a seus cuidados: contém tendências egoístas, faz ajustes e se esforça para conciliar as diferenças. E espera que o parceiro faça o mesmo. Um casamento bem-sucedido traz à tona o melhor de ambos. Já se for malsucedido, implica que alguém vai ser jogado para o crocodilo. E esse alguém não será você.

Não é fácil enfrentar uma corrida de três pernas em um mundo onde é cada um por si. É preciso muita energia para reunir recursos, coordenar esforços e saber quando assumir e quando seguir a liderança. As pessoas podem revirar os olhos para a maneira como você consulta seu cônjuge, apresenta-lhe seus planos para aprovação ou pergunta-lhe o que acha de uma decisão que vai tomar. Só que você não faz isso por ser codependente, mas, sim, para manter o parceiro presente. A parceria pode prometer o dobro dos ganhos pela metade do esforço, mas dobra também o risco, pois nunca se sabe quando a pessoa que está no outro prato vai pôr tudo a perder, afastar-se emocionalmente ou revelar-se mais problemática do que vale. Cabe a você manter o relacionamento funcionando.

Com todas as vezes que você segura a mão de sua cara-metade para dar--lhe apoio, as pessoas poderiam pensar que sua abnegação não tem fim, mas essa não é a única maneira de manter vivo um casamento. Afinal, seu planeta regente é Vênus, a deusa romana do amor e da beleza, e é por isso que os librianos são famosos pelos triângulos amorosos. Aliás, essa é sua forma geométrica favorita! Mas a razão pela qual você possa ter um amante não é a busca de uma saída: é satisfazer às partes de si mesmo que o parceiro não está satisfazendo. Talvez você precise de mais intimidade, estímulo intelectual, conexão espiritual ou apenas sexo. Talvez não veja como isso pode fazer algum mal. O que há de errado em procurar atender às suas necessidades em outro lugar, desde que haja discrição? Está tudo a serviço da causa maior, certo? No entanto, como a maioria das coisas que ficam bem na teoria muitas vezes dá errado na prática, alegar que você estava tendo um caso para o bem do seu casamento vai ser difícil de explicar para um cônjuge que achou que a coisa era só uma questão de boa *vibe* ou de uma amizade colorida com alguém que acabou se apaixonando por você. É quando seu projeto de vida pode levar a algumas situações complicadas.

Vênus é o planeta da civilidade. É a razão pela qual comemos com garfo e faca, dizemos "por favor" e "obrigado" e pedimos desculpas mesmo que tenha sido o outro quem fez algo errado. As boas maneiras podem parecer risíveis em um mundo em que as pessoas guincham e berram, mas a civilidade é a única coisa que as faz voltar à mesa para negociar depois de cada um isolar--se em seu canto. Qualquer um pode insultar, ameaçar e intimidar, mas só um libriano sabe como uma palavra gentil pode chamar a atenção de alguém, como um gesto de boa vontade pode reconstruir a confiança e como levantar uma bandeira branca pode baixar guardas e libertar corações. Os librianos nunca perdem de vista o fato de que estamos todos juntos, independentemente de quais sejam nossos defeitos, humilhações e fracassos. E, já que estamos todos juntos nisso, não seria uma boa ideia começarmos a tratar uns aos outros bem melhor do que temos feito?

SOL EM ESCORPIÃO

Você sabe muito bem o que é ser escolhido para bode expiatório e o que é receber apelidos que vão doer para sempre. Por alguma razão, desde cedo, você se tornou alvo, talvez por ser mais magro ou mais gordo que os coleguinhas ou apenas porque não se "encaixava". Alguma coisa em você se destacou, só que, enquanto os outros eram escolhidos para receber elogios e reconhecimento, muitas vezes você era visado como presa. A crueldade é um gene predatório que sabe separá-lo dos demais, torná-lo objeto de ridicularização e apertar o nó para que, quanto mais você gritar, mais os outros acreditem que a culpa foi sua. Você aprendeu tudo isso da maneira mais difícil. Ser alvo de segregação – assim como de chacota, *bullying* ou abuso – não é novidade para ninguém. Porém, você sempre teve uma veia desafiadora; outros signos do zodíaco podem preferir ceder o próprio campo ou mergulhar até que a onda passe, mas você permanece firme na resistência. Você reconhece um erro quando o vê e nunca vai deixar o culpado escapar. E é por isso que não esquece insultos nem perdoa crueldades. Você se apega a essa raiva porque ela o torna forte, alimenta sua força de vontade e reforça sua determinação, pois sabe que jamais desistirá nem cederá enquanto estiver irado.

Você foi roubado, e essa sensação decorre do fato de ter nascido no período do signo fixo da água, de natureza empática e com receio do abandono. Acabaram-se os dias de passeio no jardim, e, desde que isso aconteceu, as promessas de diversão desapareceram. Não é diferente de ir a uma festa elegante e descobrir que todas as garrafas estão vazias, que não há ninguém por perto e que a única coisa que resta é um pacote amassado com migalhas engorduradas de batata frita. Essa sensação de ter sido abandonado permeia toda sua vida, e não é fácil de aceitar. Não se pode dizer que sempre receber a ponta mais curta do bastão gere em você confiança ou o leve a crer que tudo o que acontecer será para melhor. Por acaso, é de admirar que você possa se ressentir com o sucesso das pessoas? Ter inveja de seus amores? Desconfiar de suas motivações? Nas culturas antigas, frequentemente o outono era associado à descida do Sol ao submundo, à medida que os campos iam fenecendo e as árvores redirecionavam sua energia dos galhos para as raízes enterradas no solo. Esse é o reino dos mortos, e não é por acaso que o Halloween e o Dia de Finados são celebrados quando o Sol está em Escorpião. É por isso que você tem seriedade mortal, senso de humor tão sarcástico e luta todas as batalhas como se sua vida dependesse disso.

Câncer, Virgem e Escorpião são os três signos do zodíaco em cujo horóscopo a mãe desempenha papel de destaque. Escorpião é o signo da Mãe Sombria. No entanto, isso não significa que sua mãe tenha sido má: aqui, "sombrio" refere-se à época do ano, não à pessoa em si. Seja como for, o fato de seu Sol estar em Escorpião indica que sua mãe já precisou lutar muito, e, como tatuagens antigas, as cicatrizes dessa batalha permaneceram. Ela pode ter vivido dificuldades financeiras enquanto crescia, sofrido com crises de depressão, tido acessos de raiva ou agido de maneira autodestrutiva. Se por acaso ela não tiver dominado sua vida, é provável que os demônios internos dela o tenham feito. E esses demônios não serviram exatamente como cuidadores amorosos e confiáveis dos filhos. Quando muito, criaram distância nos dois lados. Porém, se nela havia certa dureza, não decorria do fato de não se importar; era mais como a dureza que decorre de lutar tantas batalhas ladeira acima. E, mesmo que possa ter mais batalhas perdidas que ganhas, ela ainda teria se reerguido para continuar lutando. Isso você aprendeu com ela.

Mas que dizer se sua mãe for a pessoa mais despreocupada ou menos cuidadosa que você conhece? Isso não faz diferença, porque os momentos de que você se lembra sempre são aqueles em que ela parou de sorrir: quando o casamento dela passava por uma fase difícil, quando ela foi demitida do emprego ou quando sofreu a perda de um membro da família ou de um amigo muito querido. Talvez alguns digam que você sofreu um trauma quando sua mãe não conseguiu manter as coisas ruins da vida a distância, mas, na verdade, é o contrário: não há nada como compartilhar a mesma trincheira para confirmar que a vida realmente é uma infratora das oportunidades iguais. Pode soar engraçado, mas os momentos de que você mais sente falta são os ruins, pois os bons nunca o fizeram se sentir tão perto dela.

Os escorpiões são criaturas letais, assustadoras e peçonhentas. É por isso que seu signo do zodíaco é sempre representado como uma águia em pleno voo ou uma Fênix mítica que ressurge das cinzas. Nem mesmo os astrólogos querem vê-lo da forma como você é. Você simboliza todas as coisas das quais as pessoas querem fugir; as partes de si mesmas que se escondem em lugares escuros, dos quais só saem à noite. Por ser escorpiano, você tem as fantasias e os fetiches, as compulsões e as obsessões, a desesperança e o desespero. Quem nasce sob o signo zodiacal do sexo e da morte tem a palavra *proibido* escrita em todas as partes de seu horóscopo. Você está acostumado a lidar com o lado sombrio das pessoas, e é por isso que é preciso tomar cuidado para não acabar sendo aquele com quem elas dormem uma noite e fingem não conhecer no dia seguinte, ou o amigo a quem se apegam durante uma crise e depois abandonam quando a crise acaba. As pessoas projetam em você as coisas que receiam se tornar, como um segredo sujo escondido no fundo de uma gaveta de meias. É nesse momento que você precisa lhes dizer: "Assumam a responsabilidade pelo que fazem e são!".

Todo mundo sabe que não se deve irritar um escorpiano. Você é descrito, em geral, como um inimigo perigoso que sai por aí distribuindo picadas, e isso faz todo o sentido, tendo em vista que seu regente é Marte, planeta batizado com o nome do deus romano da guerra. Você não é nenhuma vítima e paga fogo com fogo. Embora não seja de dar início à briga, é você quem vai acabar com ela. Escorpião é o signo dos durões e dos beligerantes. Contudo, você tem outro planeta regente – Plutão –, que tem o nome do deus romano dos mortos. Ele era senhor de tudo o que estivesse enterrado sob a superfície da terra. Isso engloba sementes e cadáveres, é claro, mas dizia-se que o deus também regia as riquezas: ouro, prata, metais preciosos e petróleo estão sob a terra. Com efeito, *ploutos* significa "riqueza", e é por isso que a palavra *plutocracia* se refere à classe endinheirada.

Os escorpianos são muito bons em investir o dinheiro alheio, mas nem sempre são bons com o próprio dinheiro. Isso mudará quando estiverem prontos para pedalar sem as rodinhas da bicicleta e começar a seguir os próprios conselhos. Verdadeiras "mobílias" de mercados financeiros, gestão de patrimônio, planejamento imobiliário e casas de leilões, vocês têm olhar perspicaz e identificam potenciais inexplorados em coisas que a maioria das pessoas ignora. Onde os outros confiam em tendências e planilhas, os escorpianos sempre confiam no instinto; têm verdadeiro faro para riquezas, que decorre do fato de terem nascido sob a regência do planeta dos tesouros enterrados. Além disso, adoram coisas de boa qualidade. As pessoas, às vezes, acham que Touro e Libra são os signos dos itens de luxo porque são regidos por Vênus, o planeta da beleza, mas, na verdade, esse signo é Escorpião. São escorpianos os que ponderam a compra de uma joia guardada num cofre de segurança máxima ou examinam uma pintura rara em uma exposição particular. Os escorpianos não gostam de marcas nem de etiquetas; o que buscam sempre é algo exclusivo e único.

Entretanto, Plutão também é o planeta das provações e das transformações que delas decorrem, o que implica que você não pode ir ao céu sem antes passar pelo inferno. A crise é sua catarse. É por isso que um escorpiano está sempre descendo ao submundo de si mesmo, e, toda vez que o faz, transforma um anjo caído em um anjo cheio de júbilo. É nesse momento que você percebe que é maior que seus medos, mais generoso que seu ceticismo e mais amoroso que seu ódio. É assim que libera seus talentos ocultos, explora forças que nunca soube que tinha e se torna a pessoa que tem dentro de si. Escorpião é o signo do renascimento, mas os renascimentos – como também os nascimentos – não são nada fáceis; são igualmente dolorosos, cheios de sangue e de sujeira. Os escorpianos acabam em lugares bem diferentes daqueles em que começaram na vida. Você sempre termina o que se propôs a fazer, mas o resultado tem pouca semelhança com aquilo que, a princípio, tinha em mente. É possível que tenha começado com aquela atitude rancorosa que parece pintar em sua testa "Eles vão ver!", mas você acaba se tornando alguém melhor do que jamais será e vivendo uma vida mais feliz do que jamais imaginou.

SOL EM SAGITÁRIO

Tem gente que segue as próprias paixões. Tem gente que segue o próprio coração. Você responde a uma autoridade superior: seu propósito de vida. Agora, você pode não ter a mínima ideia do que está fazendo neste planeta. Sem dúvida, sente-se ligado à família e quer ajudar os amigos, mas desde que se entende por gente há uma parte sua que mal vê a hora de fugir, se perder e se redescobrir. Essa parte de você acredita que sua *verdadeira* vida está acontecendo em outro lugar. Não é à toa que tem o aplicativo Booking.com, ouve religiosamente *podcasts* de viagem e talvez seja a única pessoa no mundo que ainda lê *National Geographic* da capa à quarta capa. Mas você não está fazendo isso por vontade de viajar nem por necessidade de renegar sua cultura para adotar outra. Você o faz porque sabe que, em algum lugar, arde uma sarça que tem uma mensagem divina destinada a você. Essa mensagem pode estar numa escala de avião, num passeio de *cross-country* ou nas ruas secundárias de alguma cidade desconhecida. E, não importa o que esteja procurando, você sabe que isso pode estar em qualquer lugar, menos aqui.

Desde a infância, você sempre teve inclinação espiritual que o impele a fazer grandes questionamentos. Enquanto as outras crianças queriam saber se havia sobrado sorvete, você estava contemplando o sentido da vida, a existência de Deus, e tentando descobrir por que acontecem coisas ruins com pessoas boas. Só que não fazia isso por irreverência nem por alguma precocidade especial. Na verdade, você percebeu desde cedo que há perguntas que podem ser respondidas e perguntas que devem permanecer sem respostas, e essa é a diferença entre curiosidade e maravilhamento. Algumas coisas podem ser conhecidas, outras, não, e você sabe disso.

Você obedece a seus entusiasmos. Eles são o que há de mais honesto em você. É preciso que algo desperte seu interesse para que você se levante e aja; caso contrário, permanecerá inerte. E não se trata de estar sendo exigente nem teimoso. Se você não gosta de uma coisa, não haverá no mundo provocação, súplica, humilhação nem ameaça que o faça ceder. No entanto, quando se inspira, nada o detém: você se supera, como se estivesse possuído por algo maior e melhor que si mesmo.

Talvez seja uma visão de como as coisas poderiam ser, uma causa que prometa trazer justiça social de verdade ou um apelo para salvar o planeta antes que seja tarde demais. Você sempre pensa em termos grandiosos e arrebatadores: nada de minúsculas ou itálico, precisa ser TUDO EM MAIÚSCULAS e com muitos pontos de exclamação!!!

Seu entusiasmo é tão transbordante e sua maneira de falar sobre as coisas é tão animada e repleta de vivacidade que contagiam as pessoas como se fossem línguas de fogo. Elas reagem como se "entendessem" pela primeira vez, como se pudessem ver aquilo que você vê, e querem fazer parte dessa visão. Sagitário é o líder da torcida do zodíaco. Ninguém consegue aumentar o volume e reunir forças como você. Deixemos de lado o fato de que nem em um milhão de anos você faria o que, com alegria, incentiva os outros a fazer. Induzidos a crer no impossível, eles se veem tomados por tamanho fervor que não querem mais parar e se dispõem a levar a bola adiante.

Mas você não é nenhum charlatão, não quer enganar as pessoas nem lucrar à custa delas. Você acredita num universo moral. O certo está entrelaçado ao errado, e cabe a cada um separar o joio do trigo. Mas como fazer isso? Do seu ponto de vista, é com o humor. Sagitário é o signo do zodíaco que tem a maior probabilidade de rir das próprias trapalhadas. Seu planeta regente é Júpiter, de cujo nome deriva a palavra *jovial*, que significa "bem-humorado". Os sagitarianos adoram dar boas gargalhadas, e é por isso mesmo que a sua é tão alta e espalhafatosa. Você desdenha dos que abafam as próprias reações e depois pedem silêncio aos outros; considera-os pomposos e convencionais, que sabem muito bem como estragar bons momentos; eles são os inimigos de sua liberdade de expressão.

Porém, em nível mais profundo, na verdade, a questão é sua relação com julgamentos. Os signos do outono são os signos do zodíaco que mais se preocupam com a justiça. Libra é a letra da lei, Escorpião é olho por olho, e Sagitário é o espírito da lei. Você sabe que existem três tipos de pessoas: as que sempre seguem as regras, palavra por palavra, sem deixar espaço nenhum para manobra; as que entram em estado de alerta máximo e exigem retaliação por qualquer lesão sofrida; e as que são como você, tolerantes e compassivas. Você acredita no espírito da lei, o qual depende muito da intenção, e, com naturalidade, deixa as coisas abertas à interpretação. Agora, isso não significa que você dê mole para os que erram. Você não se coloca de imediato em favor deles nem os vê como vítimas, mas se pergunta: qual é o propósito disso? A punição é a única maneira de dar o recado ou há alguma outra opção que permita que essa pessoa aprenda com os próprios erros e passe a viver uma vida melhor? Você tem muita fé na humanidade, apesar de todos os crimes e recaídas registrados na história, o que o torna o mais humanitário de todos os signos do zodíaco. Você sente a tristeza das pessoas, mas também consegue fazê-las sorrir em meio às lágrimas.

Você sempre será acusado de ter aquele otimismo característico da Poliana, que teima em afirmar que, no fim, tudo vai dar certo. E não se trata de nenhuma encenação, embora os outros talvez pensem que é um teatro ou se perguntem que tipo de droga você está usando. Sagitário é o mais vivaz e excitável dos signos de fogo; portanto, não consegue deixar de acreditar que tudo só pode melhorar. Só que você também nasceu no período do signo de fogo mutável. Já sabia desde o início que nada dura para sempre, que tudo neste mundo tem prazo de validade. Então, o que ocorre quando as coisas não acontecem conforme o previsto, quando sua melhor aposta não dá em nada e o universo pisa na bola? O que lhe resta para iluminar o caminho no escuro? Fé. Essa é a luz que você leva dentro de si quando o Sol se põe. É a confiança de que toda situação pode mudar, inclusive para melhor. As pessoas podem considerá-lo crédulo demais, zombar de sua ingenuidade e censurá-lo por causa do esforço que despende para encontrar o lado positivo de um desastre, mas na verdade sua fé ilumina o caminho, e elas se perderiam se essa vela se apagasse.

Entretanto, os sagitarianos raramente são santos. Na realidade, vocês são os festeiros do zodíaco. Era justamente pelo amor à farra que os centauros eram conhecidos. Metade homem e metade cavalo, eles estavam sempre se embriagando em casamentos, criando tumulto e fugindo a galope com a noiva e as damas de honra. Todo sagitariano tem um lado desenfreado que pode lhe criar muitos problemas, e é por causa disso que sua vida parece um conto moral: muitas vezes, tem de aprender as coisas da forma mais difícil. Você se entrega a farras de prodigalidade que o levam a gastar tudo o que tem, a uma insensatez que o leva a continuar fazendo as mesmas más escolhas e a mentir para si mesmo a respeito delas, e a vagar perdido pelo deserto durante longos períodos. Às vezes, é teimoso como um cavalo levado até a água e, mesmo assim, não quer beber. Além disso, outras vezes, assusta-se com facilidade e não consegue saltar um obstáculo porque não enxerga o que está do outro lado. No entanto, com tudo isso, há uma crença inabalável de que, em todas as dificuldades ou nos reveses sofridos, há uma lição a aprender. Você acredita que há uma moral em cada história e uma razão pela qual as coisas acontecem como acontecem. Você sabe o que é ter se perdido e depois se encontrado.

E sabe também que ter se encontrado não significa que não possa se perder de novo. Sua experiência de vida fala às pessoas mais que regras, leis, credos e escrituras. E talvez seu propósito de vida seja, afinal, mostrar que loucuras podem não ser infrutíferas, e erros nem sempre rompem acordos. Que, quando a vida nos dá uma rasteira, precisamos ter bom humor e garra para nos levantar, sacudir a poeira e dar a volta por cima mais uma vez. Errar pode ser humano, mas sem tropeços nem percalços que nos sirvam de lição como podemos esperar ser divinos?

SIGNOS SOLARES DO SEGUNDO SOLSTÍCIO

SOL EM CAPRICÓRNIO

A chegada do segundo Solstício, que corresponde ao Inverno no Hemisfério Norte e ao Verão no Hemisfério Sul, tem paralelo no ingresso do Sol no signo cardinal de Terra: Capricórnio. Esse signo tem como característica a força da resiliência, de quem sabe que não se pode confiar na vida e quer estar pronto quando ela o decepcionar (como inevitavelmente acontece).

As pessoas podem dizer que seu pessimismo funciona como uma profecia que acaba se realizando; que, quando se acredita que as coisas vão dar errado, elas com certeza acabam dando errado mesmo. Mas o que essas pessoas não percebem é que separá-lo de sua ansiedade existencial seria como tentar separar Linus de seu cobertor de segurança. Preocupar-se com as armadilhas da vida, consumir-se a cada passo e nunca se esquecer de que, quanto mais se sobe, maior é a queda é sua defesa contra os desastres. O medo não o paralisa, pelo contrário: ele o mantém em guarda, o faz avaliar as situações antes de aventurar-se nelas, acompanhar de perto seus desdobramentos e esperar até garantir um novo ponto de apoio para prosseguir. Assim como uma cabra da montanha escala a face de um penhasco, você tem noção instintiva de como atravessar terrenos traiçoeiros e situações difíceis. Porém, há mais em sua mentalidade cética que se fixar em todas as coisas que podem dar errado; você de fato gosta de imaginar os piores cenários e, quando pega embalo, consegue ser bastante criativo. Embora diga que essa é sua maneira de amortecer os golpes da vida, na verdade é mais como um jogo mental que você joga consigo mesmo. Quanto mais terrível é a previsão que pinta com os olhos da mente, maior será seu alívio quando as coisas não saírem tão mal. Na realidade, você fica tão eufórico quando descobre que a conta é muito menor que a esperada ou que o dano, apesar de significativo, ainda é reparável que não consegue deixar de dançar a dança da alegria: rodopia pela casa e corre por entre os móveis como uma criança com *overdose* de açúcar (isto é, só até que chegue a hora de começar a se preocupar com todas as coisas novas que podem dar errado). Os capricornianos são um tiquinho neuróticos, mas também sabem, por experiência própria, que mostrar sinais externos de satisfação pode acabar "melando" tudo. É por isso que minimizam as próprias conquistas e se mostram muito modestos quando alguém tenta elogiá-los. Ninguém é mais avesso a desafiar o destino que um capricorniano.

Áries, Leão e Capricórnio são os três signos do zodíaco em cujo horóscopo o pai desempenha papel de destaque. Capricórnio é o signo do Pai Sombrio. Entretanto, isso não quer dizer que seu pai tenha sido ruim. Nesse caso, "sombrio" refere-se à época do ano, não à pessoa em si; no entanto, o fato de seu Sol estar em Capricórnio indica que algum tipo de decepção avassaladora lançou uma sombra muito extensa sobre a vida dele. Todo mundo tem sua cota de vexames e humilhações na vida, porém alguns são mais difíceis de engolir que outros. No caso de seu pai, pode ter sido a recusa para um cargo na carreira com que sonhava, a sobrecarga de pesadas obrigações financeiras ou a luta contra uma deficiência física ou mental. Mas, também, talvez ele tenha sido perseguido por uma onda de azar que apenas o acompanhava por onde passava. Para alguns, a vida do pai pode ter sido uma lição sobre o que não se deve fazer; porém, para você, foi um manual de instruções justamente sobre *o que se deve fazer* quando a vida não para de interpor um obstáculo atrás do outro. Alguns problemas são insolúveis; você só precisa encarar o impacto e conviver com ele da melhor maneira possível. Já outros podem lhe ensinar a cultivar resiliência e perseverança e a trabalhar com o que você tem. Seja por meio do exemplo ou do conhecimento, seu pai deve ter lhe mostrado que é a pedra rejeitada pelos construtores que pode acabar se tornando a pedra angular de uma fundação nova se você tiver visão para enxergá-la. No entanto, nem todos os Pais Sombrios reagem com tanta dignidade diante das adversidades: uns abandonam as famílias, outros se entregam à apatia, e alguns têm prazer perverso em reter seu amor e sua aprovação para se sentirem superiores. Contudo, eles ainda lhe teriam ensinado a mesma lição: cabe a você defender seus interesses.

Isso é algo muito difícil para alguém tão autocrítico. Os capricornianos costumam ser descritos como extremamente críticos e severos, mas o que o mundo vê não é nada se comparado ao que eles fazem consigo mesmos. Ninguém consegue rolar sobre carvão em brasa nem esfregar sal nas próprias feridas com tanta alegria como um capricorniano. Então, por que você é tão duro consigo mesmo e, depois, com os outros? É por ser perfeccionista? Fanático por controle? Ou um preposto frustrado da Santa Inquisição numa vida passada? Não. Isso decorre do medo daquele passo em falso, daquele erro fatal que pode lançá-lo no penhasco e o fazer rolar para baixo. Você demorou demais para responder ao SMS de alguém depois do primeiro encontro? Caiu do cavalo nas expectativas com um cliente? Ou "amarelou" quando precisava se arriscar? Talvez você nunca saiba. Mas recriminar-se e ficar deprimido não trará de volta uma oportunidade perdida nem o salvará de um fracasso. Entretanto, aprender com os erros – e isso significa aprender mesmo, não apenas repetir aquela lista exaustiva do que deu errado – garante que, na próxima vez, você consiga ir mais alto e mais longe. E o fato de ter nascido sob o signo da cabra da montanha indica que você não vai parar de escalar. Nada de pastar em gramados nem de dormir sobre os louros! Você sempre teve atração pelas mais elevadas alturas, mesmo que, para atingi-las, tivesse de descer do topo da montanha em que estivesse para poder chegar ao pico mais alto, aquele que você espiava de longe. É por isso que seu signo é o de alguém que começa na pobreza, mas acaba na riqueza.

A ambição capricorniana é assustadora. E isso não é porque você tenha fome de poder nem precise ter tudo. Todos os três signos de terra são grandes realizadores e dão duro para ter o sucesso que têm. Mas, no fim das contas, o taurino quer ter uma vida boa, e o virginiano, a certeza de que fez um bom trabalho. E o capricorniano? Você quer outro dia, pois sempre há mais coisas a fazer. Se puser o olho em algo, você o alcançará, só que isso não acontecerá da noite para o dia nem conforme o planejado. Não se esqueça de que nasceu sob o signo de Saturno, o planeta do tempo, por isso, no seu caso, nada acontece rápido. As coisas demoram o dobro do tempo para se formar e o dobro do tempo para desmoronar, e isso lhe dá tempo de sobra para refletir sobre as decisões, considerar as consequências e pensar no que faria se, enfim, recebesse no jogo uma mão imbatível. Saturno também lhe ensina a ter paciência, aceitação e gratidão. E, dessas opções, talvez gratidão seja a mais valiosa, sobretudo se considerarmos todos os seus anos no banco vendo rivais conseguirem ter chances imperdíveis, desperdiçarem as oportunidades e serem triturados pelos mais jovens, mais magros e mais cruéis que eles. Você aprendeu muito quando foi obrigado a seguir o caminho mais longo e, agora, sabe que o primeiro sucesso quase nunca dura, a prosperidade nos faz esquecer, e o medo de perder o que temos, muitas vezes, cria exatamente as circunstâncias que nos levam a perdê-lo. Em Capricórnio, Saturno está em domicílio, e é por isso que no ciclo sazonal da vida – que envolve brotar, florescer e fenecer – sua conexão com o planeta do tempo o torna perene.

Em inglês, a palavra *goat* (que designa tanto o macho quanto a fêmea dos caprinos) era usada para se referir a uma pessoa simplória, fácil de enganar, ou para ridicularizar uma vítima. A ideia vem do Levítico, onde se lê que cada comunidade descarregava, de modo ritual, seus pecados em um desses animais e depois o enviava para o deserto, onde o animal pereceria. É daí que vem o termo *bode expiatório*, que, com toda probabilidade, explica todos os momentos em que você se sentiu injustamente acusado ou culpado por erros ou falhas de terceiros. Hoje, a sigla GOAT significa *greatest of all time* – o maior de todos os tempos –, e isso mostra que, mesmo com todos os desvios, atrasos e contratempos, você – como indica o animal que representa seu signo – sempre estará entre os melhores.

SOL EM AQUÁRIO

Você nasceu com um gênio louco. No entanto, isso não o transforma num Einstein. Você não é como o Espantalho de *O Mágico de Oz*, que, depois de ganhar um cérebro, consegue calcular todos os tipos de teoremas e fórmulas. Nossa palavra *gênio* deriva de uma ideia comum na Roma antiga, a de que todos os que vêm a este mundo são acompanhados de um espírito que os guarda e protege ao longo de toda a vida. Parte guia, parte gênio (aquele ser sobrenatural que entra e sai de lâmpadas maravilhosas), essa entidade o abençoa com certo dom; talvez uma propensão especial para os esportes, para aprender idiomas ou para colocar os pratos na lava-louça do jeito certo. Seja como for, seja grande ou pequeno, seu gênio o torna brilhante a seu próprio modo. A maioria das pessoas pode pensar no gênio como um talento ou uma aptidão, porém seu gênio se expressa por intermédio deles de verdade; seu gênio é aquela parte invisível em você que sabe para que lado deve virar numa estrada desconhecida; sabe juntar peças que parecem não se encaixar e tem certeza de que tudo vai dar certo desde que siga o plano à risca, mesmo que nunca tenha sido testado antes. Os geminianos têm seus *alter egos*, os librianos têm suas outras metades, e os aquarianos têm sua consciência superior.

No entanto, a vida com seu gênio louco é uma via de mão dupla. Não se pode dar as costas a um dom concedido como bênção; você precisa honrar essa parte de si mesmo antes que ela o deixe louco. E não importa se você veio de uma comunidade carente, se foi criado por lobos ou se tinha em mente outros planos para sua vida. Esse seu gênio louco encontraria uma maneira de apresentá-lo àquele professor que viu algo especial em você, ao mentor que o orientou ou ao patrocinador que se dispôs a se arriscar. As pessoas falam em ter um propósito maior, uma razão de ser ou um destino a cumprir. Seu gênio louco está inserido nesse contexto. Muita gente fala em ser fiel a si mesmo, mas Aquário é um signo futurista, e a tarefa de seu gênio louco é garantir que você seja fiel à pessoa que ainda poderá ser um dia.

Com Aquário, tudo é superior. Você vive de acordo com um padrão superior, comunga de um plano superior e sempre tenta agir com base em seu eu superior. E isso faz todo o sentido, porque um de seus planetas regentes é Urano, batizado com o nome do deus do firmamento na mitologia grega. Não existem imagens do deus Urano. Não havia quadros, estátuas nem templos construídos em sua homenagem. Qual seria o ponto em que bastaria que olhássemos para cima? Nada do que a humanidade fez poderia competir com a brilhante majestade dos astros. O céu, por natureza, é edificante e transcendente. É a ele que atribuímos nossas verdades eternas, nossos valores mais puros e nossas maiores virtudes. Esses ideais representam o que há de mais sublime em nós, as melhores vidas que poderíamos viver. E é por isso que os fixamos como constelações no céu noturno, para nos servir de guias quando nos perdemos no caminho.

Porém, você não é uma pessoa iludida, sem senso de realidade. Ser idealista não significa que você seja ingênuo. Significa o que você bem sabe, pois está muito familiarizado com as falhas e as limitações das pessoas; você já as viu jogar nas costas dos outros a responsabilidade ou a culpa pelo que elas mesmas fizeram, intimidar os mais fracos e protestar com veemência quando são elas que se sentem intimidadas. Todos dizem que o mundo é assim, mas você não cai nessa. A vida não pode se resumir a encontrar novas maneiras de celebrar o mais baixo denominador comum. Por que a preguiça, a ganância, a falta de imaginação e a ignorância deliberada haveriam de ser aceitáveis, mas não o ativismo, o bem-estar social, a inovação e a educação? Porque é mais fácil fazer piada, revirar os olhos, dizer que não dá para fazer nada ou reagir com irritação, resistência e defesa quando se é instado a erguer a cabeça e fazer outra coisa. Aquário é o signo do zodíaco que está "acordado" para a necessidade de compromisso com a justiça social. Você não é dos que preferem olhar para o outro lado; por questão de princípio, sempre defendeu aquilo que pensa, mesmo que depois seja violentamente criticado, segregado ou sabotado. E não faz isso por ser corajoso ou nobre; você o faz porque sabe que isso é o certo. Quando veem alguém agir com base em princípios, as pessoas se lembram de suas falhas e de seus defeitos e também de que podem ser melhores, e essa é a razão pela qual ver alguém assim não lhes agrada.

Em Aquário, o Sol está em detrimento. E isso não apenas porque está no signo fixo do ar; é porque Aquário, o signo das luzes celestes, é onde o Sol parece ser apenas mais um rosto na multidão. Durante o dia, não podemos ver as demais estrelas porque o Sol ofusca sua luz e rouba para si toda a atenção. Mas, quando se põe e as estrelas voltam a aparecer, podemos ver que nosso Sol é apenas um em um milhão. Na verdade, ele é apenas um em um bilhão de trilhões de sóis. Então, quando se vê diante da enorme multidão de galáxias, sistemas solares e planetas além dos nossos, é de admirar que você não se restrinja aos limites da sabedoria convencional, questione a autoridade em todos os seus disfarces e se paute por padrões, ideias e atitudes diferentes dos impostos pela sociedade. E não importa que tenha sido obrigado durante toda a vida a uma dieta constante de fatos, estatísticas e respostas parciais, evasivas ou falhas; algo em você sabe que a verdade ainda se revelará.

Todo aquariano quer mudar o mundo. É por isso que seu signo é o mais radical do zodíaco. Há aquarianos que desejam acelerar o ritmo para transformar o mundo em algo melhor antes que seja tarde demais, mas também há aqueles que almejam atrasar os ponteiros do relógio para voltar no tempo, ao mundo como era antes. Esses aquarianos não têm tanta cobertura de sinal quanto os colegas mais liberais, mas são tão revolucionários quanto eles. Seu signo é capaz de extremos, e não pensará duas vezes antes de incendiar a casa e recomeçar do zero, se isso for a coisa certa. E, aqui, temos uma distinção importante: fazer a coisa certa não é o mesmo que estar certo. E, se estiver errado, você é o primeiro a admitir o erro, sem pensar duas vezes antes de reverter sua posição quando ela for desmentida ou de retirar-se da situação se sua presença estiver causando mais mal que bem. No que lhe diz respeito, as necessidades de muitos sempre superarão as de poucos. E é isso que torna Aquário o signo mais altruísta do zodíaco. Se num mapa astrológico o Sol representa o ego e você considera o Sol uma das muitas estrelas do firmamento, então é extremamente lógico que trate as opiniões – assim como as esperanças, os sonhos, os sentimentos e as aspirações – dos outros como se fossem tão importantes quanto as suas.

Você tem outro planeta regente – Saturno –, o planeta dos testes, e ele insiste com você para que tire a cabeça das nuvens e encontre um meio de trazer seus preciosos ideais para a terra. Sua tarefa consiste em realizá-los, ao passo que a de Saturno é frustrá-lo a cada passo. Mas Saturno não faz isso para jogar areia em seu brinquedo; ele o faz porque você não se tornará quem deveria ser se continuar seguindo caminhos já trilhados. Você não será inventivo se seguir os passos de terceiros, do mesmo modo que não será engenhoso se ganhar tudo o que quer, nem compreensivo se nunca tiver sido mal interpretado. É difícil encontrar esclarecimento num mundo em que as lições não encontram ressonância, as percepções mal nascem e já se desvanecem, e o progresso se apaga com um simples oscilar do pêndulo. A coisa toda pode dar a impressão de ser um exercício inútil. Só que Aquário é um signo utópico. Comprometido com o mundo do amanhã, você sente que tem responsabilidade perante as pessoas que jamais conhecerá e a vidas que ainda estão por nascer. Você sabe que a sociedade só pode ser boa se as pessoas que nela vivem também forem boas. A sociedade é uma obrigação que recai sobre os ombros de todos nós e só evoluirá se nós também evoluirmos. Seu compromisso sempre será com os melhores anjos de nossa natureza, e é por isso que você nunca deixará de pressionar as pessoas para que se coloquem à altura de si mesmas.

SOL EM PEIXES

Às vezes, você dá a impressão de ser sonâmbulo na vida; arrasta-se pelo dia, usa o piloto automático para desincumbir-se de suas atividades e acaba se vendo em lugares para os quais não se lembra de ter saído. Amigos e entes queridos acabaram se acostumando com sua expressão atordoada, com aquele olhar distante em seus olhos sinalizando que, embora as luzes possam estar acesas, não há ninguém em casa. E não é porque você escolha de forma deliberada mostrar-se preocupado ou ausente; é porque nascer sob o signo de Peixes significa que você é um peixe fora d'água aonde quer que vá, e o único momento em que é você mesmo de verdade é aquele em que pode retornar ao mundo submarino da imaginação. Você pode fazer isso em sonhos, usando seus óculos de realidade virtual, ou com álcool e drogas que alterem a mente. Só que não o faz por ser um escapista que não consegue lidar com as demandas do dia a dia; você o faz porque se sente como se tivesse sido abandonado numa ilha deserta e estivesse procurando desesperadamente um caminho de volta para casa.

Nada se compara ao que você vê com os olhos da imaginação. Aqui, a pintura que você quer fazer pode ser contemplada em seus traços magistrais. A música que toca em sua cabeça é composta com perfeição. Como você sabe? Porque a imaginação cantou-lhe cada uma das notas. Você pode visitar todos os cômodos da casa que deseja construir, ajustar cada detalhe de sua ideia de um milhão de dólares e rabiscar de forma afetuosa equações matemáticas que vão alterar de maneira radical nossas ideias acerca do tempo e do espaço. As pessoas podem rir de você e dizer que isso não passa de ilusão, mas não é o caso; você de fato consegue ver, ouvir e sentir essas coisas, tanto que elas o assombram como se fossem um pertence fora do lugar ou um membro perdido. E é por isso que lhe dói muito ter de questionar: como se resignar com este mundo ordinário depois de ter conhecido um lugar tão exuberante e tão rico?

É provável que Peixes seja o signo que mais tenha alma no zodíaco. Com certeza, é o mais mediúnico. Você tem a capacidade de explorar esse mundo fantasmático que nos rodeia, um que ninguém vê, mas que todos nós sabemos que existe. É um lugar visitado o tempo todo por místicos e santos em séculos anteriores, um plano etéreo em que mistérios eram revelados, mas nunca compreendidos por completo. Essas experiências não podiam ser explicadas, mas, sim, descritas, e enchiam o vidente de tanto êxtase que amigos e vizinhos não conseguiam deixar de reagir. Alguns achavam que era um louco, mas outros se emocionavam com suas palavras e achavam que ele tinha visto Deus. Como prova, alguns místicos ergueram as palmas ensanguentadas das mãos, descobriram fontes de águas revigorantes para dar de beber aos doentes e levaram exércitos a vitórias impressionantes contra probabilidades impossíveis. Eram a prova viva do milagre em ação em nosso mundo e também de que Deus não nos abandonara por completo.

Mas o que fora reverenciado em um século passou a ser queimado na fogueira no século seguinte, e isso explica a incômoda relação entre o místico e a Igreja, ou seja, entre você e seu orientador. Por um lado, a Igreja precisava dessas visões místicas para manter seus odres sempre cheios de vinho; tinha sede de testemunhos que conseguissem reintroduzir o sagrado no profano. Sem isso, ela perderia toda a relevância e a capacidade de inspirar. Por outro lado, a multidão de místicos, às vezes, fazia muito barulho com todas as suas reinterpretações radicais das Escrituras, suas demandas por reformas e seus claros apelos ao arrependimento. E, por isso, os místicos foram reprimidos e até mesmo assassinados quando fugiram do controle. De fato, essa foi – e ainda é – uma relação de amor e ódio que persiste até hoje. É algo de que você tem plena consciência quando um orientador primeiro o elogia pela criatividade e, em seguida, pede-lhe que a refreie. Rótulos como *sensível, artístico* e *romântico* soam elogiosos, mas, na realidade, deixam transparecer condescendência. E as mensagens contraditórias que o incentivam a ser criativo, mas não criativo *demais*, são bem desalentadoras. Isso pode justificar a raiva que sente crescer dentro de si quando as pessoas não acreditam que você sabe do que está falando. Pode explicar também por que você reage com tanta irritação quando lhe pedem que entre na linha e não banque o mártir e por que você se ressente quando sua voz é abafada e suas ideias são dissipadas até perderem toda a força.

Ter alma é ter tristeza. Seu regente, Netuno, planeta dos sonhos e das visões, é também o planeta do amor incondicional. Quando pensamos em amor incondicional, pensamos em amor com altruísmo, sem regras nem expectativas. Confiamos de forma aberta, nos sacrificamos por livre e espontânea vontade e perdoamos quantas vezes forem necessárias porque nossa capacidade de aceitação é tanta que, não importa o que aconteça, sempre seremos amorosos. O amor incondicional não pede nada em troca.

Isso soa como uma tarefa bem difícil. A maioria de nós nem sequer tentaria ser tão caridosa, mas no seu caso isso é natural; entre todos os signos de água, o seu é o mais fluido. Você é capaz de mergulhar nas profundezas da depressão e do desespero, rodopiar com os redemoinhos do ciúme e da raiva, surfar as ondas da felicidade e do êxtase e, por fim, flutuar nas piscinas da paz e da tranquilidade. O fato de conseguir transitar entre um estado emocional e outro sem se enganchar em nada nem ser arrastado para o fundo é o que o torna fluente na língua universal dos sentimentos. O amor incondicional não consiste em alcançar um estado extático que o deixe distante e imóvel, mas, sim, em vivenciar o tempo inteiro todo o léxico do amor (que inclui o ódio). E, se for capaz de algo assim, então, você é mesmo dotado de alma. Em sua vida, há muito sofrimento pelo fato de você não conseguir deixar de sentir tudo com profundidade. Porém, há também muita alegria.

Alguém poderia presumir que isso o torna superatento aos outros, mas na verdade é o contrário; quem consegue transmitir as próprias emoções com tanta facilidade quanto você de fato não prioriza nenhum objeto de desejo ou um momento de devaneio. Você fala sobre um novo interesse amoroso da mesma maneira que falaria sobre sua música favorita, um novo par de sapatos ou o brilho da luz refletida na água. Todo sentimento, para você, tem o mesmo peso emocional; portanto, é genérico. Isso pode dar a amigos e entes queridos a impressão de que você não se importa muito com eles, sobretudo quando lamenta o sofrimento de quem está do outro lado do mundo, mas nunca lhes pergunta nada sobre as próprias lutas e dificuldades.

Peixes tende a tornar-se apocalíptico. Isso decorre do fato de seu nascimento ter ocorrido sob a égide do último signo do zodíaco. Você costuma dar ultimatos, invocar maldições ferozes e pintar cenários dignos do fim do mundo quando se sente perseguido. No mundo antigo, os apocalipses custavam dez centavos a dúzia; fantasias de vingança dos escravizados, eles alimentavam os espíritos quebrantados de quem se sentia derrotado neste mundo, mas era sabido que seria redimido no que viria depois. Essa é a parte em você que, às vezes, é profundamente pessimista, até mesmo exterminadora; aquela que só pensa em jogar a toalha.

Por sorte, você tem outro planeta regente, Júpiter, o planeta do "eu acredito", que representa o deus que imaginamos. Podemos imaginar um deus fora de nós – um ser supremo que criou o universo em sete dias, mas de alguma maneira permanece ausente aos nossos olhos, fora de nossa vida cotidiana (e, convenhamos, se alguém iniciasse os códigos de lançamento nuclear amanhã, seria improvável que esse deus interviesse) – ou um dentro de nós e fazer a pergunta: o que Deus faria? Bem, com certeza, não seria abandonar este mundo e toda a beleza que há nele.

É Júpiter que lhe pede que pare de atrelar as esperanças à vida futura e as fixe nesta vida que está vivendo hoje. Talvez você nunca entenda muito bem o efeito cascata que provoca nos outros, mas você é seu "milagreiro": o modo como sua voz fala à tristeza deles, como sua percepção abre uma porta que estava fechada ou como sua recusa em desistir deles propicia a tábua de salvação de que precisam para recuperar a segurança. Eles não precisam se convencer de que você conseguiria tirar água de pedra ou transformar sua visão criativa em realidade, se quisesse. E, se eles acreditam que você consegue fazer coisas tão maravilhosas, não seria bom que você também acreditasse?

OS PLANETAS

No início, eram sete os planetas: o Sol, a Lua, Mercúrio, Vênus, Marte, Júpiter e Saturno, hoje conhecidos como *planetas antigos*. O Sol e a Lua são chamados de luminares – "as luzes" – porque o Sol ilumina o dia, e a Lua, a noite. Com base nessa classificação, os planetas foram divididos em dois campos: Vênus e Júpiter, de um lado, e Marte e Saturno, de outro. Vênus e Júpiter são os chamados *benéficos*, porque trazem coisas boas, ao passo que Marte e Saturno são os chamados *maléficos*, porque evocam coisas ruins. Isso tem a ver com a luz: apesar de não brilharem tanto quanto o Sol e a Lua, Vênus e Júpiter são deslumbrantes. Não se pode deixar de vê-los quando o céu noturno está limpo. Porém, Marte e Saturno, nem tanto. Marte tem evidente brilho vermelho, mas Saturno parece esmaecido e se move com lentidão, por ser o mais distante. Pense nesses dois grupos como o dos esportistas e o dos góticos nas respectivas mesas, na cantina da escola. E Mercúrio? Não é maléfico nem benéfico, embora isso não o torne um planeta neutro. Na verdade, Mercúrio pode jogar nos dois times; assume as características de qualquer planeta que estiver a seu lado, convivendo com os benéficos ou com os maléficos conforme seja a preponderância de uns ou de outros no momento.

Tudo isso mudou em 1781, com a descoberta de Urano. Urano perturbou a ordem planetária; por ser o primeiro planeta que os astrólogos tiveram de observar por si mesmos para entender quais seriam seus efeitos, demorou cerca de cem anos até que Urano começasse a aparecer com alguma regularidade nos mapas astrológicos.

A descoberta de Netuno, em 1848, e de Plutão, em 1930, adicionou mais dois planetas ao panteão astrológico no fim da era moderna, razão pela qual esses três são chamados *planetas modernos*. Os astrólogos não sabiam se deveriam rotulá-los como benéficos ou maléficos pelo simples fato de que suas luzes não podem ser vistas a olho nu. Foram descobertos por meio de telescópios de observatórios e com base em muito trabalho de adivinhação.

Os planetas modernos passam muito tempo em um signo do zodíaco porque estão bem distantes. Lembre-se de que o Sol passa por doze signos em um ano, o que resulta em um signo por mês. No entanto, Urano leva 84 anos para orbitar o Sol, o que significa que passa 7 anos em cada signo do zodíaco. Netuno passa 14 anos num signo, e Plutão, em virtude da órbita elíptica, passa de 12 a 32 anos em cada signo. É por isso que, na seção a seguir, você verá doze descrições de signos para Urano, mas apenas sete para Netuno e Plutão. No entanto, você encontrará listados os anos em que Netuno e Plutão estiveram em determinado signo para que possa compreender qual impacto esses planetas exercem sobre a geração nascida sob esse signo. É tentador tratar essas gerações como equivalentes astrológicos dos *baby boomers*, da geração X e da geração Z, mas é cedo demais para dizer se há alguma correlação, sobretudo quando sabemos que ainda não há consenso a respeito das datas de corte dessas gerações. No fim, precisamos interpretar os planetas mais lentos da mesma forma que interpretaríamos os mais rápidos.

A LUA

☽

A Lua é o planeta "daquilo que sinto ser verdade a meu respeito". Todo mundo sabe que os sentimentos mudam – você pode estar feliz agora e triste daqui a instantes –, e o planeta que se move mais rápido no céu noturno reflete isso. Nenhum outro planeta muda de aparência de maneira tão rápida e drástica quanto a Lua. No entanto, embora sua luz não seja constante, isso não ocorre com seus ciclos.

A Lua sempre esteve ligada à alma. Os neoplatônicos acreditavam que, à noite, quando dormíamos, a alma deixava nosso corpo e viajava até a Lua, onde se banhava em suas águas frescas depois de um dia quente e escaldante. Na Lua, ela se lembrava de sua verdadeira natureza, que, muitas vezes, se perdia em meio ao tráfego incessante das preocupações cotidianas, e a ela se reconectava. E, quando os fios rosados do amanhecer se espalhavam pelo céu, a alma retornava aos respectivos corpos, para que as pessoas despertassem sentindo-se recompostas e renovadas. O orvalho matinal na grama e nas folhas era visto como pegadas molhadas que a alma deixava atrás de si enquanto corria para se reunir a seus eus adormecidos. É por isso que a Lua sempre foi considerada o planeta dos sonhos.

Regente do inconsciente, a Lua também abriga nossas lembranças, nossas necessidades e nossos hábitos. É seu eu particular, aquele que os outros não veem. Pense na Lua como sua zona de conforto emocional. Suas lembranças (e o modo como você as conta), suas necessidades (e a maneira como você satisfaz a elas) e seus hábitos (e a forma como você os repete) são descritos pelo posicionamento da Lua em seu horóscopo. Como você pode imaginar, nem todo mundo tem a mesma zona de conforto emocional. Algumas pessoas precisam fincar raízes bem fundas para se sentir seguras, enquanto outras são pedras que rolam para não criar musgo.

Uma boa maneira de pensar na Lua é vê-la como a cama em que você dorme. Talvez não sua cama de verdade, mas, sim, sua cama metafórica. Você é do tipo que gosta de cama de faquir ou entretém sua plateia cercado por travesseiros macios e almofadas de apoio? Gosta de dormir sob as estrelas ou aprecia mais dormir debaixo de um monte de cobertores? Se vê em um sofá-cama, espalhado em um colchão *king-size* ou não abre mão de camas de solteiro quando se trata de relacionamentos? Dorme enroscado ou se espalha pela cama? Dorme nu?

A Lua tem tudo a ver com intimidade e sensação de pertencimento. Determina até que ponto podemos chegar perto de outro ser humano. Como você pode imaginar, muito disso depende do carinho e do cuidado que recebemos na infância, e é por isso que a Lua representa a mãe no mapa astrológico. É provável que o ambiente que ela lhe propiciou seja aquele que você propicia aos outros. E isso não vale apenas para filhos e entes queridos. A Lua decide se você trata a equipe de trabalho como família ou se adota cada um por si como lema. Você acredita que boas cercas fazem bons vizinhos ou prefere convidá-los para um churrasco? Questões como problemas relacionados à confiança, sua maneira de processar emocionalmente as coisas e ansiedade de abandono são refletidas pela Lua. A Lua é também onde você se refugia quando se sente assustado ou magoado. Você pode ter uma Lua que lhe dá um abraço bem apertado ou uma que o anima a voltar lá para fora e mandar ver. Nem todas as Luas nutrem; algumas crescem e outras minguam.

Por fim, a Lua nos dá resiliência. O fato de aumentar em luz até ficar cheia, depois ir perdendo essa luz até que desapareça por completo, para, então, começar de novo lembra-nos a capacidade inata de nossa psique de se recuperar das dificuldades, de se adaptar aos tempos e de nos fazer amar, confiar e nos unir de novo quando pensávamos que nosso coração continuaria partido para sempre.

Sim, o Sol sempre vai raiar em um novo dia, porém é a Lua que propicia o fio que entremeia nosso ontem, nosso hoje e nosso amanhã.

A maneira mais fácil de medir a força da Lua em um mapa astral consiste em determinar se ela está em domicílio, detrimento, exaltação ou queda. A Lua está em casa (ou em domicílio) em Câncer porque Câncer rege o solstício de verão, quando a Terra está repleta de vida; está fora da estação (ou em detrimento) em Capricórnio porque Capricórnio rege o solstício de inverno, quando a Terra está sombria e adormecida; está mais forte (ou em exaltação) em Touro porque é quando a primavera brota (as flores nunca parecem tão frescas e resplandecentes como em maio); e está mais fraca (ou em queda) em Escorpião porque é quando as folhas caem e os jardins se transformam em sementes.

É importante lembrar que o simples fato de estar em exaltação ou em queda não significa que a Lua seja boa ou ruim. Os astrólogos sabem muito bem que os abençoados pela sorte de um planeta podem desperdiçá-la, enquanto os nascidos com posicionamento planetário menos estelar, muitas vezes, fazem mais com menos. É algo que convém lembramos ao ler sobre a Lua nos doze signos.

LUA EM ÁRIES

Quando está em Áries, a Lua é ardente e combativa. Por isso, você é ousado, direto e contundente e, quando se trata de temas delicados, não pisa em ovos nem anda nas pontas dos pés; você pisoteia. A Lua luta aqui porque a natureza de Áries é passional e confrontadora, enquanto a da Lua é calma e tranquilizadora. Se sua Lua está em Áries, você não consegue relaxar enquanto não põe para fora tudo aquilo que leva no peito. Odeia guardar, seja o que for. Quem quiser se aproximar precisa saber que você sempre vai dizer o que sente e sentir o que diz. Além disso, tem de saber conviver bem com explosões repentinas, pois a raiva é como um filtro de depuração para sua psique. Depois de descarregar o que está no peito, você retorna rápido ao eu afável e bem-humorado, mas lembre-se: quem diz tudo o que quer arrisca-se a ter de ouvir o que não quer. Sua Lua talvez não seja a que mais nutre, mas com certeza é a mais apaixonante. Lua em Áries...

... sai-se melhor com: quem tem Sol em Gêmeos e Sol em Aquário, porque confere convicção pessoal a dois signos que, muitas vezes, não a têm; quem tem Sol em Leão e Sol em Sagitário, porque os encoraja a ser o melhor que podem ser.

... implica com: quem tem Sol em Touro e Sol em Peixes, porque está sempre tentando fazer esses dois signos discretos se mexerem; quem tem Sol em Virgem e Sol em Escorpião, porque os faz sentir que, de algum modo, deveriam ter feito melhor o que fizeram.

... bate de frente com: quem tem Sol em Câncer e Sol em Capricórnio, porque os mantém sob pressão.

... entra em conflito com: quem tem Sol em Libra. Você nasceu numa Lua cheia se seu Sol estiver em Libra. Isso faz com que seu Sol e sua Lua sejam parceiros em pé de igualdade. A colisão é entre parceria (Libra) e atuação solo (Áries). Isso pode emitir sinais contraditórios em relacionamentos pessoais e sociedades comerciais, porque, mesmo que se diga satisfeito em sentar-se no banco do passageiro, na verdade você quer estar ao volante. Facilite sua vida e apenas assuma o comando.

... fica por fora com: quem tem Sol em Áries. Você nasceu em (ou bem perto de) uma Lua nova e tem um ponto cego no que se refere ao controle dos impulsos; não dispõe de nenhum mecanismo de moderação, age primeiro e pergunta depois. Isso já o colocou em muitas saias justas, e você se lembra muito bem das consequências. Só que explodir, no âmbito emocional, também o impede de questionar seus impulsos e de assumir sua responsabilidade por eles. A melhor maneira de mostrar às pessoas que você se importa com elas é tratando de evitar reações e atitudes impulsivas.

LUA EM TOURO

Sua Lua é como o melhor fertilizante que existe: você tem não só um polegar verde para flores e plantas como também provoca o mesmo efeito quando resolve criar uma família, cuidar do crescimento de um negócio ou colher os frutos de um empreendimento criativo. As coisas florescem sob seus cuidados. A Lua é exaltada em Touro porque Touro é o signo em que ela está mais fértil, produtiva e abundante. Por estar muito à vontade com o próprio corpo e com o corpo alheio, você é uma boa companhia para ter por perto. Deixe que os outros se preocupem em espremer-se dentro de calças *skinny*. Sem dúvida, seu tipo de roupa é o *relaxed fit*, bem confortável. Além do mais, você não liga a mínima para esse tipo de coisa, pois nunca teve problemas para atrair e manter amantes. Porém, deve ficar de olho no consumo excessivo porque quem tem Lua em Touro come, bebe e gasta demais. A desvantagem de quem tem essa Lua em exaltação é a Síndrome do Gato Gordo. O comentário não se baseia no peso, mas, sim, na complacência, pois amor e dinheiro sempre virão com facilidade. Isso pode induzi-lo a encarar a vida como garantida, de antemão, o que não é bom. Fique "ligado": caso se esforce mais e se disponha a dar duro para obter os resultados desejados, nunca será pego dormindo em serviço. Lua em Touro...

... sai-se melhor com: quem tem Sol em Câncer e Sol em Peixes, porque os faz produzir, em vez de apenas sonhar com as coisas; quem tem Sol em Virgem e Sol em Capricórnio, porque lhes confere terreno sólido (materiais, recursos, dinheiro) como base para construir.

... implica com: quem tem Sol em Áries e Sol em Gêmeos, porque impõe um freio aos impulsos e aos planos deles, o que os obriga a fazer as contas primeiro; quem tem Sol em Libra e Sol em Sagitário, porque acredita que pode tomar tudo o que quiser, o que, muitas vezes, faz esses dois signos acharem que estão se contentando com pouco.

... bate de frente com: quem tem Sol em Leão e Sol em Aquário, porque insiste em pedir que eles se atenham ao principal.

... entra em conflito com: quem tem Sol em Escorpião. Você nasceu numa Lua cheia se seu Sol estiver em Escorpião. Isso faz com que seu Sol e sua Lua sejam parceiros em pé de igualdade. A colisão é entre escassez (Escorpião) e abundância (Touro). Não importa o que faça, você nunca acha que ganha o suficiente por conta própria. Talvez seu parceiro ganhe mais, seus pais o financiem ou seu trabalho seja supervisionar finanças de a terceiros. Isso pode fazê-lo se sentir como se tivesse uma dívida, seja por obrigação ou por gratidão. Quem tem Sol em Escorpião odeia depender de quem quer que seja, ao passo que Lua em Touro não se importa muito com a origem do dinheiro, contanto que ele apareça. Essa bênção não precisa ser uma maldição, mas, para isso, é necessário que você aprenda a confiar.

... fica por fora com: quem tem Sol em Touro. Você nasceu em (ou bem perto de) uma Lua nova e tem um ponto cego quando se trata de segurança. Fazer escolhas seguras é ótimo, só que, depois de algum tempo, elas começam a pesar; você reduz suas metas e suas expectativas, recusa oportunidades e toma decisões com base na conveniência. Para crescer bem, toda planta precisa, em algum momento, ser replantada num vaso maior. E, da mesma forma, de vez em quando, você também precisa procurar condições e situações melhores. Isso estimula o crescimento e evita que você se prenda à rotina.

LUA EM GÊMEOS

Ter a Lua em Gêmeos é como viver com uma criança de 3 anos que toda noite entra na ponta dos pés em seu quarto e lhe pergunta se você está acordado. Quando sua mente consciente vai dormir, sua Lua em Gêmeos sai para brincar. De repente, ideias inacabadas e planos mal elaborados parecem realizados em plenitude. Você tem palavras para todas as coisas que deveria ter dito, explicações que não deixam restar nenhuma dúvida e uma forma de expressão tão inteligente que, com certeza, ganharia qualquer discussão. O único problema é que você está dormindo. Assim como Mercúrio, a Lua é o planeta das mensagens. Mercúrio rege as mensagens eletrônicas, e a Lua, os sonhos. Ter a Lua em

Gêmeos implica ter uma vida onírica muito ativa. O importante é configurar o horário de trabalho para que não interfira no seu sono. Você pode ter medo de perder o fio desse *trending topic*, mas lembre-se de que, com a Lua em Gêmeos, o inconsciente é o copiloto do consciente, por isso essas grandes ideias não somem; elas continuam por aí, em algum lugar. Enquanto isso, você precisa descansar e dizer àquela criança de 3 anos que está em seu quarto que qualquer coisa que valha a pena ser dita pode esperar até a manhã. Lua em Gêmeos...

... sai-se melhor com: quem tem Sol em Leão e Sol em Áries, porque os torna acessíveis e receptivos à conversa; quem tem Sol em Libra e Sol em Aquário, porque faz esses dois signos conversarem com as pessoas no modo "cá entre nós", em vez de só se dirigir a elas em situações formais.

... implica com: quem tem Sol em Touro e Sol em Câncer, porque é irrequieto e não permite nem um pingo de paz de espírito a esses dois signos; quem tem Sol em Escorpião e Sol em Capricórnio, porque exige base racional onde deve haver apenas sentimento.

... bate de frente com: quem tem Sol em Virgem e Sol em Peixes, porque sempre toma o lado da cabeça em detrimento do lado do coração.

... entra em conflito com: quem tem Sol em Sagitário. Você nasceu numa Lua cheia se seu Sol estiver em Sagitário. Isso faz com que seu Sol e sua Lua sejam parceiros em pé de igualdade. A luta é entre a verve (Sagitário) e o intelecto (Gêmeos). Seu Sol em Sagitário quer viver a vida a todo vapor, enquanto sua Lua em Gêmeos está sempre com um pé atrás, mas isso não é porque você seja cético. Você não gosta de ver seu coração se empolgar, pois significa que tem muito a perder. É por isso que você sempre tem um plano de fuga à mão; talvez nunca precise usá-lo, mas saber que tem um pronto é muito reconfortante.

... fica por fora com: quem tem Sol em Gêmeos. Você nasceu em (ou bem perto de) uma Lua nova e tem um ponto cego no que se refere à mente: aguçada e alerta, ela não gosta de dividir espaço com as emoções. É por isso que você recorre à intelectualização quando as coisas ficam pesadas ou íntimas demais. Porém, em vez de ter apenas uma opinião sobre as coisas, os geminianos, muitas vezes, têm duas opiniões, que podem ser conflitantes ou até contraditórias. Dê uma folga ao lado esquerdo do cérebro e comece a pensar mais com o direito; libere as emoções e deixe-as fazer o que fazem de melhor: sentir. É a coisa mais consciente que você pode fazer.

LUA EM CÂNCER

Você é uma criatura de hábitos e não pede desculpas por isso. Seja ao cozinhar uma refeição, sentar-se para trabalhar ou preparar-se para se exercitar, tudo tem de estar muito bem-arrumado. O hábito é sua baliza. Há quem persiga metas, risque itens da lista de tarefas ou seja escravo da agenda, mas sua rotina é orgânica. Ela o centraliza e o orienta, e é profundamente ritualística. Em Câncer, a Lua está em domicílio, o que lhe permite manter um ciclo consistente num mundo caótico. Você acredita no passado e gostaria que ele se repetisse, pois não precisa reinventá-lo nem escapar dele. Você ama sua família, suas tradições e sua herança. No entanto, se existe algo sobre a Lua de que convém se lembrar é do fato de que ela muda; pode ser consistente nos ciclos, mas muda em aparência. As pessoas que amamos mudam, e redirecioná-las para o passado – para algo que você acha confortável e familiar – nem sempre é a resposta. E você precisa estar aberto para isso. Lua em Câncer...

... sai-se melhor com: quem tem Sol em Touro e Sol em Virgem, porque lhes confere corpos e imaginações igualmente férteis; quem tem Sol em Escorpião e Sol em Peixes, porque lhes dá um pouco da alegria do verão para acompanhar o estresse de todas aquelas emoções turbulentas que os caracterizam.

... implica com: quem tem Sol em Gêmeos e Sol em Leão, porque os torna carentes nos momentos mais inoportunos; quem tem Sol em Sagitário e Sol em Aquário, porque não é tão aventureira quanto esses dois signos gostam de ser. Apesar disso, se apresentado a uma cultura exótica que considere interessante, pode tornar-se "nativo" num piscar de olhos.

... bate de frente com: quem tem Sol em Áries e Sol em Libra, porque os atrapalha ou até os impede de fazer o que desejam. Quem tem Lua em Câncer é sempre muito caseiro, sai pouco e não gosta muito de viajar, mas esses dois signos adoram sair.

... entra em conflito com: quem tem Sol em Capricórnio. Você nasceu numa Lua cheia se seu Sol estiver em Capricórnio. Isso faz com que seu Sol e sua Lua sejam parceiros em pé de igualdade. A luta é entre dureza (Capricórnio) e suavidade (Câncer). Seu Sol em Capricórnio insiste em dizer que trabalho duro e disciplina são os segredos para o sucesso. Afinal, você é um vencedor, não um perdedor. Porém, seu lado lunar sabe que escalar as mais altas montanhas é uma atividade bem exaustiva. Entre aqueles picos altíssimos, há vales ensolarados e planícies verdejantes em que você pode descansar e se recuperar. Não há nada errado em ser "suave". Além disso, só trabalhar, sem ter folga para brincar, transforma Capricórnio numa cabra sem a menor graça.

... fica por fora com: quem tem Sol em Câncer. Você nasceu em (ou bem perto de) uma Lua nova e tem um ponto cego no que se refere ao modo como as coisas eram. Tendo em vista que a Lua rege a memória, é fácil, para você, ficar nostálgico. Um pouco de nostalgia tem lá sua doçura. No entanto, quando em excesso, o faz glorificar o passado. Abra seu mundo experimentando a culinária de outra cultura. Câncer rege o estômago, e, afinal, a comida é a grande língua internacional – e, como todos sabem, o melhor caminho para o coração de alguém passa pelo estômago.

LUA EM LEÃO

Seus sentimentos são *muito* importantes. Eles não têm nada de trivial nem de ridículo. Você os leva a sério e espera que todo mundo faça o mesmo, porque o que você sente importa. Seu amor importa. Suas desilusões amorosas importam. Se está com raiva, então, você está certo em sentir essa raiva porque alguma coisa o irritou. Não é porque tenha o *direito* de ficar com raiva, mas, sim, porque você *está* com raiva. Pura e simplesmente. Foi injustiçado, e algo precisa ser feito. Bem rápido. Você assume suas emoções e exige que elas sejam reconhecidas e consideradas. As pessoas podem questionar e querer saber por que seus sentimentos deveriam ter precedência sobre os sentimentos dos demais, mas você sabe que eles têm e não pede desculpas por causa disso. Em Leão, a Lua é destemida. Corajoso e determinado, você sempre confia no que tem no coração – e no que você acha que está no coração alheio. Às vezes, isso pode se revelar perigosamente ingênuo – por exemplo, quando você dá o benefício da dúvida a alguém que não o merece. No entanto, os que têm a Lua em Leão nos mostram a força de nossas convicções emocionais. Lua em Leão...

... sai-se melhor com: quem tem Sol em Gêmeos e Sol em Libra, porque os impele a ser quem são, em vez de permitir que sejam aquilo que os outros esperam que sejam; quem tem Sol em Áries e Sol em Sagitário, porque lhes confere um coração capaz de acompanhar suas paixões ardentes e seus entusiasmos incontidos.

... implica com: quem tem Sol em Câncer e Sol em Virgem, porque insiste em fazê-los expressar seus sentimentos quando o contrário seria mais seguro; quem tem Sol em Capricórnio e Sol em Peixes, porque os faz lutar contra as viagens de culpa que tentam se obrigar a fazer.

... bate de frente com: quem tem Sol em Touro e Sol em Escorpião, porque lhes dificulta ter coração duro em relação a assuntos que já haviam decidido excluir de sua lista de discussão.

... entra em conflito com: quem tem Sol em Aquário. Você nasceu numa Lua cheia se seu Sol estiver em Aquário. Isso faz com que seu Sol e sua Lua sejam parceiros em pé de igualdade. A luta é entre o impessoal (Aquário) e o pessoal (Leão). O Sol em Aquário tende a infantilizar as emoções, a vê-las como imprudentes e irracionais. A Lua em Leão está aqui para lembrar a você de que as emoções importam, por mais que tente se distanciar delas.

... fica por fora com: quem tem Sol em Leão. Você nasceu em (ou bem perto de) uma Lua nova e tem um ponto cego no que se refere ao coração; confia nele de maneira absoluta, o que é ótimo, só que também espera que os outros sintam o mesmo que você, e isso não vai acontecer. Eles têm o próprio coração. Respeite-os do mesmo modo como espera que o respeitem e abrirá seu coração *e* sua mente.

LUA EM VIRGEM

Qualquer coisa relacionada ao estresse emocional terá impacto imediato sobre seu corpo. Você pode sofrer com erupções cutâneas, lutar contra distúrbios alimentares ou experimentar problemas súbitos com o sistema imunológico. Em geral, a palavra "psicossomático" é muito usada para descrever males físicos que estão apenas na cabeça, mas ela deriva de duas palavras importantes: *psique* ("alma") e *soma* ("corpo"). Na astrologia, a Lua rege tanto a alma quanto o corpo; nesse caso, é a inquietação da alma no corpo que se expressa no âmbito físico – de maneira não muito diferente do modo como a queda repentina na população de insetos sinaliza que o planeta Terra está se sentindo sobrecarregado. O que é bom em ter a Lua em Virgem é que ela o alerta em tempo hábil, permitindo-lhe chegar à origem daquilo que o aflige. Sua Lua em Virgem o mantém atento sobre o que você pode e não pode assumir no âmbito emocional. Além disso, o torna bem objetivo e prático quando se trata do corpo. É com quem tem Lua em Virgem que podemos abordar aquelas questões delicadas de saúde que nos deixam pouco à vontade. Lua em Virgem...

... sai-se melhor com: quem tem Sol em Câncer e Sol em Escorpião, pois mantém a temperatura emocional da sala no ponto ideal quando evita que esses dois signos peguem pesado no sentimentalismo ou no mau humor; quem tem Sol em Touro e Sol em Capricórnio, porque trata o corpo como um templo, não como uma barraca de *camping*.

... implica com: quem tem Sol em Leão e Sol em Libra, porque sempre vai detectar uma falha ou uma imperfeição em algo positivo; quem tem Sol em Áries e Sol em Aquário, porque não tem medo de puxar o plugue quando a situação chega ao limite.

... bate de frente com: quem tem Sol em Gêmeos e Sol em Sagitário, porque não trata verdades emocionais como se fossem inconveniências.

... entra em conflito com: quem tem Sol em Peixes. Você nasceu numa Lua cheia se seu Sol estiver em Peixes. Isso faz com que seu Sol e sua Lua sejam parceiros em pé de igualdade. A luta é entre soltar (Peixes) e segurar (Virgem). Seu Sol em Peixes só acredita em uma pintura se a tela for a maior possível; seu escopo é grandioso, e seu efeito pode ser avassalador no campo emocional. Porém, sua Lua em Virgem sabe que menos é mais; algo como a diferença entre um poema épico e um haicai. Talvez essa Lua em Virgem não seja pródiga em gestos amplos e dramáticos, mas diz muito a respeito de deixar as coisas para a imaginação.

... fica por fora com: quem tem Sol em Virgem. Você nasceu em (ou bem perto de) uma Lua nova e tem um ponto cego no que se refere ao corpo. Mas isso não é porque você seja misófobo ou vaidoso. Tem a ver com separação, isolamento. Você tem medo arraigado de tornar-se dependente dos outros no âmbito emocional. Por isso, cuida da saúde e se mantém capaz para garantir que eles sempre dependam de você, não o contrário. Por ironia, manter-se distante lhe permite ser íntimo. Só quando lhe dizem que deve relaxar e descontrair é que você fica tenso.

LUA EM LIBRA

Você não gosta de ter emoções desagradáveis; gosta de sentir emoções boas. Sabe que o mundo nem sempre é um lugar ameno, e é por isso que sua tarefa é ajudar a resgatar alguma coisa entre os destroços emocionais que acabam sendo arrastados para suas praias. No entanto, você não faz isso por ter alguma síndrome de herói, mas, sim, para levar paz e ordem à sua vida. As pessoas produzem quando estão felizes e criam problemas quando não estão. E, como sempre prefere beleza e prosperidade a discórdia e desordem, você fará o que for preciso para ajudar entes queridos, amigos e associados a recuperar o equilíbrio emocional e voltar a transformar a própria vida em algo útil. Você é um bom ouvinte, pois tem capacidade extraordinária de se retirar da equação e apenas assimilar o que o outro está dizendo. É essa capacidade que faz de quem tem Lua em Libra tão bons terapeutas, consultores e mediadores. Porém, você é atraído, de modo irresistível, por marrentos *sexys* e rebeldes, devoradoras de homens e gente desleixada na vida, nos modos ou na aparência em geral. Por alguma razão, essas bandeiras vermelhas funcionam mais como afrodisíacos que como sinais de advertência. Quem sabe? Talvez seja porque eles tragam emoção e imprevisibilidade para sua vida, que, às vezes, é equilibrada demais. Lua em Libra...

... sai-se melhor com: quem tem Sol em Leão e Sol em Sagitário, porque os torna bem-educados; quem tem Sol em Gêmeos e Sol em Aquário, porque os faz pedir desculpas, em vez de tentar explicar as coisas.

... implica com: quem tem Sol em Virgem e Sol em Escorpião, porque não para enquanto eles não descruzarem os braços cruzados; quem tem Sol em Touro e Sol em Peixes, porque sempre favorece a qualidade em detrimento da quantidade.

... bate de frente com: quem tem Sol em Câncer e Sol em Capricórnio, porque insiste em ouvir o outro lado da história.

... entra em conflito com: quem tem Sol em Áries. Você nasceu numa Lua cheia se seu Sol estiver em Áries. Isso faz com que seu Sol e sua Lua sejam parceiros em pé de igualdade. A luta é entre independência (Áries) e cooperação (Libra). Em geral, os arianos abordam os desafios sozinhos, só que sua Lua em Libra aprendeu há muito tempo que é melhor conquistar apoio antes, tanto para ampliar seu alcance quanto para fortalecer seu poder. Então, como atrair as pessoas para o seu lado? Não há quem pratique a ofensiva com tanto charme como você; sua deslumbrante combinação de paixão e persuasão vira cabeças e transforma mentes.

... fica por fora com: quem tem Sol em Libra. Você nasceu em (ou bem perto de) uma Lua nova e tem um ponto cego no que se refere a relacionamentos. Você se encarrega de fazer relações públicas pelo parceiro e, com isso, acaba sufocando, de modo involuntário, o fluxo de ida e vinda que precisa existir em qualquer relacionamento bem-sucedido. Você não é responsável por fazer seu relacionamento funcionar. Isso recai sobre os ombros de ambas as partes. Quanto mais verdadeiro você for para si mesmo, mais verdadeiro seu parceiro será para si mesmo, e é isso que faz um vínculo ser saudável.

LUA EM ESCORPIÃO

Você não tem medo do escuro. Na verdade, fica bem à vontade com ele. Entende que há muitas coisas que as pessoas sentem lá no fundo, mas não querem falar a respeito, muito menos admitir. E não adianta fazer uma lista exaustiva de gatilhos nem recitar mantras todos os dias para manter essas ansiedades, esses medos e os ataques de pânico a distância. Você acredita ser brutalmente honesto. Intenso e dedicado, adoraria poder correr para fazer o resgate emocional de alguém, mas sabe que isso, muitas vezes, piora as coisas. A vida não é bonitinha. E, se as pessoas que ama não aprenderem a se levantar depois de uma queda, nunca vão conseguir ter autonomia. Em Escorpião, a Lua está em queda. Isso não quer dizer que sua Lua não seja amorosa, mas, sim, que ela lhe confere coração calejado. Veja bem, não é um coração duro; é um coração corajoso e experiente. Sua sabedoria emocional vem de muita dor e muito sofrimento. O amor de sua Lua pode ser exigente, mas isso não a torna menos afetiva. Lua em Escorpião...

... sai-se melhor com: quem tem Sol em Virgem e Sol em Capricórnio, porque não tem medo de fazer as perguntas incômodas; quem tem Sol em Câncer e Sol em Peixes, porque lhes inspira ousadia e coragem.

... implica com: quem tem Sol em Libra e Sol em Sagitário, porque sempre tem a impressão de que tentam maquiá-lo ou adoçá-lo para que se encaixe em sua visão cor-de-rosa da vida; quem tem Sol em Áries e Sol em Gêmeos, porque sempre quer convencê-los a admitir que seus sentimentos importam, mesmo que achem que não.

... bate de frente com: quem tem Sol em Leão e Sol em Aquário, por recusar-se a desistir de uma queixa ou de um agravo só para fazer as pessoas se sentirem melhor.

... entra em conflito com: quem tem Sol em Touro. Você nasceu numa Lua cheia se seu Sol estiver em Touro. Isso faz com que seu Sol e sua Lua sejam parceiros em pé de igualdade. A luta é entre ter (Touro) e não ter (Escorpião). Quem tem o Sol em Touro avalia as pessoas de maneira superficial, pelo que aparentam, ao passo que quem tem a Lua em Escorpião está convencido de que todo mundo está sempre pensando em aplicar algum golpe, com o objetivo de separá-lo de seu dinheiro. Embora lhe doa ter um lado tão desconfiado, sua Lua em Escorpião quase sempre está mais certa que errada.

... fica por fora com: quem tem Sol em Escorpião. Você nasceu em (ou bem perto de) uma Lua nova e tem um ponto cego no que se refere a expor os podres alheios: presumir que todo mundo quer saber a verdade sórdida. Na verdade, o que ocorre é o oposto disso. De fato, o regozijo com que você alardeia seus momentos de "Te peguei!" afasta as pessoas. É bem fácil envergonhar e culpar, mas ajudar alguém a encontrar o caminho de volta é muito difícil. Faça isso, e você vai curar os outros e também a si mesmo.

LUA EM SAGITÁRIO

Suas emoções são ruidosas, e suas opiniões, coloridas. E você acredita em demonstrá-las de imediato, sem censura e sem desculpas. As pessoas podem não gostar, mas isso é problema delas. Você é fiel ao que sente. Os que têm Lua em Sagitário são mais expressivos que receptivos, o que significa que quem também quiser falar sobre os próprios sentimentos vai ter de aumentar o volume. No entanto, não há Lua mais inspiradora quando os ânimos estão lá embaixo, e esta é capaz de ver até o lado bom de um furacão. O lado ruim é que você não lida com lados ruins. Quando as coisas não saem conforme o previsto, você logo descarta os resultados com indiferença ou apatia. Esse repúdio abrupto pode fazê-lo parecer frio ou indiferente. O que as pessoas não percebem é que você se importa, e muito, mas receia que, se não se animar rápido e voltar a montar naquele cavalo, não o fará nunca mais. Quem tem Lua em Sagitário precisa aprender a enfrentar os revezes com calma. Além disso, deixar que os outros expressem o que estão sentindo de vez em quando também é uma boa ideia. Lua em Sagitário...

... sai-se melhor com: quem tem Sol em Libra e Sol em Aquário, porque aporta uma franqueza emocional a dois signos que, muitas vezes, são deliberadamente ambíguos; quem tem Sol em Áries e Sol em Leão, porque os leva a aumentar suas expectativas e ambições.

... implica com: quem tem Sol em Escorpião e Sol em Capricórnio, porque prefere testemunhar num julgamento a deixar de responder a perguntas ou de informações, mesmo constrangedoras; quem tem Sol em Touro e Sol em Câncer, porque deseja ter uma vida mais aventureira.

... bate de frente com: quem tem Sol em Virgem e Sol em Peixes, porque insiste em pedir que coloquem as próprias necessidades em primeiro lugar.

... entra em conflito com: quem tem Sol em Gêmeos. Você nasceu numa Lua cheia se seu Sol estiver em Gêmeos. Isso faz com que seu Sol e sua

Lua sejam parceiros em pé de igualdade. A luta é entre o cerebral (Gêmeos) e o excitável (Sagitário). Quem tem Sol em Gêmeos, às vezes, se sente preso em cima de um cavalo em fuga quando seu lado lunar dispara em pleno galope; não há escolha a não ser cavalgá-lo. Depois, quando você recuperar o controle das rédeas, bastará uma piada feita à própria custa ou um pouco de humor autodepreciativo para remediar as coisas.

... fica por fora com: quem tem Sol em Sagitário. Você nasceu em (ou bem perto de) uma Lua nova e tem um ponto cego no que se refere ao fervor. Você acredita mesmo no que está sentindo ou está apenas viajando no embalo da euforia? Você age como se tivesse de manter as coisas bombando o tempo todo nos relacionamentos. Isso pode ser desgastante para ambos os lados. Se não quiser acabar como uma criança superexcitada que corre em círculos até desmaiar no chão, baixe a intensidade; você não precisa se esforçar tanto para manter alguém por perto.

LUA EM CAPRICÓRNIO

Às vezes, você fica sério demais, e isso decorre do fato de que a Lua está em detrimento em Capricórnio. Nascer com uma Lua invernal o torna propenso a humores sombrios. Fica difícil ver o lado bom das coisas. Finais felizes o deixam apreensivo porque você é muito cauteloso com as armadilhas que eles escondem. Mesmo enquanto ainda estava crescendo, você se sentia como um estranho em casa, como se tivesse sido trocado no berçário ou fosse um órfão adotado por engano. Mas não é porque sua imaginação é gótica que você também tem de ser. Na verdade, você é bem engraçado. Com seu humor sardônico e seu modo misterioso de falar, não mede esforços para dar a impressão de que simplesmente não liga para nada. No entanto, seus penosos silêncios sempre o entregam, e é por isso que você deve se permitir ser quem é: alguém que sente as coisas com muita profundidade, pensa com muita seriedade e se preocupa demais. Você pode não agradar a todo mundo, mas é o néctar dos deuses para algumas pessoas. Com responsabilidade impecável e sabedoria sobrenatural, você precisa de muito tempo para se aquecer, mas a espera sempre vale a pena. Lua em Capricórnio...

... sai-se melhor com: quem tem Sol em Escorpião e Sol em Peixes, porque os torna melancólicos, que não sentem remorso por isso; quem tem Sol em Touro e Sol em Virgem, porque os faz ver além do pouco que recebem por seu trabalho árduo e faz com que comecem a pensar em ganhar mais.

... implica com: quem tem Sol em Sagitário e Sol em Aquário, porque se recusa a pagar pela manutenção de todos os castelos de areia deles; quem tem Sol em Gêmeos e Sol em Leão, porque não há nada de hipotético nos piores cenários que eles insistem em ignorar.

... bate de frente com: quem tem Sol em Áries e Sol em Libra, porque os obriga a fazer as coisas até o fim.

... entra em conflito com: quem tem Sol em Câncer. Você nasceu numa Lua cheia se seu Sol estiver em Câncer. Isso faz com que seu Sol e sua Lua sejam parceiros em pé de igualdade. A luta é entre família (Câncer) e carreira (Capricórnio). Como seu planeta regente é a Lua, você sempre escolherá a carreira em vez da família e trabalhará muitas horas para pôr comida na mesa. No entanto, deixando de reservar parte do tempo para os entes queridos, poderá descobrir, mais tarde, que eles não têm muito tempo para você. Inverta a tendência enquanto ainda é tempo. A família é mais que uma obrigação; é seu lar.

... fica por fora com: quem tem Sol em Capricórnio. Você nasceu em (ou bem perto de) uma Lua nova e tem um ponto cego no que se refere à culpa. Vê todas as coisas que deveria ter feito (mas não fez), as obrigações que deixou de cumprir e os fardos emocionais que se revelaram pesados demais e se enrola neles como se fossem um cobertor de segurança. Não há nada errado com um pouco de culpa. É até saudável. Porém, o excesso de culpa leva à autoassimilação: o autoflagelo pode ser tão narcisista quanto o autoengrandecimento. Deixe o hábito da culpa de lado, para que possa voltar a ficar disponível para as pessoas.

LUA EM AQUÁRIO

Você tem muito interesse no bem-estar das pessoas. Elas estão sendo tratadas de maneira justa? Têm direito à voz? Há algo que possa fazer para fortalecê-las? No entanto, quando alguém lhe pergunta como você está, lhe dá um branco. É como se você tivesse acabado de ouvir uma pergunta dificílima de responder. De modo surpreendente, quem tem Lua em Aquário é tímido quando se trata de discutir os próprios sentimentos, pois os vê como egoístas. É por isso que você os minimiza com muita frequência, só que já deve ter percebido que, quanto mais reprimir alguma parte de si mesmo, mais ela se elevará contra você. Isso pode se manifestar por meio de problemas com dependência química, automedicação ou perfeccionismo compulsivo. O que você pode fazer para viver uma vida mais inteligente do ponto de vista emocional? Procure dar mais tempo de "inserção" aos a seus sentimentos, sobretudo os perigosos, como alegria, orgulho e satisfação. Na próxima vez que alguém lhe fizer um elogio, em vez de reagir com estranheza ou acanhamento, apenas diga "obrigado". Isso o faz reconhecer tanto o momento quanto o sentimento, o que sinaliza à sua psique que você está pronto para reconhecer também o restante de si mesmo. Lua em Aquário...

... sai-se melhor com: quem tem Sol em Áries e Sol em Sagitário, porque insiste em solicitar que eles trabalhem pelo bem maior; quem tem Sol em Gêmeos e Sol em Libra, porque os mantém honestos.

... implica com: quem tem Sol em Capricórnio e Sol em Peixes, porque é mais estoico e abnegado do que pretende ser qualquer um desses dois signos; quem tem Sol em Câncer e Sol em Virgem, porque nunca ameniza as verdades para torná-las mais palatáveis.

... bate de frente com: quem tem Sol em Touro e Sol em Escorpião, porque sempre ressaltará o *nosso* na luta entre o *seu* e o *meu*.

... entra em conflito com: quem tem Sol em Leão. Você nasceu numa Lua cheia se seu Sol estiver em Leão. Isso faz com que seu Sol e sua Lua sejam parceiros em pé de igualdade. A luta é entre mim (Leão) e todo mundo (Aquário). Você é muito independente, e sua Lua em Aquário espera que todo mundo também seja. Porém, sua ideia de quem as pessoas devem ser pode não coincidir com a visão que elas têm de si mesmas, e é aí que você precisa respeitar as diferenças; o essencial na individualidade é que não existem duas pessoas iguais.

... fica por fora com: quem tem Sol em Aquário. Você nasceu em (ou bem perto de) uma Lua nova e tem um ponto cego no que se refere a si mesmo; por estar sempre tão focado em fazer o certo pelos outros, muitas vezes se coloca fora da equação. Você precisa parar de tratar a palavra *eu* como se fosse um palavrão. Você é um ser de carne e osso que tem desejos e necessidades humanas. Cuide dos próprios interesses tanto quanto cuida dos interesses alheios.

LUA EM PEIXES

Você tem uma Lua mediúnica. Talvez não seja clarividente nem capaz de invocar vidas passadas quando desejar, mas tem profunda capacidade de captar o que as pessoas sentem. Imagens e sensações vêm-lhe com tanta facilidade que, às vezes, tomam conta de seu corpo. Você pode engasgar-se quando está perto de alguém que tem dificuldade em expressar os próprios sentimentos ou perder a paciência por completo perto de alguém que reprime a própria raiva. Ainda bem que, depois que se distancia da pessoa, seu corpo volta ao normal. Sua Lua camaleônica mimetiza de forma natural as cores de quem estiver sentado ao seu lado, criando familiaridade instantânea. Isso é ótimo do ponto de vista romântico e também se colaborar em projetos criativos, pois você entra em total sincronia, como músicos de *jazz* numa *jam session*. Porém, talvez funcione contra você em ambientes mais conservadores; nem todo mundo quer ter alma e profundidade, e sua visão de raio X lunar pode incomodar as pessoas. A maior lição que pode aprender quem tem Lua em Peixes é que cada um tem de fazer seu dever de casa emocional. Você pode "ver" as respostas que as pessoas procuram, mas elas precisam descobri-las por si mesmas. Lua em Peixes...

... sai-se melhor com: quem tem Sol em Touro e Sol em Capricórnio, porque confere certa suavidade a dois signos que costumam seguir à risca o figurino; quem tem Sol em Câncer e Sol em Escorpião, porque os faz perdoar.

... implica com: quem tem Sol em Áries e Sol em Aquário, porque os faz questionar se seu coração de fato está no lugar certo; quem tem Sol em Leão e Sol em Libra, porque lhes exige que calcem de verdade os sapatos de outra pessoa e caminhem um quilômetro, em vez de apenas falar a respeito disso.

... bate de frente com: quem tem Sol em Gêmeos e Sol em Sagitário, porque insiste em responsabilizá-los no âmbito emocional.

... entra em conflito com: quem tem Sol em Virgem. Você nasceu numa Lua cheia se seu Sol estiver em Virgem. Isso faz com que seu Sol e sua Lua sejam parceiros em pé de igualdade. A luta é entre ser útil (Virgem) e sacrificar-se (Peixes). É provável que você seja sempre abnegado, pois não consegue deixar de sair do caminho para ajudar a quem necessita. Mas procure traçar limites razoáveis para o que você pode e não pode fazer. O bem-estar alheio não pode vir à custa do seu.

... fica por fora com: quem tem Sol em Peixes. Você nasceu em (ou bem perto de) uma Lua nova e tem um ponto cego no que se refere à empatia; a compaixão pelos outros é tamanha que você acaba ignorando as pessoas mais importantes de sua vida. Se quiser mesmo ter uma verdadeira intimidade com elas, você precisa torná-las sua principal prioridade. Mas, se deixar de valorizá-las, elas não ficarão por perto, e você sempre se sentirá perdido no mar.

MERCÚRIO

☿

Você pensa melhor quando está conectado ou dormindo? É daqueles que precisam planejar tudo com antecedência ou sua maneira de tirar o proverbial coelho da cartola é deixar as coisas correrem até o último instante? Na astrologia, Mercúrio é o planeta do "o que eu penso", e existem tantos tipos diferentes de inteligência quanto signos no zodíaco. Muitas vezes, pensamos na inteligência como se fosse apenas cerebral e analítica, mas, com o passar dos anos, começamos a apreciar outros estados mentais também, como inteligência emocional, memória corporal, *flashes* intuitivos e fluxo criativo.

Mercúrio é o planeta que conecta nossos olhos a nossas mãos. Podemos até dizer que dota nossas mãos de uma inteligência toda própria. Pessoas que têm Mercúrio acentuado em seus mapas se destacam em esportes que exigem coordenação entre olhos e mãos, mas também podem ser músicos talentosos, artesãos minuciosos ou *gamers* extremamente rápidos. Mercúrio confere destreza, inventividade e técnica cuja velocidade pode ser até mais alta que a do pensamento consciente. Basta nos lembrarmos das metáforas baseadas nas mãos que usamos para descrever nossa atividade mental: não falamos em fazer malabarismos com prioridades, jogar areia no brinquedo de alguém, manipular uma situação ou furar um argumento? A experiência que obtemos quando arregaçamos as mangas e colocamos a mão na massa não é o ingrediente secreto que transforma o conhecimento que adquirimos com leitura e estudo em esperteza para sobrevivência no mundo real? No entanto, as mãos também podem enganar, como quando falamos em passes de mágica, em mãos para cima (onde possam ser vistas) ou em não deixar a mão direita saber o que a esquerda está fazendo. Mercúrio revela tanto quanto esconde.

A curiosidade e a brincadeira são fundamentais para compreendermos como Mercúrio funciona em nossa vida. Algumas brincadeiras da primeira infância, como fazer mímicas, cantar rimas e cantigas populares nos ensinam a imitar, a memorizar e a interagir. Se tivéssemos sido deixados à própria sorte, provavelmente só saberíamos arrotar e gargalhar, mas Mercúrio é o planeta que vê, aprende e aplica. Inquieto por temperamento, ele nos faz rolar sobre a barriga para que possamos engatinhar, nos sentar para ter visão melhor das coisas e agarrar a perna de uma mesa para ficarmos em pé até estarmos prontos para andar sozinhos. Mercúrio nos tira de nós mesmos e nos leva para o mundo. Também nos ensina a agir em um mundo que nem sempre é agradável ou confiável. Nossa habilidade para brincar com os outros – ou para interpretá-los – é mais bem simbolizada pelo planeta que acredita que, quando existe uma artimanha, existe um meio.

Você pode ser o autor das ideias mais brilhantes já concebidas, só que elas não significarão nada se você não puder anotá-las no papel ou apresentá-las a um possível comprador. Mercúrio é responsável por fazer sua ideia sair da prancheta e virar realidade. Rege tudo o que usamos para escrever, falar, criar e moldar e também sabe como colocar nossos produtos no mercado. Por ser o mensageiro dos deuses, Mercúrio era o único que podia transitar entre o céu, a terra, o inferno e voltar. Sabia de todos os meandros, nomes e senhas. E sabia a quem persuadir, a quem atacar, a quem ameaçar e a quem subornar. Mercúrio ajuda você a encontrar seu rumo na vida e é o planeta responsável por levá-lo daqui até lá.

Mercúrio também é o planeta das compras e das vendas. Seu nome deriva da raiz latina *merc*, que significa "mercado", e aparece nas palavras "comerciante" e "mercadoria". Como todos os planetas, tem uma face quando está em movimento direto e outra quando está em movimento retrógrado. Dizia-se que, quando direto, Mercúrio regia os lojistas e, quando retrógrado, regia os ladrões que furtam as lojas durante o horário de funcionamento.

Mercúrio é o planeta mais próximo do Sol. É por isso que, muitas vezes, não é visível no céu noturno, e, quando o vemos, é apenas três ou quatro vezes por ano, durante cerca de noventa minutos, antes do nascer do Sol, ou noventa minutos depois do pôr do sol. É por essa razão que, no mapa astrológico, Mercúrio só aparece no mesmo signo do zodíaco que seu Sol, no signo anterior ou no signo que vem em seguida. Ele nunca estará mais distante que isso.

Se seu Mercúrio estiver no signo que precede seu Signo Solar (um Mercúrio do "nascer do sol"), representa previsão. Você vive no futuro, planeja seus movimentos pensando no futuro e é muito bom em adivinhar como as coisas vão se desenrolar. Parte disso deriva do fato de aprender rápido e, outra parte, do fato de estar três passos à frente no jogo. Você acha importante sair na frente de uma situação para que ninguém consiga alcançá-lo quando você estiver em desvantagem. Proativo e prudente, quase nunca é pego desprevenido. Entretanto, mesmo assim, você ainda pode ficar bem à frente de si mesmo, e é nesse momento que precisa voltar e corrigir – ou até refazer – o que já fez.

Se seu Mercúrio estiver no mesmo signo que seu Sol, é sinal de que você acha que conhece sua mente. Seja lógico, prático, intuitivo ou criativo, é nessa pista que você vai permanecer. Não há interesse real em tentar pensar de modo diferente. É claro, isso lhe permitirá destacar-se em qualquer predisposição mental com a qual se identifique, mas há o risco de exercitar um conjunto de músculos mentais em detrimento de todo o restante. Reforçar o que vem de modo natural pode limitar a curiosidade, inibir o aprendizado e até mesmo criar um ponto cego que o leve a deixar de ser receptivo a tudo o que for novo. Quem tem Mercúrio no mesmo signo que o Sol precisa trabalhar para manter a mente aberta.

Se seu Mercúrio aparece no signo que sucede seu Signo Solar (um Mercúrio do "pôr do sol"), simboliza retrospectiva. Você nunca parte do princípio de que todas as informações estão na sua frente; por isso, vai continuar jogando com as peças do quebra-cabeça bem depois que todos os outros jogadores tiverem desistido. Isso o torna excelente solucionador de problemas. Você é deliberado, profundo e detalhista. No entanto, o medo de errar pode levá-lo a ter muito cuidado e a não dar sua opinião quando precisa fazê-lo. Às vezes, é melhor sair com o que tiver na mão, sobretudo porque você costuma estar certo. E se não estiver? Nunca estará tão errado a ponto de não poder resolver o problema com um simples ajuste.

E se você tiver Mercúrio retrógrado? Quem tem Mercúrio retrógrado é famoso por estragar até os planos mais bem definidos. É por isso que você sempre quer aplicar a lei de Murphy (o que pode dar errado vai dar errado, lembra-se?) a tudo o que faz. Pode não parecer uma coisa invejável, mas o fato de seu Mercúrio ser retrógrado, na verdade, o torna mais preparado para a possibilidade de a vaca ir para o brejo, já que você espera que isso aconteça. Obriga-o a reagir com rapidez e a tomar boas decisões. O truque para trabalhar com Mercúrio retrógrado está em descobrir como transformar um passivo em ativo. Se um caminho estiver fechado, nada o impedirá de seguir uma rota alternativa. E quem poderá dizer que esse não é o melhor caminho?

A maneira mais fácil de avaliar a força de Mercúrio em um mapa astrológico é determinar se ele está em domicílio, detrimento, exaltação ou queda. Mercúrio está em casa (domicílio) em dois signos: Gêmeos e Virgem. Gêmeos e Virgem são os dois signos que ladeiam Câncer e Leão, que são regidos pela Lua e pelo Sol, respectivamente. A Lua e o Sol estão emparelhados porque regem a noite e o dia, e Mercúrio vai em ambos os lados deles porque sua órbita é tão próxima do Sol que você só pode vê-lo pouco antes de o Sol nascer, quando a noite está fazendo a transição para o dia, ou logo depois do pôr do sol, quando o dia está fazendo a transição para a noite.

Mercúrio está fora da estação (em detrimento) em Sagitário e Peixes. Esses signos ficam opostos a Gêmeos e Virgem, e também marcam o início e o fim do inverno – época do ano em que o Sol está frio e distante –, e, para onde quer que vá o Sol, Mercúrio também irá, pois é o planeta mais próximo do Sol. De acordo com esse conceito, Mercúrio é mais poderoso (exaltado) em Virgem porque Virgem é o signo de Mercúrio que está ao lado de Leão no zodíaco e mais fraco (em queda) em Peixes porque Peixes é oposto a Virgem. Então, basicamente, se seu Mercúrio estiver em Virgem, seu bônus será duplo, e se seu Mercúrio estiver em Peixes você terá o dobro de problemas. Contudo, é importante lembrar que o fato de Mercúrio estar exaltado ou em queda não significa que seja um bom ou um mau Mercúrio. Muitas vezes, os sabichões se enganam, ao passo que quem se arrisca a fazer as perguntas “bobas” obtém as respostas que procura.

MERCÚRIO EM ÁRIES

Você sempre diz exatamente o que pensa, sem hesitar, sem rodeios e sem dourar a pílula; vai direto ao ponto e quer que os outros façam o mesmo. Se gosta de uma coisa, diz; se for o contrário, diz também. Sim, você pode ter a delicadeza de uma britadeira, ser curto e grosso, mas respeita demais a inteligência das pessoas, a ponto de não desejar mentir para elas. Todos têm o direito de saber a verdade, e, se a verdade magoa ou liberta, isso é problema de cada um. Áries é o signo do zodíaco que rege a cabeça, o que explica por que você é tão teimoso e dá tantas cabeçadas que acaba prendendo os chifres nos chifres dos outros. No entanto, quem tem Mercúrio em Áries também é secretamente intelectual, apesar de toda a modéstia em relação à própria inteligência e ao acanhamento que sente quando alguém comenta que você pensa, de fato, nas coisas. Áries é um signo mais associado à força que ao cérebro, mas, se você conseguir reconhecer que a mente, tanto quanto o corpo, precisa de exercícios regulares para ficar cada vez melhor, não haverá limite para os obstáculos que conseguirá superar.

Mercúrio em Áries/Sol em Peixes

Não deixe de ouvir as pessoas antes de responder, pois você tende a agir com precipitação. Relaxe e respire para poder assimilar o que elas têm verdadeiramente a dizer. É melhor evitar presumir o pior quando deveria esperar o melhor.

Mercúrio em Áries/Sol em Áries

Destemido e incendiário, você não vê problema nenhum em expressar o que pensa, porque acredita que deve ser honesto. Mas ser honesto implica aceitar que os outros também sejam honestos. Se você conseguir ouvir o mesmo tipo de coisa que costuma dizer às pessoas, ótimo. Se esse não for o caso, então é melhor ter um pouco mais de discernimento.

Mercúrio em Áries/Sol em Touro

Sua primeira intuição, em geral, está certa, e você sempre se lembra disso depois de virar no retorno errado ou ceder à opinião de outra pessoa. Um belo dia, você vai aprender a obedecer à intuição. Até lá, tente não se debater quando já estiver no chão.

MERCÚRIO EM TOURO

Touro é o signo do zodíaco que rege a garganta, e é por isso que você adora o som da própria voz. Muitos cantores têm Mercúrio em Touro, pois seu timbre é daquele tipo que acalma nervos fragilizados, suaviza corações endurecidos e faz os outros confiarem em você. Com muita probabilidade, você conseguiria convencer o Gato de Cheshire a descer de sua árvore. No entanto, como todo bom *performer*, precisa interpretar bem seu público. Você não pode apenas tagarelar, pois as pessoas conseguirão detectar quando já não tiver mais o que dizer ou estiver tentando camuflar os pontos fracos de seu argumento. A voz acaba entregando você, pois ela é bem reveladora. Quem tem Mercúrio em Touro também tem dificuldade em ceder a palavra, e é por isso que você continua a falar sem parar. Morre de medo de se esquecer de alguma coisa ou de que apareça alguém que lhe roube a cena. Portanto, prepare os comentários com antecedência, pois isso lhe dará o controle sobre a mensagem. Além disso, quanto menos você disser, mais as pessoas o ouvirão. Se confiar no poder da voz, nunca precisará alteá-la.

Mercúrio em Touro/Sol em Áries

Você adora a aventura de criar uma empresa do zero e torná-la um sucesso. Nada melhor que transformar um azarão em um vencedor. No entanto, você fica inquieto quando as coisas estão funcionando bem, sinal inequívoco de que é hora de partir para outra.

Mercúrio em Touro/Sol em Touro

Seu lema é "Se não quebrou, não conserte!". Há muita gente que deseja mudar as coisas apenas pelo prazer de mudá-las, o que acarreta mais ocorrência da pergunta "Não lhe disse?" e mais bagunça para você arrumar. Você estará aberto a novas ideias se alguém apresentar um argumento convincente. Caso contrário, não cairá nessa por nada neste mundo.

Mercúrio em Touro/Sol em Gêmeos

Seu raciocínio é metódico; você divide um problema em componentes e, em seguida, aborda cada um por ordem de importância. Isso lhe permite detectar o que é e o que não é viável. Quando a resposta estiver clara, você se concentrará nos pontos principais e partirá de forma deliberada rumo à solução.

MERCÚRIO EM GÊMEOS

Você brinca com as variáveis da mesma maneira que uma criança brinca com a salada. Algumas vezes, é para passar o tempo até ter permissão para deixar a mesa. Mas, outras vezes, é para avaliar todas as possibilidades. Você quase nunca tem um plano e, quando tem algum, quase nunca o segue. Sua genialidade está no fato de pensar nas coisas no calor do momento e convencer todo mundo de que era isso que você tinha em mente o tempo todo. Em Gêmeos, Mercúrio está em domicílio; é onde ele é mais espontâneo, inventivo e improvisador. Ninguém consegue entrar num beco sem saída nem inventar desculpas para sair de uma enrascada como você. A vida seria muito mais fácil se aprendesse a "deixar quieto", mas isso não vai acontecer. Você nasceu com uma mente curiosa que não resiste a charadas, mistérios ou botões com a inscrição "Não aperte!". Então, o que ganha por toda a irritação? Coisas que só a experimentação pode trazer, como uma guinada em uma fórmula conhecida, uma nova abordagem para um problema renitente ou um corredor secreto onde antes havia apenas uma parede de alvenaria.

Mercúrio em Gêmeos/Sol em Touro

Você está com a mão sobre a campainha e vai pressioná-la mesmo que não saiba a resposta, pois acredita que é melhor estar no jogo que esquentar o banco. A sorte é que você é bom em palpites, senão estaria com grandes problemas.

Mercúrio em Gêmeos/Sol em Gêmeos

Embora tenha mente rápida, você tem baixo limiar de atenção para provar isso. No seu caso, é melhor trabalhar com prazos constantes, pois eles o obrigarão a agir de improviso. Você não gosta de ficar com um projeto por muito tempo, pois acaba ficando entediado. Se sai melhor quando tem várias tarefas ao mesmo tempo para administrar.

Mercúrio em Gêmeos/Sol em Câncer

Você é um colecionador experiente; frequentador de brechós, antiquários e leilões de imóveis, consegue detectar o ouro que há na escória. A maioria das pessoas não entende o valor daquilo que tem, e, quando entende, você sempre pode negociar com elas para baixar o preço. Você é intransigente quando se trata de conseguir o que almeja.

MERCÚRIO EM CÂNCER

Você pensa melhor durante o sono. É por isso que fica sonolento quando surgem problemas. Embora esteja procurando respostas, seu cérebro precisa desligar a mente consciente para funcionar sem restrições. O sono lhe permite revisitar os tesouros afundados da memória e da imaginação e ver as associações profundas que estão sob os alicerces da lógica. Quando acorda (e isso pode até ser depois de um cochilo de poucos minutos), a resposta está lá na sua frente, tão óbvia quanto inquestionável. Porém, o inconsciente não é sua única fonte de informação; também há o corpo – você é capaz de sentir de imediato quando alguma coisa está errada. A presença de uma pessoa o deixa incomodado, uma situação não lhe cai bem ou o intestino diz que há mais coisas acontecendo do que parecia a princípio. Só que o intestino é uma coisa engraçada: às vezes, você pode confiar nele como um aviso de defesa, mas, outras, é apenas um rebate falso. Preste atenção aos instintos, mas recorra também às faculdades críticas. Quem tem Mercúrio em Câncer estuda o alvo com todos os sentidos e está sempre alerta para o que está acontecendo.

Mercúrio em Câncer/Sol em Gêmeos

Você tem talento para transformar estranhos em cúmplices. Pode ser com uma piada que só poucos conseguem entender, um olhar compartilhado ou um segredo sussurrado. De qualquer maneira, você os envolve nesse manto invisível de cumplicidade de uma forma que, mesmo que antes não quisessem ajudá-lo, agora eles se dispõem a fazê-lo.

Mercúrio em Câncer/Sol em Câncer

Você tem a informalidade amarfanhada de uma pintura de Norman Rockwell. As pessoas se sentem tão à vontade a seu lado que se abrem e falam com facilidade. Sua vida interior é muito rica, e você deveria pensar em escrever, pois é um observador perspicaz, que tem estilo singular de dizer as coisas.

Mercúrio em Câncer/Sol em Leão

Você é sentimental demais. As músicas da sua *playlist* são como as páginas de seu diário. Você seria um compositor de sucesso se tomasse nota de seus pensamentos no papel. Seu modo de falar faz as pessoas sentirem que você sabe dizer o que lhes vai no coração.

MERCÚRIO EM LEÃO

Você leva tudo para o lado pessoal. Além de ser suscetível, não consegue esconder o que de fato sente, e isso vale tanto para a alegria quanto para a decepção. A melhor coisa é que todo mundo o ouve. No entanto, a pior coisa quando se tem Mercúrio em Leão é que todo mundo se lembra do que ouviu, e é por isso que você precisa estar mais atento e ser mais atencioso com o que diz. O que você fala importa. As pessoas querem ter sua aprovação e, quando a conseguem, ficam felizes. Mas e quando não a conseguem? Bem, é provável que levem essa decepção para o lado pessoal, do mesmo modo que você faria. É por isso que convém sempre perguntar a si mesmo como você gostaria de ouvir uma crítica ou uma reprimenda se estivesse no lugar do outro. Com certeza, você vai preferir que seja honesta (dentro do razoável), mas também construtiva. Falar com as pessoas da maneira que gostaria que falassem com você cria uma relação pessoal, ao mesmo tempo sincera e eficaz.

Mercúrio em Leão/Sol em Câncer

Assim como os animais de estimação, as crianças gravitam em torno de você. Pode parecer meio estranho quando elas lhe pedem que as leve para sua casa. O que todos reconhecem é sua bondade e dedicação. Você nunca perdeu o contato com sua criança interior, e isso o torna um adulto cativante.

Mercúrio em Leão/Sol em Leão

Você é quem manda. Sua franqueza e seu senso de decisão predispõem as pessoas a obedecer-lhe. Não se pode tolerar incompetência nem dúvida. Você jamais quer dar a impressão de ser fraco. No entanto, adotar uma política do tipo "Faça o que eu digo!" implica a necessidade de assumir sua responsabilidade por ela; nesse caso, nada de passar a culpa adiante.

Mercúrio em Leão/Sol em Virgem

Embora tenda a pedir desculpas pelo que diz, isso não o impede de dizê-lo, porque a verdade é a autoridade superior à qual você responde. No entanto, você não vai apenas dizer o que quer sem pensar. Procure as palavras certas e o momento certo para falar.

MERCÚRIO EM VIRGEM

Talento não é tudo. Todos os dias nascem pessoas superdotadas, mas isso não significa que possam aproveitar esse dom. No entanto, isso não quer dizer que você não tenha talento, mas, sim, que não confia nele. Você prefere confiar na habilidade. A habilidade pode extrair muito de pouco, não depende de você ser "especial" e é uma aprimoradora de oportunidades iguais, porque se baseia em qualquer aptidão que você tenha e a transforma em proficiência. Mercúrio é exaltado em Virgem; é o domicílio em que é mais preciso, prático e instrutivo. Quem tem Mercúrio em Virgem é atraído para a prática. Você não pratica porque pretende fazer as coisas com perfeição. (Existe algum prodígio em fazer algo bem-feito apenas uma vez?) Você pratica porque quer produzir o mesmo resultado desejado todas as vezes. Gosta de consistência. É verdade que sua fórmula de sucesso pode se tornar estereotipada, mas é nesse momento que você sabe que é hora de se reinventar. Mercúrio em Virgem não tem medo de voltar ao projeto; é por meio dele que você tem liberdade para dar tratos à bola e experimentar.

Mercúrio em Virgem/Sol em Leão

Essa é uma combinação artística. Você tem a capacidade de traduzir para a página ou para o espaço da representação o que vê no coração ou na mente. Aprende bem rápido e absorve tudo o que pode dos outros, mas depois o torna seu. Tudo o que você cria carrega sua marca inconfundível.

Mercúrio em Virgem/Sol em Virgem

Você é o eterno aluno, está sempre se inscrevendo em alguma nova turma, em um curso ou em uma área de estudo. As pessoas podem achar que isso se deve ao seu perfeccionismo ou que talvez até seja uma supercompensação, mas a verdade é que você adora aprender. É a versão *gourmet* de um intelectual.

Mercúrio em Virgem/Sol em Libra

Você tem olhar perspicaz e gosto impecável. Porém, se não tomar cuidado, pode ficar crítico demais e passar adiante empregos, relacionamentos e oportunidades que considera inadequados. Não há nada errado em fazer *test-drives*. Você pode ter boas surpresas.

MERCÚRIO EM LIBRA

Você não tem a menor dificuldade em deixar que os outros falem. Na verdade, até os estimula a isso. Assim, eles divulgam tudo o que está acontecendo na própria vida, enquanto você se senta e avalia se seriam bons parceiros, bons clientes ou aliados. Quem tem Mercúrio em Libra faz da arte da entrevista uma ciência. Você sabe sorrir e balançar a cabeça em todos os lugares certos. Muitas vezes, as pessoas saem sentindo-se maravilhosas com o tempo que passaram a seu lado, enquanto você sai com todas as informações necessárias para tomar sua decisão, tendo revelado pouco – ou nada – sobre si mesmo. Etiqueta e protocolo são importantes. A etiqueta garante que todos se comportem da melhor maneira (mesmo que não tenham vontade), e o protocolo, que as coisas corram na ordem certa. Sua capacidade de desviar a atenção, aceitar as críticas com elegância e redirecionar a conversa dificulta a leitura das pessoas. E você nunca aceitaria fazer as coisas de outra maneira.

Mercúrio em Libra/Sol em Virgem

Você quer fazer a coisa certa. Sempre tomando o cuidado de primeiro sentir a vibração da sala, quase nunca fala algo impróprio ou precipitado. Porém, às vezes, fazer a coisa certa vai contra o que é aceitável no âmbito social. É quando você deve escolher entre o que é correto e o que é justo.

Mercúrio em Libra/Sol em Libra

Você conhece bem muitas coisas e sabe conversar. Os outros quase não percebem quão inteligente você é. É capaz de falar com qualquer pessoa sobre qualquer coisa sem que ela se sinta inferiorizada. Sente-se à vontade em seu território como se estivesse nos corredores do poder. Preza muito o que importa aos demais.

Mercúrio em Libra/Sol em Escorpião

Esta é a voz da consciência, que o leva a repensar o movimento contraproducente que está prestes a fazer. Talvez você não queira desistir de alguns dos mais deliciosos cenários de vingança, mas não há como ignorar as incontáveis vezes em que essa voz já o salvou de grandes desastres. É por isso que você a escuta.

MERCÚRIO EM ESCORPIÃO

Dizem que o diabo está nos detalhes. É por essa razão que seu olhar é exigente quando se trata de revisar coisas que fazem as pessoas revirarem os olhos, como estatísticas, gráficos e letras miúdas. Você está sempre à procura da única inconsistência que mostra que alguém errou ou está tentando tapear os demais. Você não tem problemas com confiança, porque, no seu caso, confiança não é um problema; sua suposição de trabalho é que todos têm algo a esconder e são culpados até que provem o contrário. Isso pode parecer rígido e cético demais, mas vem a calhar para seu tipo de trabalho, que, em geral, é de natureza investigativa. Sem medo de fazer as perguntas mais incômodas, você cutuca e sonda. Sua capacidade de escuta é muito elevada; você se concentra intensamente tanto no que é dito quanto no que não é dito. O diabo está nos detalhes, mas o divino também. Por isso, você precisa saber quando conceder o benefício da dúvida para não perder aquela chave para a salvação que pode acabar salvando seu dia.

Mercúrio em Escorpião/Sol em Libra

Como adora duplos sentidos e insinuações, nada lhe parece mais encantador que conhecer alguém que fale pelo mesmo código. Tudo o que você diz e faz carrega um significado velado. Não porque esteja escondendo algo, pois você apenas gosta de dar a impressão de que tem algo a esconder.

Mercúrio em Escorpião/Sol em Escorpião

Você não aceita nada apenas pelas aparências; está sempre olhando embaixo da mesa, checando as mensagens do namorado ou vasculhando o armário no banheiro de um amigo. Isso vem do tempo em que ainda era criança e abria o guarda-roupa à noite para ver se havia algum monstro escondido lá. Você é daqueles que acreditam que é sempre melhor prevenir que remediar.

Mercúrio em Escorpião/Sol em Sagitário

No que diz respeito a você, a verdade ainda está lá fora. Mas seu sorrisinho de cético esconde o coração de um romântico. Você questiona tudo não porque seja descrente, mas, sim, porque não quer parar de procurar nunca. Sua meta é desvendar os segredos sujos do universo.

MERCÚRIO EM SAGITÁRIO

A verdade nunca é tão boa quanto parece ser no momento em que você a conta. Você sabe quais são os fatos que deve aprimorar, quais são os detalhes técnicos que deve deixar de fora e quais são os botões emocionais que deve apertar para conquistar seu público. Você deseja criar uma narrativa tão convincente que, mesmo que não tenha acontecido, as pessoas fiquem desejando que tenha. Pessoas que têm Mercúrio em Sagitário são os flautistas de Hamelin do zodíaco; por fazerem tudo parecer tão colorido e repleto de aventura, não há quem consiga deixar de segui-las! Não é porque você queira enganar os outros de maneira deliberada. Cada história ou experiência que conta se destina a inspirar. E, quanto mais animadas as pessoas ficam com o que você diz, mais animado você fica com a empolgação delas, até que produza diante de si uma fogueira de entusiasmo explodindo em revelação e admiração. Em Sagitário, Mercúrio está em detrimento, o que justifica sua tendência a generalizar e a falar em tom de rapsódia ou de sermão. Você não se interessa muito por detalhes nem se preocupa com provas, mas não deixa que isso prejudique sua mensagem, que é sempre calorosa, edificante e profunda.

Mercúrio em Sagitário/Sol em Escorpião

Você tem um dom para tiradas inteligentes. Elas sempre acertam na mosca e costumam ser muito compartilhadas nas redes sociais. No entanto, precisa ficar de olho nos comentários ferinos que faz. Embora possam ser engraçadíssimos no momento, pode ter certeza de que vão lhe criar problemas no futuro.

Mercúrio em Sagitário/Sol em Sagitário

Não há um metido a besta que não tenha caído do cavalo com você. Você pode explicar em detalhes muitos tópicos morais, políticos e filosóficos com o maior prazer. Para o desgosto alheio, você é um malapropista crônico; troca a palavra certa por outra (errada) que tem som parecido nos momentos mais inoportunos. Por sorte, seu senso de humor está à altura dessa presunção toda.

Mercúrio em Sagitário/Sol em Capricórnio

Você é um professor nato, e seu entusiasmo é contagiante. Mas também é um mestre exigente quando sabatina seus alunos. Vive à espera do momento em que vai dar um branco em algum deles. É nesse instante que você começa a cantarolar e a saltitar de alegria pela sala de aula.

MERCÚRIO EM CAPRICÓRNIO

Você não pode deixar de perceber o que está errado logo de cara; é como o participante de um *game show*, ansioso para apertar a campainha e apontar o erro, identificar todos os deslizes e detalhar cada falha. Isso pode ser ótimo no momento em que ocorre, mas, convenhamos, ninguém gosta de estraga-prazeres. Eliminar as suposições prediletas das pessoas não impulsiona a audiência, mas você também sabe que deixar de falar não é o caminho. Isso o tornaria cúmplice, sobretudo se você souber que essas suposições de fato estão erradas. Então, o que fazer? Obrigue-se a pensar melhor. Os críticos custam um centavo a dúzia; já o pensador construtivo é uma joia rara. Se vai identificar o que está errado, então se prepare para mostrar às pessoas como corrigir o erro. Você precisa descobrir o que pode ser salvo de uma situação irrecuperável, como transformar um acidente iminente em um golpe certeiro ou, se as coisas forem, de fato, um desastre, como começar de novo. Ninguém está lhe pedindo que glorifique as vaias recebidas para torná-las melhores. O que todos querem é que as coisas melhorem e você lhes mostre como podem melhorar.

Mercúrio em Capricórnio/Sol em Sagitário

Você não é rápido, mas é minucioso. Quase nunca faz uma referência sem citar as fontes; sinaliza aspas com as mãos para indicar citações literais quando fala e usa notas de rodapé com *links* em seus textos. Porém, às vezes, toda essa cautela pode resultar em intermináveis isenções de responsabilidade. Lembre-se de que a questão aqui é abordar a questão.

Mercúrio em Capricórnio/Sol em Capricórnio

Você é como Hamlet no parapeito das muralhas de Elsinore, absorto em questões tão profundas que fazem "Ser ou não ser?" soar como uma pergunta difícil. Mas não se mantenha tão fixado nas consequências, a ponto de nunca tomar uma atitude. A alegria da alma está no fazer.

Mercúrio em Capricórnio/Sol em Aquário

Preocupar-se com o que é deixado de fora o induz a negligenciar o que está à mão. É como descobrir que você não tem muito tempo com uma pessoa. Está mais focado no relógio que em desfrutar da reunião ou da visita. Aproveite ao máximo o que tem e descobrirá que sempre é o suficiente.

MERCÚRIO EM AQUÁRIO

Você é um grande comunicador; pega um conceito abstrato ou uma política formulada com palavras difíceis e os divide em frases fáceis de entender. É importante que todos na sala compreendam o que está sendo dito. Você não quer que nada passe acima da compreensão de ninguém. Quem tem Mercúrio em Aquário é inclusivo de um jeito natural. Você almeja um espaço seguro em que as pessoas possam dizer o que precisa ser ouvido. No entanto, você também foca a responsabilidade pessoal. Sua tolerância é zero com quem contorna o problema, passa a culpa adiante ou se faz de vítima. E não importa se lhe disserem que não se lembram de as coisas terem sido ditas de determinada maneira, pois você tem essa incrível capacidade de reproduzir, palavra por palavra, qualquer conversa, com precisão digna de um estenógrafo de tribunal. Não se esqueça de que a maioria das pessoas não consegue se comunicar tão bem quanto você, e isso pode intimidá-las um pouco. Aprenda a ler a linguagem corporal, as pausas sugestivas e as entrelinhas das hesitações. Elas estão revelando sobre si mesmas coisas que não conseguem dizer com facilidade por meio de palavras.

Mercúrio em Aquário/Sol em Capricórnio

Você escolhe as palavras com cuidado, como a cabra que escolhe o caminho para subir um penhasco íngreme; um passo em falso e você cai. Estratégico e político, sabe como expor seu caso e o faz muito bem. Tudo está na semântica.

Mercúrio em Aquário/Sol em Aquário

Progressista e futurista, você enxerga mais longe que a maioria das pessoas. O segredo não está em correr na frente, mas, sim, em convencer os outros a segui-lo. Isso exige segurar a mão do outro e falar frases simples: um bom exercício para alguém que, muitas vezes, é mais inteligente que todos os que estão na sala.

Mercúrio em Aquário/Sol em Peixes

Tudo está interligado. Você não acredita em acidentes nem em coincidências. O que quer que aconteça é resultado de algo feito ou desfeito. Isso pode lhe dar uma abordagem zen da vida ou levá-lo em busca da borboleta cujo bater de asas causou um furacão a meio mundo de distância.

MERCÚRIO EM PEIXES

Você gosta de flutuar em meio ao fluxo da consciência, girando e rodopiando em torno de impressões borbulhantes e *insights* brilhantes, esparramando-se por conscientizações rochosas enquanto persegue pensamentos que voam na imaginação como borboletas. Você pode fazer uma pausa de vez em quando para refletir nos recantos sombreados de águas tranquilas antes de retornar à sua jornada interminável. Com você, os pensamentos nunca começam nem terminam. Apenas continuam fluindo como conversas que você pode pegar e deixar de novo no meio de uma frase. Uma corrente subjacente atravessa sua mente, consciente e inconsciente, dando-lhe acesso ilimitado a essas margens à parte. Isso o aproxima tanto do racional quanto do irracional. É assim que você consegue ver a rima na razão e adivinhar a lógica do absurdo. Entretanto, Mercúrio está em detrimento *e* em queda em Peixes, o que torna Peixes o posicionamento mais difícil para esse planeta analítico. No entanto, o que perde em metodologia você ganha em inspiração divina, e isso deixa todos maravilhados. Você pode querer explicar como chegou às suas singulares conclusões, mas não faça isso. O que faz todo o sentido para você só deixará os outros um tanto perplexos.

Mercúrio em Peixes/Sol em Aquário

Sua mente nunca para. Você está sempre questionando, comentando, avaliando e processando. Isso é o que dá às pessoas a impressão de que você não está de todo presente; que está distraído ou preocupado com outra coisa. Em geral, elas acham que você é dispersivo, quando, na verdade, você opera em diversas plataformas ao mesmo tempo.

Mercúrio em Peixes/Sol em Peixes

As pessoas o tratam com reverência digna de consulentes de um oráculo. Elas se detêm na formulação de cada uma de suas frases e de suas referências enigmáticas. Você gostaria de revelar-lhes um sábio conselho se não estivesse tão perplexo quanto elas. Assim como essas pessoas, você mal vê a hora de descobrir o que virá em seguida.

Mercúrio em Peixes/Sol em Áries

Você tem uma estranha capacidade de dizer o que está na mente das pessoas. Isso é ótimo se elas quiserem conversar, mas não é tão bom se você abordar temas que elas preferem não discutir. Às vezes, basta sinalizar que sabe que elas sabem que você sabe para incentivá-las a falar.

VÊNUS

♀

Na astrologia, Vênus é o planeta do "o que eu gosto". Batizado em homenagem à deusa romana do amor e da beleza, Vênus governa o poder de atração. O que desperta nosso interesse, faz cócegas em nossa fantasia, estimula nossa paixão ou nos induz a algo que sabemos que não deveríamos fazer, tudo isso está ligado a esse planeta. Vênus é responsável por atrair pessoas para nossa vida. Como um pavão macho que ostenta a cauda ou uma flor que abre as pétalas, Vênus pergunta a nossos potenciais admiradores, amantes, financiadores e consumidores: você gosta do que está vendo?

Vênus personifica o princípio de que os semelhantes se atraem, e sinalizamos isso por meio de nossa aparência. O que você veste é mais que apenas a expressão de quem você é. Sua indumentária mostra aos outros se você é alguém ao lado de quem elas querem ou não se sentar. Muitas canetas no bolso da camisa são uma afirmação tão expressiva quanto as roupas pretas, as tatuagens e os *piercings* góticos. Mudar de visual a cada estação para acompanhar as últimas tendências da moda o torna tão reconhecível para um fashionista quanto o uniforme de um soldado para um membro do exército. Sapatos não são apenas sapatos, assim como bolsas e joias não são apenas bolsas e joias. Esses objetos e acessórios demonstram se você é extravagante ou se procura encaixar-se, se seu perfil é discreto ou se exige muita manutenção, se seu estilo é descontraído ou conservador e peculiar.

A moda atual é tão codificada quanto o foi nos salões espelhados de Maria Antonieta no Palácio de Versalhes.

No entanto, Vênus diz a seu respeito mais que seu *visual* puro e simples. O trabalho de Vênus é fisgar, e isso ocorre por causa de sua ação sobre nossas fontes de prazer. Sua influência se revela numa piscadinha, num sorriso, num roçar da manga ou num olhar roubado que, na verdade, nunca foi roubado. Pense na deusa Vênus como a versão astrológica do perfume. A fragrância dela é exclusiva de seu horóscopo, pois se destina, de modo específico, a atrair mapas astrológicos que se alinhem com o seu.

E essa é a diferença fundamental entre o Sol e Vênus em seu mapa astral. O principal interesse do Sol é você. Ele insiste em fazer com que você seja fiel a si mesmo, perceba seu potencial e se torne a pessoa que está destinada a ser desde que nasceu. Em contrapartida, o foco de Vênus está em todos os demais; sua missão é encontrar as pessoas com quem você sente aquele clique: gente que ame a mesma música, odeie os mesmos políticos, saiba em que você está pensando antes que diga uma só palavra e lhe deseje sempre o melhor. Vênus sabe que, para florescer, você precisa se cercar das pessoas certas, pois ninguém vive sozinho nesse mundo. Toda vida bem-sucedida é um esforço cooperativo.

Todo mundo gosta de ser estimado. Quando se sentem queridas, as pessoas mostram o que têm de melhor, mas aqui as coisas podem se complicar, porque Vênus faz qualquer coisa para ser apreciada. O incentivo positivo nos torna mais engraçados, mais bonitos, mais inteligentes ou mais empreendedores, pois tentamos cair nas boas graças daqueles cujas "curtidas" são mais importantes para nós. Porém, essa mesma necessidade de conquistar preferências também pode nos levar a editar as partes de nós que receamos que os outros possam achar inaceitáveis, a procrastinar, a nos conformarmos e a agirmos com mesquinhez diante dos que não pertencem ao nosso círculo. Vênus pode ser o planeta do amor, mas a deusa não é especialmente seletiva. As pessoas tendem tanto a se unir em favor de algo que amam quanto a se unir contra algo que odeiam. E aí é que está a graça de Vênus: não temos nenhum controle sobre seu funcionamento em nossa vida. A única maneira de saber que tipo de pessoa atraímos é observar quem aparece.

A beleza está nos olhos de quem vê, o que significa que, com Vênus, é o outro quem decide o que acha belo em você. Vênus o faz querer ser a pessoa que o outro vê em você. Às vezes, isso é um desastre (quando você tenta se transformar em alguém que não é, por exemplo). Porém, outras vezes, é a melhor coisa que poderia acontecer, pois a visão que o outro tem de você é melhor que qualquer outra que você mesmo poderia ter imaginado. Vênus é um planeta casamenteiro, e seu posicionamento em seu mapa astrológico mostra o tipo de pessoa que você vai atrair. Vênus pode não lhe dizer qual é o signo do zodíaco que mais se encaixa com o seu, mas descreve os traços de personalidade e as circunstâncias de vida sob as quais vocês se encontrarão.

Assim como Mercúrio, Vênus orbita perto do Sol. É por isso que ele só vai aparecer no seu próprio signo ou em um dos dois signos que precedem ou sucedem o seu. Ele nunca estará mais longe do Sol que isso em seu mapa. Ao contrário de Mercúrio, ele é muito mais visível no céu noturno nas horas que antecedem o amanhecer ou logo após o pôr do sol. Vênus é a terceira luz mais brilhante no céu depois do Sol e da Lua, e, quando está visível (algo que ocorre durante cerca de nove meses de cada vez), não é possível deixar de notá-lo!

Vênus em um dos dois signos que precedem o seu significa que, quando você veio ao mundo, o planeta estava nascendo antes do Sol, o que o torna uma estrela da manhã, a estrela-d'alva. Como estrela da manhã, Vênus representa atrações baseadas no outro (do tipo "ele/ela é chique ou inteligente ou importante"): você se apaixona de forma instantânea, romantiza tudo de maneira apoteótica e pode ser enganado ou perder o próprio rumo com facilidade. Os amigos podem repreendê-lo por causa de suas paixões em série, mas a verdade é que suas atividades românticas o transformam em uma pessoa melhor: você se torna mais sábio, mais profundo e mais bem-vestido. Pode demorar para conseguir entender as coisas – nem sempre sabe com clareza se está apaixonado pela pessoa ou pela idealização dela –, mas, no final, encontra seu par. O objeto de sua paixão sempre será sua inspiração.

Vênus no mesmo signo que seu Sol significa que, muitas vezes, você é surpreendido pelo amor. Como há pouca distância entre o Sol e Vênus, você pode não ter ideia dos sinais venusianos que emite. É ótimo se a pessoa que você está paquerando escondido o surpreender tomando a iniciativa, mas não é tão bom se alguém em quem nunca pensou escalar para esse papel começar a demonstrar interesse sexual por você que o deixe desconfortável. Outra coisa contra a qual deve se precaver: gente que projeta em você os problemas pessoais. As combinações que envolvem a presença do Sol e de Vênus no mesmo signo fazem de vocês ganchos naturais, onde todo mundo se pendura. E, como Vênus rege os espelhos, quem saberá o que as pessoas enxergam quando o veem? Aprender a neutralizar situações, redirecionar a conversa e devolver, com gentileza, a essas pessoas sua bagagem psicológica são habilidades valiosas que vale a pena cultivar.

Vênus em um dos dois signos que sucedem o seu significa que o planeta apareceu no céu depois do pôr do sol quando você nasceu, o que o torna uma estrela da tarde, Vésper. Como estrela da tarde, Vênus representa atrações baseadas em você (do tipo "Sorte a sua!", mas também "Bem feito!"): é possível que não consiga realizar o que deseja, mas conseguirá alcançar aquilo de que necessita. Essas são atrações em que é difícil dizer se a pessoa pela qual se sente atraído é uma alma gêmea ou uma lição de vida. Você enfrentará situações difíceis, que testarão sua fidelidade. Mesmo que as coisas não deem certo, você ainda vai crescer como pessoa. E se derem? Então, seu laço será aquele que, uma vez atado, jamais se desfará.

E se Vênus estiver em movimento retrógrado em seu mapa? Vênus retrógrado é famoso por atrair o que você não aprecia, como atenção indesejada e gente inconveniente, e costuma aparecer nos mapas de pessoas que sofrem *bullying*. O segredo para trabalhar com Vênus retrógrado é não se retrair. A força de Vênus está nos números: mesmo que você seja solitário, há milhões de solitários como você. Vênus retrógrado representa dificuldade em se encaixar. Você pode precisar sair de casa ou de sua zona de conforto emocional para encontrar sua "gente". Porém, depois que fizer isso, contará com essas pessoas na riqueza e na pobreza.

Você pode medir a força de Vênus em um mapa astrológico determinando se está em domicílio, detrimento, exaltação ou queda. Vênus está em casa (em domicílio) em Touro e Libra. Como as rosas florescem no mês de Touro e as uvas são colhidas no mês de Libra, Vênus rege, em sentido literal, dias de vinho e de rosas. Está fora da estação (em detrimento) em Áries e Escorpião. Esses são os dois signos regidos por Marte, o que significa que seu Vênus atrai problemas. Vênus é exaltado em Peixes, signo conhecido pela compaixão e empatia, e está em queda em Virgem, signo que se destaca por cuidar de si mesmo. Se está exaltado ou em queda, não quer dizer que seja um bom ou um mau Vênus. Sim, é sempre bom quando o amor vem fácil, mas isso não quer dizer que seja, de fato, amor verdadeiro.

VÊNUS EM ÁRIES

Você atrai mais problemas que um ímã. Pode não os procurar, mas, com certeza, sabe onde encontrá-los; já foi pego em mais situações comprometedoras, saias justas e situações-limite que o protagonista romântico de uma novela. O que se pode dizer? Que você não consegue deixar de brincar com fogo. Seja um surto de paixão ou um fracasso fabuloso, você nunca se desculpa pelo que sente. Quanto maior o calor do momento, mais verdadeiro você se torna. Mas é difícil sustentar a intensidade desses sentimentos, e é por isso que Vênus está em detrimento em Áries. Você tende a perder o interesse quando consegue o que almeja. Os relacionamentos mais longos costumam ser os mais dramáticos – cheios de términos e recomeços ou de circunstâncias que impeçam a união. O estado de crise constante mantém a pressão arterial e a adrenalina em alta. A melhor companhia é a do companheiro de luta, alguém que já passou por uma situação semelhante, continua agindo com competência mesmo nas circunstâncias mais difíceis e sempre lhe dá cobertura. Pode não ser sentimental nem reconfortante, mas enfrentar juntos os desafios da vida gera o fogo que mantém vivo o amor entre vocês.

Vênus em Áries/Sol em Aquário

As pessoas admiram de verdade seu pensamento independente – até que você discorde delas. É quando elas descobrem quanto a cabeça governa seu coração. Mais relacionamentos já chegaram ao fim por causa de diferenças ideológicas que por qualquer outra coisa. Se não compartilharem de opiniões compatíveis em termos políticos, vocês podem muito bem pular a apresentação do novo casal ao público.

Vênus em Áries/Sol em Peixes

As pessoas acham que você é um herói quando, na verdade, é um amante. Se quiser convencê-las do contrário, boa sorte. Elas só vão acusá-lo de bancar a vítima. Você atrai gente que acha que precisa ser mais forte. Não há nada errado em ser casca-grossa, mas isso também não dá a ninguém permissão para intimidá-lo.

Vênus em Áries/Sol em Áries

Você se apaixonou pelo inalcançável; quanto mais frieza a pessoa demonstra, mais calor sente. Por ironia, você perde todo o respeito depois que alguém se apaixona por você, pois considera a paixão uma fraqueza. Tirar a roupa não o deixa nu, mas mostrar-se vulnerável, sim. Experimente ficar nu com alguém que lhe agrade. Você pode gostar.

Vênus em Áries/Sol em Touro

Você pode ser amante da paz, mas seu Vênus, não. É por isso que atrai pessoas que dão chiliques, mandam em você e o mantêm sob pressão. Elas são a força incontível para seu objeto imutável. Sim, elas são muito irritantes, mas não há como negar que você dá conta das coisas quando elas estão por perto.

Vênus em Áries/Sol em Gêmeos

Quando não atrai alguém de quem não consegue se desgrudar, mas não tem muita coisa na cabeça, atrai alguém cujo brilhantismo intelectual é de tirar o fôlego, mas precisa de ajuda no departamento de educação física. Ainda bem que você é um treinador nato que sabe, por experiência própria, que o amor é uma obra em andamento.

VÊNUS EM TOURO

Você adora se vestir com alguma coisa mais confortável. Outras pessoas podem desfilar de fio dental e bustiê meia-taça, mas com você o desfile provavelmente será de camiseta e calção de boxeador. Quem quer brincar de se embonecar no quarto? Você já tem de fazer isso no trabalho e almeja uma vida privada tranquila, com alguém que seja tão descontraído quanto você. Em Touro, Vênus está em domicílio, o que significa que, quando se trata de beleza e de quem a vê, você é sempre a beleza, e a outra pessoa, sempre quem a vê.

Você quer que as pessoas o queiram. Os tipos possessivos não o incomodam; quando muito, o fazem se sentir valorizado. Você sabe que sempre será a prioridade máxima deles e nunca ouvirá alguém dizendo para você ir buscar o que quer sozinho nem será mantido em espera ou confundido com um vaso de samambaia. Amor e dinheiro lhe vêm de maneira natural. O melhor parceiro é alguém que não se importe com o estilo ao qual você se acostumou. Você pode não ser alguém que exija alta manutenção, mas também não sai barato.

Vênus em Touro/Sol em Peixes

Você é muito bom quando se trata de pedir às pessoas que lhe façam coisas, como trocar uma lâmpada halógena, consertar uma torneira com vazamento ou pagar uma conta, e não se incomoda em ouvir sermões sobre autossuficiência do início ao fim se isso as fizer se sentir inteligentes. No entanto, abrir um manual do proprietário e consertar algo sozinho de vez em quando não seria tão ruim.

Vênus em Touro/Sol em Áries

Muitas vezes, lhe dizem que você precisa relaxar. Os parceiros dizem que você está no limite e precisa esfriar a cabeça, mas isso só o deixa mais estressado. Não é confortável fazer parcerias com pessoas que têm mais facilidades na vida que você, mas talvez essa seja a razão pela qual elas estejam aqui: nem sempre é preciso seguir o caminho mais difícil.

Vênus em Touro/Sol em Touro

Faça um contrato pré-nupcial: assim, você sempre saberá o que é seu. Parece pouco romântico, mas você vai entrar com muito dinheiro por causa do relacionamento e precisa garantir que seus bens estejam cobertos caso as coisas não deem certo. Ambos dormirão melhor à noite.

Vênus em Touro/Sol em Gêmeos

Você gosta de pessoas que não dão mole, pois isso atiça ainda mais seu desejo por elas. Adora descobrir maneiras de conquistá-las. Isso impressiona os que pensaram que você nunca conseguiria e também permite que, no fim, seja você quem decida se as quer ou não.

Vênus em Touro/Sol em Câncer

Os parceiros adoram cozinhar para você. Você tem essa propensão a atrair *gourmets, gourmands* e o próximo *top chef* em ascensão. Sexo é ótimo, mas, às vezes, você precisa admitir que a comida é melhor. É bom que você coma pouco, porque essa combinação pode acabar causando estragos em sua cintura.

VÊNUS EM GÊMEOS

Você atrai crianças travessas. Sejam trapaceiros habilidosos ou garotas de cachinhos no meio da testa, você tem propensão a atrair quem nunca perdeu o contato com seu malandro interior. São eles que lhe lançam aquele olhar fulminante que diz: "Estou sabendo!"; que reviram os olhos quando o chefe não está olhando e o incluem em todas as piadas particulares. Nem sempre é fácil saber se você está apaixonado ou apenas envolvido com uma pessoa, mas essa ideia de que está se safando de algo que não deveria fazer cria um senso fantástico e perigoso de urgência e intimidade. Essa é a pessoa que você quer ao volante do carro em que vai fugir. Infelizmente, também é a pessoa que, com toda probabilidade, vai culpar por trazer à tona lados seus que nunca teriam sido revelados se ela o tivesse deixado em paz. Às vezes, os relacionamentos são espelhos e, outras, são janelas, mas é claro que você tem de assumir a responsabilidade pelo seu lado do espelho.

Vênus em Gêmeos/Sol em Áries

Você acaba ficando com pessoas com as quais nunca havia pensado em ficar antes. Pode ser um rival ou alguém que o critique ou esteja sempre competindo com você no trabalho. Embora essa tensão sexual seja mais evidente para quem está de fora, no fim das contas você também a percebe. Implicar é seu jeito de flertar.

Vênus em Gêmeos/Sol em Touro

A inteligência é *sexy*. Porém, não estamos falando aqui de louros acadêmicos; eles são formais e chatos demais. Você gosta quando bagunçam sua cabeça; sempre teve uma queda pelos Pernalongas do mundo. Embora afirme que não gosta de fazer joguinhos, nada pode conquistá-lo mais que alguém de humor irreverente que esteja sempre "aprontando".

Vênus em Gêmeos/Sol em Gêmeos

As coisas estão tão boas ou tão ruins de novo que você precisa checar a página do Facebook do parceiro para saber qual é o *status* do relacionamento de vocês. Você não consegue deixar de atrair gente que não é capaz se comprometer por inteiro. Isso reflete sua ambivalência diante de qualquer tipo de compromisso de longo prazo. Cura milagrosa? Fique por aí, que talvez ele faça o mesmo.

Vênus em Gêmeos/Sol em Câncer

Crianças terríveis pulam em cima de você como se fossem uma ninhada de filhotinhos animados. Elas têm faro para detectar, a distância, pais e mães indulgentes. Você as ama por causa da mente rápida e do espírito provocador. No entanto, o que é precoce na infância nem sempre envelhece bem. Apoie a genialidade e cultive o talento dessas crianças, mas não se esqueça de que o instinto protetor não pode se transformar num fator de estímulo.

Vênus em Gêmeos/Sol em Leão

Você sempre consegue preencher as lacunas. É um talento especial quando se lida com alguém que pode estar muito acima de você no âmbito intelectual. As palavras extensas e os conceitos extravagantes podem ser impressionantes, mas você também vê como o parceiro, muitas vezes, ignora detalhes importantíssimos e adora ser o único a apontar o óbvio.

VÊNUS EM CÂNCER

Você é aquela pessoa que todo mundo quer levar para apresentar à mãe. Curte família, se dá bem com todos e é ótimo com crianças e animais de estimação. Além disso, não tem dificuldades de captar o jargão, adotar a linguagem corporal e se enturmar. É como se tivesse feito parte da tribo o tempo todo. E é por isso que as coisas podem dar errado. Quanto mais parentes e entes queridos tomarem seu tempo, menos tempo você terá para ficar com a pessoa com a qual está namorando. Pode até parecer que estão conspirando para seu fracasso – e você vai mesmo fracassar se não ficar atento. Talvez seja ótimo ficar com o pessoal todo, mas mantenha o foco na pessoa com quem você está; deixe bem claro que sua lealdade é só a ela, porque, assim, você terá sucesso. O melhor parceiro é alguém com quem você pode ser família, seja começando sua própria família, assumindo o papel de padrasto ou de madrasta ou juntando as proles.

Vênus em Câncer/Sol em Touro

Lar é onde o coração está, mas você pode acabar se integrando à mobília se não tomar cuidado. Isso só acontece porque o funcionamento cotidiano de sua casa prevalece sobre seus desejos e suas necessidades. Não seja burro de carga; dê um jeito de delegar responsabilidades, e nunca mais vão contar com seu envolvimento nas tarefas domésticas como se fosse garantia.

Vênus em Câncer/Sol em Gêmeos

Chega de amar em segredo quem não o quer e de agir como se não tivesse sentimentos quando os tem. Você é perito em desviar a atenção e esconder-se à vista de todos. No entanto, precisa falar, porque, do contrário, será um daqueles "melhores amigos" que ouvem tudo sobre os problemas amorosos de todos, mas nunca os vivencia por experiência própria.

Vênus em Câncer/Sol em Câncer

Você atrai tipos carentes, mas muito carentes mesmo. Tão carentes que vão competir por atenção com seus filhos e seus animais de estimação. Se não quer que eles dominem sua vida, então precisa ser o adulto responsável pelo relacionamento. Assuma o comando, e eles farão o que você mandar.

Vênus em Câncer/Sol em Leão

Os parceiros sempre o apoiarão em suas iniciativas – o que é ótimo! –, só que com a expectativa tácita de que você vai apoiá-los nas iniciativas deles. Esse mal-entendido já destruiu muitos relacionamentos. Elogie o parceiro e, de vez em quando, pergunte como estão as coisas, para nunca mais ter de voltar a pisar em ovos.

Vênus em Câncer/Sol em Virgem

Você bem poderia envelhecer esperando que alguém desse o primeiro passo. Tendo em vista a abordagem furtiva do outro e sua abordagem analítica, seria um milagre se algo acontecesse. É provável que haja amizade entre vocês e que não queiram que sentimentos românticos a perturbem. Notícia de última hora: se houver sentimentos românticos, essa amizade já mudou.

VÊNUS EM LEÃO

Tendo nascido sob os auspícios do ouro de Vênus, você não pode deixar de atrair gente que esteja alguns degraus acima na escala social: amigos em altos cargos, pessoas que podem lhe abrir portas ou o solteiro mais cobiçado da sala. Você não precisa fazer campanha para conseguir o que almeja, bancar o difícil nem provar quem é. O amor simplesmente surge. Mas isso pode ficar perigoso se você não "fizer por merecer" esses bons auspícios de Vênus. Em outras palavras, os outros podem ver em você algo especial que você mesmo não vê. Em vez de dizer "Não sei o que vocês veem em mim!", seria melhor ganhar tempo até descobrir o que eles veem. Talvez seja apenas uma idealização romântica ou alguma coisa à qual valha a pena aspirar. O melhor companheiro é alguém que sabe que você é a melhor coisa que já aconteceu na vida dele, sem que você tenha de lhe dizer isso.

Vênus em Leão/Sol em Gêmeos

É angustiante estar ao lado de alguém tão bonito e tão bem-sucedido. Como ter certeza de que o que ele sente por você é verdadeiro? É daí que vem seu esforço para manter a vantagem, o poder e/ou o controle com pequenos insultos e comentários ridicularizantes ou afirmando que não está num relacionamento (quando, na verdade, está). Com o tempo, a autoconfiança do parceiro o contagia, e você se acalma.

Vênus em Leão/Sol em Câncer

Sem você, o parceiro não seria um sucesso. Você está sempre presente para dar-lhe apoio emocional, conselhos repletos de experiência e proporcionar os meios mais rápidos para eliminar as provas incriminadoras. Você gosta de ser o poder por trás do trono; nunca corre risco nenhum e sempre será a pessoa a quem o parceiro recorrerá.

Vênus em Leão/Sol em Leão

Você tem seus favoritos: são aqueles que de fato se destacam em sua vida. Em termos de romance, isso pode ser ótimo, mas o favoritismo pode ser problemático para os menos importantes. Convença-se a cumprir as formalidades e trate a todos da mesma maneira. Pode parecer falta de honestidade, mas é o que manda o figurino.

Vênus em Leão/Sol em Virgem

Você se ressente das pessoas cuja vida é fácil. E isso é um problema, porque é nelas que você acaba se refletindo. Será possível sentir-se semelhante a alguém mais rico? Você não quer se prejudicar agindo por raiva ou rancor, mas também não quer ser "vendido". Em algum lugar há duas identidades tentando se conectar.

Vênus em Leão/Sol em Libra

Não tem como evitar: você sempre está cercado de pessoas bonitas. Elas apinham-se a seu redor como narcisistas que avistam um espelho. O interessante é que, no quesito beleza, você não precisa se igualar a elas. Sempre foi uma delas, para inveja e ressentimento dos que não entendem o que elas veem em você.

VÊNUS EM VIRGEM

Você se cuida. Nada na vida é de graça. Os gestos de boa vontade são condicionais, e aceitar um favor significa ter de retribuí-lo um dia. Você aprendeu há muito tempo que é melhor fazer parceria com quem precisa mais de você do que você dele. Isso lhe garante sempre estar em posição vantajosa. Entretanto,

Vênus está em queda em Virgem. Isso levaria a concluir que o planeta do amor e da beleza se dá mal no signo de Virgem, mas significa, de fato, que você não quer se sentir em dívida nem em obrigação com ninguém. As necessidades nos tornam dependentes, mas é da natureza de Vênus estar com as pessoas, não servir a elas. Isso pode ir contra seus princípios; porém, se não houver necessidade imperiosa de estar com alguém, você sempre estará do lado de fora olhando para o lado de dentro. Se revelar suas necessidades ao parceiro, ele lhe revelará as dele.

Vênus em Virgem/Sol em Câncer

Você sabe que não deve misturar trabalho e prazer, mas, de alguma maneira, acaba ficando íntimo de um colega, um cliente ou um paciente. É compreensível, se considerarmos o tempo que passamos trabalhando, mas também não há como negar o apelo do tabu. Isso é um desastre para o departamento pessoal, que só está esperando o momento certo para agir; portanto, é bom que você seja também hábil em cobrir seus rastros.

Vênus em Virgem/Sol em Leão

Cem pessoas podem aplaudi-lo, mas você sempre se concentrará na única que não o fez. Todo artista precisa de um crítico, mas a crítica é como o colesterol: há a boa e a ruim. Escolha um parceiro construtivo e crescerá; escolha outro que alardeie cada defeito seu e perecerá.

Vênus em Virgem/Sol em Virgem

As pessoas vêm até você com seus problemas, mas nem todo mundo que conhece precisa de ajuda. Algumas pessoas podem ter pisado na bola, mas também podem ter mudado e agora estão bem. No entanto, elas vão deixar de apreciar sua companhia se você se concentrar apenas no que estiver errado. Em vez disso, tente concentrar-se no que está correto.

Vênus em Virgem/Sol em Libra

Vocês enlouquecem um ao outro com todas essas idas e vindas. Quando um fala sério sobre um futuro juntos, o outro recua, e vice-versa. Talvez você nunca consiga superar a ambivalência, mas será que deseja mesmo passar a vida toda como substituto? O amor é como loteria: é preciso apostar para ganhar.

Vênus em Virgem/Sol em Escorpião

Para você, não há ligação perigosa demais. As pessoas o procuram para falar de seus problemas matrimoniais, de seus segredos sexuais e dos sentimentos reprimidos. Essas conversas podem se tornar eróticas, e, às vezes, uma coisa leva à outra. Nem sempre é fácil distinguir quando você é tentado por frutos proibidos ou quando corre para o resgate emocional, mas é disso que são feitos os relacionamentos.

VÊNUS EM LIBRA

Você é mais feliz quando está num relacionamento. É capaz de passar horas em aplicativos de namoro ou planejando um encontro casual com aquela pessoa que lhe agrada no trabalho, no parque dos cães ou no estúdio de yoga. Você busca uma alma gêmea, mas pode se contentar com alguém que trabalha com você, desde que seja bonito e inteligente e ganhe mais. E isso também vale para os homens que tiverem Vênus em Libra. Entretanto, por ironia, você continua agindo como se estivesse solteiro, mesmo quando tem um par. Você pode dizer que está só flertando; porém, na verdade, está evitando comprometer-se e diversificando as apostas para o caso de as coisas não correrem como previsto. Vênus está em Libra, o que significa que você não carece de admiradores, mas gosta de mantê-los por perto. No entanto, o motivo disso não é acariciar o ego; é porque você tem medo de levar um fora. O melhor companheiro é alguém que tenha ego forte e bom senso de humor e, sobretudo, sempre reforce sua autoestima, não importa quantas vezes você lhe pergunte se sua calça *jeans* deixa seu bumbum grande demais.

Vênus em Libra/Sol em Leão

O amor, para você, vem fácil. Talvez fácil demais. Como pode escolher qualquer um que estiver na sala, você pensa: por que não ter todos? Em algum momento, você encontrará alguém que possa ficar par a par com você, e, quando isso acontecer, esse será o único.

Vênus em Libra/Sol em Virgem

Você atrai tipos sofisticados: estilosos no vestir e intrigantes no pensar. Mas o que parece bom no papel nem sempre é bom entre quatro paredes. Pode haver alguma tensão, um convencionalismo sufocante que impeça a intimidade entre os dois. O primeiro que soltar um pum debaixo dos lençóis e depois morrer de rir será o parceiro certo para você.

Vênus em Libra/Sol em Libra

Você está sempre dividido entre dois amantes: um é o que você acha que vai fazê-lo feliz, o outro é o que de fato fará. Em âmbito instintivo, você percebe a diferença, só que está focado demais em fazer as coisas saírem do jeito que quer. Só se tirar o dedo de cima da balança é que você verá por si mesmo.

Vênus em Libra/Sol em Escorpião

As pessoas ficam intrigadas com seu ar de mistério. Mas o que é romântico para elas é doloroso para você, sobretudo quando percebem que você é intenso demais. Não é fácil ser sombrio e temperamental; no entanto, se mantiver a fé, verá que aquele que cogita desistir de você é quem diz que mal vê a hora de estar a seu lado de novo.

Vênus em Libra/Sol em Sagitário

L'amour, l'amour, toujours l'amour! é seu grito de guerra. Você já experimentou mais curvas fechadas, descidas abruptas e voltas de 360 graus na montanha-russa amorosa do que a maioria das pessoas conseguiria suportar, mas isso não o impede de querer subir no vagão de novo. O que se pode dizer? Você é um caçador de emoções. E, para aqueles que querem coisas seguras e protegidas, há sempre um trenzinho para crianças.

VÊNUS EM ESCORPIÃO

Você gosta de gente de passado sombrio. Seu Vênus é como a protagonista de um *film noir*. Durões calejados e *femmes fatales* obscuras são sua *kryptonita*.

Não há nada mais sedutor que desvendar sua teia de mentiras, detectar as inconsistências de suas histórias e cair no mesmo engano de novo. Por quê? Porque você sabe que todos têm um segredo sujo escondido dentro de si e quer descobrir qual é. E, se conseguir isso, talvez você os liberte de sua maldição – ou talvez eles o libertem da sua. Em Escorpião, Vênus está em detrimento. Isso significa que você gosta mais de produtos danificados que de rostinhos bonitos e atrai pessoas que podem trazer problemas no futuro. Alguns podem dizer que você está se sabotando, mas o companheiro ideal é alguém que sabe o que é ter ido para o inferno e voltado, alguém que compreenda seus arrependimentos e suas vergonhas e não veja neles nenhum problema. Não pode haver obsessão mais doce que essa.

Vênus em Escorpião/Sol em Virgem

Salvar as pessoas de si mesmas é o que você faz de melhor, mas nem todo mundo quer ser salvo. Com tempo e experiência suficientes, você vai separar os que desejam melhorar daqueles que só querem derrotá-lo. Enquanto isso não acontece, não demonstre suas emoções nem seus sentimentos.

Vênus em Escorpião/Sol em Libra

Por que você continua atraindo as pessoas erradas? Elas são sempre tão possessivas, dominadoras ou depressivas. Você não pode sair com alguém com quem seja mais fácil se relacionar? Relacionamentos ruins são como fantasmas que continuarão a assombrá-lo enquanto você não chegar ao fundo daquilo que os aflige. Se reconhecer as partes de si mesmo que projeta nos outros, seus relacionamentos vão melhorar muito.

Vênus em Escorpião/Sol em Escorpião

Vocês não confiam um no outro. Por incrível que pareça, isso não tem nada a ver com mentiras ou traições. A questão é ganhar e manter vantagem um sobre o outro; ambos fazem piadinhas sarcásticas, usam táticas de manipulação psicológica e tentam provocar culpa como oponentes equilibrados. Um dia, vocês chegarão a um lugar em que poderão depor as armas e apenas estar juntos.

Vênus em Escorpião/Sol em Sagitário

Tomara que você goste de gatos. Isso ajudaria a explicar como seu amante pode ser tão carinhoso e, de uma hora para outra, começar a sibilar e arranhar. Mensagens contraditórias deixariam qualquer um louco, mas você as adora. Quanto antes aprender a permitir que essa pessoa se aproxime de você, melhor.

Vênus em Escorpião/Sol em Capricórnio

É no sexo que você se abre de verdade. Mas fingir depois que nada aconteceu não é uma maneira saudável de lidar com problemas de abandono. Rejeitar alguém antes de ser rejeitado desencadeia uma solidão que já está acontecendo. Não há nada errado com sexo pelo sexo. Porém, se estiver rolando algo mais, seja honesto com o parceiro. A vida amorosa que você salva pode ser a sua.

VÊNUS EM SAGITÁRIO

Você adora uma boa gargalhada – qualquer coisa serve, de sátiras sofisticadas a piadas sujas. A seu ver, não há nada sagrado nem profano demais. O riso é a linguagem universal, o que é bom, porque você costuma atrair pessoas de outros países ou de origens diferentes. O que importa é estar perto de alguém que não leve a vida muito a sério, mas saiba denunciar a injustiça e a hipocrisia quando as vê. Seu Vênus é como a protagonista de *Noiva em Fuga*. Compromissos lhe dão arrepios, e você vai fugir mais depressa que um raio se vir a porta do celeiro se fechando. É por isso que gosta de parceiros indisponíveis; já estão comprometidos, são casados com o trabalho ou moram do outro lado do mundo. Seu melhor par é alguém que o faça rir (e chorar), more em outro estado ou trabalhe numa companhia aérea. Você está à procura de um companheiro de viagem, alguém com quem possa compartilhar suas aventuras e não o impeça de viver como quiser.

Vênus em Sagitário/Sol em Libra

Seu segredo culposo é sempre achar que pode melhorar, e talvez você possa mesmo. Mas será que essa pessoa que almeja ser é, de fato, uma melhoria diante do que você já é? Você tem o hábito de retomar relacionamentos que acaba de encerrar. Então, quando quiser se separar de novo, que seja para valer. Ninguém gosta de ser tratado como se fosse um marcador de espaço.

Vênus em Sagitário/Sol em Escorpião

Para o outro, foi amor à primeira vista. E para você? Não foi tão rápido, pois você prefere perseguir a ser perseguido. Não é fácil ser alvo de pessoas obcecadas em sacudir seu mundo. Você não é fã de mudanças, mas pode mudar por amor. Essa é a única coisa que você não quer que ninguém jamais descubra a seu respeito.

Vênus em Sagitário/Sol em Sagitário

Você é capaz de se deixar levar de tal modo pelo momento que nem se preocupa em conhecer melhor a pessoa com quem está indo para a cama. Só que isso pode provocar aquele arrependimento do *day after*. Se estiver mesmo interessado em alguém, canalize essa paixão para o namoro. Nem tudo precisa ser arrebatado a galope.

Vênus em Sagitário/Sol em Capricórnio

Em geral, seus romances sempre foram de maio a dezembro. Quando era mais jovem, você era atraído(a) por mentores e, à medida que foi ficando mais velho(a), passou a atrair tipos precoces. Consciente disso, tente apostar numa diferença de idade entre sete e quatorze anos, em vez de vinte ou mais; é mais fácil administrar.

Vênus em Sagitário/Sol em Aquário

Como você é casado com a causa, qualquer parceiro potencial tem de assinar para registrar que está ciente disso. Você busca alguém que tenha paixão semelhante por combater a injustiça social e a desigualdade econômica, mas não é nenhum trotskista. Depois de feita toda a panfletagem, você ainda vai querer jantar em um restaurante cinco estrelas.

VÊNUS EM CAPRICÓRNIO

Você só tem interesse em pessoas que sejam muito, muito sérias. O tempo é seu bem mais precioso, e você não quer que ninguém o desperdice. Seja para namorar ou se casar, você espera que o outro seja pontual, apresentável e esteja disposto a trabalhar. Não gosta de evasores, de preguiçosos nem de dramáticos. Só quer saber se vai rolar ou não uma química, e, quanto antes descobrir isso, melhor. Parece uma tarefa bem difícil, e de fato é; isso explica por que as tarefas difíceis, em geral, acabam caindo em seu colo. É impossível haver algum Vênus mais afeito à burguesia que em Capricórnio. No entanto, não é fácil saber se toda essa classe inigualável vale a bagagem psicológica que a acompanha. Ansiedade social, problemas não resolvidos com os pais e distúrbios emocionais são apenas alguns dos pertences pessoais que você terá de escolher enquanto tenta avaliar se a bagagem dessa pessoa é de mão ou precisa ser despachada logo no *check-in*. O melhor parceiro é alguém que tenha ambições profissionais semelhantes às suas. Você quer ser parte de um casal poderoso. Imitadores, afetados e aspirantes não precisam se candidatar.

Vênus em Capricórnio/Sol em Escorpião

Há algo em um terno feito sob medida e num ar de condescendência que mexe bastante com você. Isso dá muita margem para a imaginação. E a lenta revelação de segredos, desejos e fraquezas ocultas é um *striptease* pelo qual você mal consegue esperar. E você o repetiria todas as noites, pelo restante da vida, se pudesse.

Vênus em Capricórnio/Sol em Sagitário

Você gosta de ser disciplinado. Se ressente quando as pessoas estragam sua diversão, mas isso não o impede de fazer coisas que as irritem a ponto de elas caírem sobre você como se fossem uma tonelada de tijolos. Há maneiras mais fáceis de fazer alguém demonstrar que se importa.

Vênus em Capricórnio/Sol em Capricórnio

Você passa tanto tempo analisando o motivo que o impede de ficar com o par que corre o risco de nunca descobrir se vocês dois deveriam mesmo ficar juntos. Seu relacionamento não seria o primeiro em que haveria um casal a romper um casamento ou a ultrapassar os limites. Muitas vezes, as pessoas acham que você faz escolhas seguras, mas é porque não sabem sobre aquela escolha que deixou escapar. Não permita que isso aconteça de novo.

Vênus em Capricórnio/Sol em Aquário

Você gosta de pessoas enfadonhas. E, a bem da verdade, os conservadores presunçosos apreciam sua imprevisibilidade. É como se vocês esbarrassem um no outro e descobrissem que eles adoram chocolate com manteiga de amendoim e você aprecia manteiga de amendoim com chocolate. Embora, a princípio, isso possa parecer desconcertante, essa é uma combinação perfeita.

Vênus em Capricórnio/Sol em Peixes

Talvez seu parceiro não veja o mundo como você o vê, mas isso não significa que não vai apoiá-lo. A pessoa que joga areia em seus sonhos agora é a mesma que depois vai ajudá-lo a encontrar um meio de realizá-los.

VÊNUS EM AQUÁRIO

Em geral, você é o último a saber quando alguém tem interesse amoroso por você. Afinal, conhece tantas pessoas diferentes – e de origens distintas – que considera todos pelo que parecem: um amigo é um amigo, um colega é um colega, e assim por diante. Nunca lhe ocorre que alguém possa estar interessado em você de outra maneira. Você demora muito para perceber isso porque quase nunca sai apenas com uma pessoa; está sempre em grupo. Quando está em Aquário, Vênus se torna o planeta das panelinhas. Você não gosta de atrapalhar a dinâmica do grupo, e é isso que acontece quando o amor entra em cena. As pessoas poderiam pensar que é porque seus amigos são muito importantes para você, mas a verdade é que estar a sós com alguém lhe parece... estranho. O melhor parceiro é alguém que, como você, gosta de gente. Assim, quando ambos terminam a cota de socialização do dia, seu tempo juntos se transforma em algo especial. Isso lhe permite abrir-se de maneiras que, de outra forma, você não conseguiria.

Vênus em Aquário/Sol em Sagitário

O parceiro o torna uma pessoa melhor, talvez fazendo-o questionar crenças que você considera inquestionáveis, lançando-lhe um olhar significativo quando suas opiniões se tornam exageradas demais ou mostrando-lhe que as pessoas não são inimigas apenas porque discordam. E, enquanto tudo isso acontece, ele o faz achar que a percepção era sua o tempo todo.

Vênus em Aquário/Sol em Capricórnio

Não é fácil competir com seu horário de trabalho; é mais rígido que alguém ciumento. Ainda bem que você atrai parceiros que se empenham em preencher sua vida com amigos e atividades que têm pouca semelhança com o que você faz para ganhar o pão de cada dia. Você pode até reclamar das distrações e das interrupções, mas, no fundo, as adora.

Vênus em Aquário/Sol em Aquário

Amigos em primeiro lugar e sempre. A palavra "relacionamento" tem séculos de bagagem patriarcal e é carregada de papéis codificados e expectativas reforçadas. A amizade é mais indulgente; sempre vai reunir as pessoas, não importa o que aconteça. Saber que pode confiar no outro e conversar com ele de amigo para amigo é o que mantém o amor vivo em seus relacionamentos.

Vênus em Aquário/Sol em Peixes

O parceiro se sente tão deslocado quanto você. Ambos são estranhos em uma terra estranha. É essa esquisitice compartilhada – e a recusa em desculpar-se por ela – que cria laço especial entre vocês. Porém, em algum momento, vocês terão que permitir a entrada do mundo exterior. Não podem viver para sempre em uma redoma; não quando têm tanto a oferecer.

Vênus em Aquário/Sol em Áries

Você atrai pessoas que elevam os padrões ou dificultam as coisas para a concorrência, e adora isso, porque se delicia com um bom desafio. Porém, não consegue deixar de questionar se de fato existe alguma razão para isso ou se elas só estão sendo evasivas. Talvez você nunca descubra a resposta, e isso faz parte do apelo, é claro.

VÊNUS EM PEIXES

Você é o porto na tempestade de cada alma perdida, de um colapso emocional ou de um coração partido; as pessoas sabem que você as entende, e em nível muito profundo. É claro, elas não entram em sua vida como se fossem algo que foi arrastado pelo gato para dentro de casa. Podem até estar vestidas de modo impecável, ser bem estabelecidas e bem-sucedidas no âmbito financeiro. Contudo, a portas fechadas, é uma história bem diferente, repleta de reviravoltas complicadas e interlúdios estranhos. Vênus é exaltada em Peixes, o que significa que, nesse signo, ela é mais encantadora e sedutora. E isso vale para os dois lados; pessoas atraídas para sua órbita podem achar que você é sua última chance no amor, e você pode achar que é a única pessoa no mundo que pode salvá-las. É muito romântico, mas também pode ser um risco, como nos momentos em que você continua aceitando de volta – ou voltando para – alguém que não é bom. O melhor parceiro é alguém que está pronto para apoiá-lo também. Convenhamos: ninguém atrai esses casos perdidos para a própria vida por pura caridade, a menos que também já tenha estado perdido e visto tudo com os próprios olhos. É bom estar com alguém que o entenda.

Vênus em Peixes/Sol em Capricórnio

Ninguém jamais suspeitaria de que você tem um lado pleno de ternura se não fosse quem o acompanha; muitas vezes, o parceiro expressa a sensibilidade, a compaixão e o sentimentalismo que você mantém escondidos. E tudo bem, pois ele não apenas concorda como também aprova isso. É como se fosse o segredo especial de vocês.

Vênus em Peixes/Sol em Aquário

Você atrai pessoas que desafiam a lógica. Há algo nelas insondável e enigmático. Talvez seja sua presença, sua visão de mundo ou uma estranha capacidade de estar no lugar certo na hora certa. De qualquer maneira, elas são lembretes maravilhosos de que o amor nunca perde o mistério, por mais familiar que se torne.

Vênus em Peixes/Sol em Peixes

"Não fale!" é seu melancólico protesto. As palavras só arruínam o momento, pois tudo o que vale a pena compartilhar se expressa melhor no silêncio sagrado que só a alma pode compreender. Tomara que você e seu objeto de desejo entrem em acordo quanto a isso; do contrário, você corre o risco de presumir muito com base em pouco.

Vênus em Peixes/Sol em Áries

Você tem dificuldade em manter parceiros. Sempre surge alguma coisa para afugentá-los, como um amante do passado, complicações imprevistas ou o *timing* errado. Isso não significa que as estrelas queiram destruir sua vida amorosa. Você só tem de trabalhar mais que a maioria. O amor pode não vir fácil, mas, quando vier, valerá a pena ter lutado por ele.

Vênus em Peixes/Sol em Touro

Como Vênus é repleto de amor e de *glamour*, você nunca fica sozinho(a) por muito tempo, e, quando fica, logo aparecem no mar muitos outros peixes prontos para pular em seu barco. O problema é que as pessoas pensam que você está flertando com elas mesmo que não esteja. Fique de olho nisso para não se meter em maus lençóis.

MARTE

♂

Marte é o planeta do "o que eu quero". Quando vê algo que deseja, sem demora, ele vai atrás. Marte não compartilha as coisas nem se importa se o próprio ganho provocar perda para outra pessoa. Nomeado em homenagem ao deus romano da guerra, Marte almeja lutar pelo que quer e vencer. É o planeta mais implacável de seu horóscopo, o que é bom, pois você precisa de um planeta igual a ele para sobreviver. Se não se colocar em primeiro lugar, todos farão isso e, assim, não vão cuidar de você como fará seu Marte.

Marte rege os desejos, mas também alimenta as ambições. Com Marte, a palavra de ordem é *pressionar*: ele nos impele a ser o melhor que podemos ser. Mas isso não vai acontecer se fizermos apenas o que for fácil, se desistirmos quando as coisas se complicarem ou se nos refestelarmos nas rechonchudas almofadas de nossa zona de conforto. Marte é insatisfeito por natureza. Sim, busca gratificação instantânea e resultados imediatos – tudo com Marte é rápido e urgente –, só que essa gratificação não é muito satisfatória; então, os resultados costumam ter curta duração. Onde está a emoção em sempre obter o que você quer na hora em que quiser? Como melhorar, superar ou dominar? No entanto, se algo que você deseja for mantido fora do alcance, resistir a seus maiores esforços para alcançá-lo ou, ainda, se voltar contra você, aí, sim, será emocionante!

O combustível de Marte é a paixão: a mistura inebriante de amor e fúria, o impulso de fazer o que for preciso, cria um investimento pessoal que não pode ser comprado e uma força de vontade que jamais pode ser dissipada. Muitas vezes, pensamos na paixão como algo excessivo. Os passionais são irritados demais, fazem barulho demais e se fixam demais em um único resultado. *Paixão* é a palavra que os empregadores usam para elogiar você pelo entusiasmo assustador enquanto, aos poucos, se aproximam da porta e de uma fuga rápida. Porém, na verdade, *paixão* significa "sofrimento". A palavra foi cunhada, a princípio, no século XVI para descrever os sofrimentos de Cristo, que começaram na noite da Última Ceia e terminaram com sua morte na cruz. Traição. Desespero. Tortura. Humilhação. Não há nada brando nesse tipo de sofrimento. E, para quem tem Marte forte, essas são também as mesmas coisas que, em vez de apagarem o fogo, o alimentam; quanto maior a derrota, mais alto Marte ruge para a vida. É a raiva que faz você se erguer depois de uma desilusão amorosa; é a coragem que o faz lutar para vencer por esforço próprio; é a força de vontade que o faz persistir na quimioterapia; e é a vingança que almeja o olho por olho, dente por dente. Marte nem sempre é bonito e nem sempre vence, mas não cairá sem lutar. Como disse, certa vez, o filósofo alemão Friedrich Nietzsche, "o que não nos mata nos fortalece".

Não se engane: Marte é um planeta maléfico. Rege a discórdia, e é difícil deixar de notar sua presença no mundo. Pode-se dizer que ele viralizou, a julgar por nossas guerras intermináveis, por meio dos noticiários que mostram sofrimento ao vivo 24 horas por dia, 7 dias por semana, e pelos terríveis alertas para a iminente crise climática. Marte aparece com destaque no mapa de quem conhece violência e abuso, seja a presa ou o predador. E também tem destaque no mapa astral de atletas, dançarinos e soldados, pessoas cujos corpos são punidos para que consigam fazer o que fazem.

Contudo, assim como os planetas benéficos (Vênus e Júpiter) têm seu lado sombrio, os planetas maléficos têm seu lado luminoso. Estão no horóscopo para provê-lo dos meios necessários para atravessar os tempos difíceis. Você pode gostar de lutas nos videogames ou em competições de boxe, mas não quando acontecem pessoalmente com você. No entanto, Marte não é apenas o planeta que nos ensina a lutar; ele também nos ensina que nem todas as lutas são iguais.

Nem todas as lutas são discussões fúteis de bar. Você pode lutar a boa luta quando, por exemplo, defende o que é certo, no momento em que todos os demais se acovardam. Há também o embate criativo para que as coisas se tornem perfeitas. A competição o impele a um desempenho melhor do que o que você teria sem ela, e as colaborações – embora sejam ferozes – mostram que ambas as partes estão lutando pelo que consideram o melhor. Marte está em todas as trocas acaloradas. O segredo para o sucesso de qualquer relacionamento está em saber lutar. Não se trata de lutar para vencer, mas, sim, de lutar pelo relacionamento nos tempos de crise, colocar o parceiro diante de algo que você sabe que ele não quer enfrentar ou demonstrar moderação quando tudo o que quer é magoar alguém da mesma maneira que esse alguém o magoou, por exemplo. Marte confere força diante das adversidades. É a coragem que nos faz ficar em pé diante de uma fortuna infame que se empenha em nos fustigar.

Marte nem sempre está a seu lado, porque viaja ao redor do Sol por fora da órbita da Terra, o que significa que pode aparecer em qualquer lugar de seu mapa astral. Pode ser no mesmo signo que o seu ou em um signo bem oposto ao seu.

Marte no mesmo signo que seu Sol reforça a **confiança**: ele o torna agressivo e afirmativo.

Marte no signo que antecede ou sucede de imediato seu Signo Solar é **irritante**: esse Marte não lhe cai bem, não importa quão você se esforce para conseguir mudar isso.

Marte no signo dois antes ou dois depois de seu Signo Solar é **aliado**: esse Marte está sempre pronto a dar-lhe uma mãozinha.

Marte no signo três antes ou três depois de seu Signo Solar é **adversário**: às vezes, competitivo; às vezes, combativo; esse Marte lhe pergunta se você está à altura da tarefa que tem à frente.

Marte no signo quatro antes ou quatro depois de seu Signo Solar é **sustentador**: você sempre pode contar com o apoio e o acompanhamento dele.

Marte no signo cinco antes ou cinco depois de seu Signo Solar é uma **incógnita**; ele tanto pode atrapalhar quanto ajudar, e é difícil dizer se melhora ou piora as coisas.

Marte no signo a seis de distância de seu Signo Solar é **desconexão total**; você não se identifica em nada com ele, por isso o que acontece é que ele acaba sendo projetado nos outros, sobretudo nos relacionamentos pessoais ou com parceiros de negócios mais próximos. Você pode achar que é sempre o outro quem consegue o que almeja, quem vence ou tem a palavra final.

E se você tiver Marte retrógrado? Marte retrógrado prefere fugir a lutar. É por essa razão que você faz tudo para evitar conflitos, embora isso não seja nada fácil. Evite deixar-se obcecar pela sensação de ter perdido a chance de colocar tudo em pratos limpos. Ao mesmo tempo, não se apavore diante da perspectiva de ter de fazer isso um dia, porque, do contrário, poderá acabar virando um poço de ressentimento. É sempre uma boa ideia engolir sapos ou obrigar-se a fazer alguma coisa desagradável quando se nasce com Marte retrógrado. Sua voz pode falhar e suas mãos podem ficar suadas, mas você se sentirá muito melhor se puser para fora tudo que o aflige.

Você pode medir a força de Marte em um mapa astral determinando se ele está em domicílio, detrimento, exaltação ou queda. Marte está em casa (em domicílio) em Áries e em Escorpião. Na Europa medieval, a primavera e o outono eram as estações ideais para a batalha. Ninguém queria lutar no verão, pois a temperatura dentro daquelas armaduras se tornava insuportável; nem no inverno, pois a montanha estaria coberta de neve, impossibilitando o transporte da artilharia. Marte está fora da estação (em detrimento) em Touro e em Libra. Esses são os dois signos regidos por Vênus, o que significa que Marte tem de se comportar quando está neles. Marte não é conhecido apenas por jogar limpo com os outros. Está em exaltação em Capricórnio, signo famoso pela austeridade e disciplina, e em queda em Câncer, signo conhecido pelo copioso sentimentalismo. Se Marte está exaltado ou em queda, não implica que seja bom ou mau. Desde que consiga o que almeja, Marte "forte" pode não se importar com os dedos dos pés de quem ele pisa, ao passo que Marte "fraco" pode ser abnegado e protetor dos que não são capazes de se defender.

MARTE EM ÁRIES

Você é guerreiro, não amante. Por isso, não gosta de vida fácil nem confortável demais. Seu Marte se alimenta de conflitos. Você adora uma boa discussão, daquelas que fazem as vozes se elevarem e os ânimos se exaltarem, pois isso prova que os participantes estão se importando. É por essa razão que você faz declarações bombásticas, com o objetivo de incitá-los a sair do sério. Mas isso não significa que seja apenas encrenqueiro. Na verdade, pode até transformá-lo em uma espécie de herói – Marte está em Áries –, e isso significa que você diz o que ninguém mais tem coragem de dizer, faz o que todos gostariam de ter feito no momento e continua lutando pelo que é certo mesmo depois de muitos já terem desistido. É claro, você sabe muito bem o que é oposição e resistência. Contudo, há uma diferença entre chamar a atenção de um adversário e chutar o vespeiro. Você tem alguma visão de como quer que as coisas acabem no final? Tomara que sim. Porém, caso não tenha a menor ideia, não adote a tática de terra arrasada; em vez disso, encontre uma forma de equacionar interesses conflitantes. Assim, não conseguirá apenas construir algo positivo; você poderá até transformar um inimigo em amigo! Marte em Áries...

... coloca pilha em: quem tem Sol em Áries, pois o induz a dar cabeçadas e a travar chifres com a oposição.

... irrita: quem tem Sol em Touro e Sol em Peixes, pois deixa esses dois signos calmos com os nervos à flor da pele.

... alia-se a: quem tem Sol em Gêmeos e Sol em Aquário, pois incute autoconfiança nesses dois signos que duvidam demais de si mesmos.

... bate de frente com: quem tem Sol em Câncer e Sol em Capricórnio, pois os força a ser diretos e assertivos.

... apoia: quem tem Sol em Leão e Sol em Sagitário, pois os incentiva a aceitar desafios impossíveis.

... é uma incógnita com: quem tem Sol em Virgem e Sol em Escorpião, pois não desiste enquanto estiver à frente. Às vezes, esse toque final, de fato, faz tudo funcionar às mil maravilhas, mas, outras vezes, pode acabar estragando tudo.

... **opõe-se a:** quem tem Sol em Libra. Você vê os outros como ditadores, intimidantes, e acha que são empenhados em conseguir o que desejam. Quando Marte está em oposição a seu Signo Solar, você não se conecta de maneira natural à energia dele, o que o conduz sempre a situações difíceis que lhe exigem se impor para conseguir estabelecer uma conexão. A melhor maneira de afirmar-se é usar suas habilidades diplomáticas. Encontre meios de transformar confronto em conversa; assim, reduzirá a tensão e, em vez de calor, trará luz para suas interações.

MARTE EM TOURO

Se pudesse, você passaria uma corda em volta de seu canto no mundo e penduraria uma placa com a inscrição *Entrada proibida*. Desde que era adolescente, você pede às pessoas que fiquem fora do seu quarto, não peguem suas coisas e parem de interferir em sua vida. Ninguém manda em você, mas você pode mandar nos outros se ganhar dinheiro suficiente para isso. O dinheiro fala, e você o usa para conseguir o que deseja. No entanto, isso pode parecer razoável. Afinal, você lutou para obter seus serviços, é dono do seu espaço e põe comida na mesa, então por que as pessoas não podem trabalhar mais rápido, pagar o aluguel em dia ou demonstrar um pouco de gratidão? O dinheiro pode não ser a origem de todos os males, mas, sem dúvida, será a fonte de todos os conflitos em sua vida apenas porque, assim como você, ninguém gosta de receber ordens, de ser mandado. Marte está em detrimento em Touro, signo regido por Vênus, porque acredita que, quanto mais se adquire, mais se pode mandar. Mas o dinheiro não pode comprar amor, e, quanto mais cedo você aprender isso, melhor. Touro em Marte...

... **coloca pilha em:** quem tem Sol em Touro, pois o faz proteger os próprios interesses.

... **irrita:** quem tem Sol em Áries e Sol em Gêmeos, pois os induz a obstinar-se. Marte nem sempre reconhece que encurralar uma pessoa num canto não dá a ela outra escolha a não ser atacar.

... alia-se a: quem tem Sol em Câncer e Sol em Peixes, pois dá a esses dois signos fluidos certa persistência.

... bate de frente com: quem tem Sol em Leão e Sol em Aquário, pois os envolve em intermináveis guerras por controle de território no trabalho e batalhas campais por vagas em estacionamentos.

... apoia: quem tem Sol em Virgem e Sol em Capricórnio, pois os incita a tomar o máximo de terreno que puderem quando tiverem oportunidade.

... é uma incógnita com: quem tem Sol em Libra e Sol em Sagitário, pois os deixa indecisos. Pedir garantias uma vez ou duas, tudo bem, mas pedi-la várias vezes é tedioso e contraproducente.

... opõe-se a: quem tem Sol em Escorpião. Para você, os outros são teimosos e gananciosos, e acha que invadem seu território. Se Marte está em oposição a seu Signo Solar, você não se conecta de maneira natural à energia dele; isso o leva a enfrentar situações difíceis que lhe exigem se impor para conseguir estabelecer uma conexão. Para afirmar-se, é melhor declarar e defender seus direitos e fazer suas reivindicações; assim, evitará que as pessoas se apropriem de modo ilegal de suas ideias ou fujam de repente de seu interesse amoroso.

MARTE EM GÊMEOS

A única razão pela qual você deseja alguma coisa é o fato de haver alguém que a tenha desejado primeiro. Isso acontece desde que era criança; talvez tenha começado derrotando seu irmão no time para conquistar aquela vaga na equipe, competindo com sua irmã pelo mesmo namorado ou acompanhando um amigo a uma audição só para conseguir para si o papel. Você simplesmente tem esse talento para sair com prêmios alheios nas mãos. E o engraçado é que ganhá-los quase sempre é uma decepção. Na verdade, você os teria devolvido se pudesse, mas é que, até chegar a esse ponto, o estrago já estava feito. Roubar as coisas que outras pessoas querem de verdade não é uma boa maneira de viver, mesmo que você seja melhor no trabalho ou mais merecedor do relacionamento. No entanto, se tivesse como objetivo roubar as coisas que as pessoas de quem não gosta querem, como vencer um concorrente pela esperteza, frustrar um rival ou superar um oponente, seria muito mais feliz. Essa atitude está fadada a provocar retaliações, e aí está a razão: é o que mantém o jogo. Marte em Gêmeos...

... coloca pilha em: quem tem Sol em Gêmeos, pois o leva a derrotar os rivais.

... irrita: quem tem Sol em Touro e Sol em Câncer, porque gosta de comprar brigas.

... alia-se a: quem tem Sol em Áries e Sol em Leão, por vencer pelas palavras, não pela força.

.... bate de frente com: quem tem Sol em Virgem e Sol em Peixes, pois os obriga a envolver-se, em vez de sair à francesa pela porta dos fundos.

... apoia: quem tem Sol em Libra e Sol em Aquário, por trazer essas pessoas para seu lado.

... é uma incógnita com: quem tem Sol em Escorpião e Sol em Capricórnio, porque não deixa de se intrometer mesmo que possa piorar as coisas. Às vezes, isso os leva a fazer perguntas que precisam ser feitas, mas, em outros momentos, também dificulta a situação.

... opõe-se a: quem tem Sol em Sagitário. Você vê os outros como dissimulados, evasivos e mal-intencionados. Quando Marte está em oposição a seu Signo Solar, você não se conecta de modo natural à energia dele, e isso o leva a enfrentar situações difíceis que lhe exigem se impor para conseguir estabelecer uma conexão. A melhor maneira de afirmar-se é confrontá-los e questioná-los a respeito de suas intenções. Ninguém está dizendo que você precisa soar o alarme, mas avisar a eles de que sabe o que pretendem os faz parar de imediato e até respeitá-lo.

MARTE EM CÂNCER

Quase sempre, a primeira coisa que você diz é "Não posso!"; está tão convencido de que não é bom o suficiente, de que será rejeitado ou de que não tem a mínima chance de conseguir que prefere nem tentar. Pegar suas coisas e sair de cena é mais fácil que enfrentar a decepção. Em Câncer, Marte está em queda, e é por isso que o signo do caranguejo é famoso por não pensar duas vezes quando se trata de recuar. A autopreservação sempre está acima do risco. No entanto, o fato de ter saído não implica que você não estará de volta. Em geral, você não consegue se convencer a desistir de coisas que deseja muito. Na verdade, quanto mais tenta fazer isso, mais acaba correndo atrás dessas coisas – o que explica por que, depois de empilhar todos os itens mais baratos no balcão, você acaba comprando o mais caro. Pode ser o contrário do previsto, mas funciona. Afastar-se dos desafios lhe ensinou muito sobre como abordá-los. Preparação é a primeira lição. Outra é o elemento surpresa. Você só age quando está pronto e, quando o faz, é com a expectativa do sucesso. Marte em Câncer...

... coloca pilha em: quem tem Sol em Câncer, pois o faz agarrar-se ao que tem.

... irrita: quem tem Sol em Gêmeos e Sol em Leão, pois os faz perder o bom humor e a paciência.

... alia-se a: quem tem Sol em Touro e Sol em Virgem, pois sabe melhor que ninguém como negociar para sempre obter vantagem.

... bate de frente com: quem tem Sol em Áries e Sol em Libra, pois os obriga a abordar o que está sob a superfície.

... apoia: quem tem Sol em Escorpião e Sol em Peixes, pois os faz verbalizar, sem remorsos, as próprias necessidades.

... é uma incógnita com: quem tem Sol em Sagitário e Sol em Aquário, porque, de modo instintivo, evita o confronto. Às vezes, isso os faz perder um tempo precioso e, em outros momentos, apenas protela as coisas, sem necessidade.

... opõe-se a: quem tem Sol em Capricórnio. Você vê os outros como derrotistas lamentosos, que bancam as vítimas na primeira chance que têm. Quando Marte está em oposição a seu Signo Solar, você não se conecta de modo natural à energia dele, e isso gera situações difíceis que lhe exigem se impor para conseguir estabelecer uma conexão. A melhor maneira de afirmar-se é ser ousado, mas de jeito sutil. Você não pode deixar que os outros o façam se sentir culpado. Reconhecer que está passando por um momento difícil e levar suas necessidades em consideração contribuirá muito para ganhar sua confiança e sua cooperação.

MARTE EM LEÃO

O que você quer tem seu nome escrito em cima. É tão óbvio que até espera que as pessoas o entreguem a você sem esforço. E, muitas vezes, é isso que elas fazem. Elas lhe oferecem a última fatia de bolo, o deixam passar à frente na fila e lhe dão uma peça de roupa dizendo que, de qualquer modo, ficará melhor em você. Você, de fato, não precisa empurrar, dar cotoveladas... Nada. Seu porte régio diz tudo. Marte no signo dos reis significa que você não tem vergonha de exercer seu direito divino, mas pode gerar problemas desnecessários para si mesmo se não criar uma rede de apoio. Recompense de maneira generosa os aliados e, enquanto isso, jogue as migalhas para os rivais. É a lei da selva. Ninguém vai mexer com você de barriga cheia – e, além disso, mantém as hienas a distância. Marte em Leão...

... coloca pilha em: quem tem Sol em Leão, pois o torna extraordinário.

... irrita: quem tem Sol em Câncer e Sol em Virgem, porque vai pegar as próprias coisas e ir embora ofendido se não conseguir o que deseja.

... alia-se a: quem tem Sol em Gêmeos e Sol em Libra, pois os faz aumentar o investimento pessoal.

... bate de frente com: quem tem Sol em Touro e Sol em Escorpião, pois os torna arrogantes nos momentos mais inoportunos.

... apoia: quem tem Sol em Áries e Sol em Sagitário, pois os torna excepcionais de verdade.

... é uma incógnita com: quem tem Sol em Capricórnio e Sol em Peixes, pois os pressiona a autopromover-se. Às vezes, isso os faz revelar talentos nunca antes vistos, mas, em outros momentos, os faz parecer desesperados por atenção.

... opõe-se a: quem tem Sol em Aquário. Você vê os outros como se estivessem muito preocupados consigo mesmos, como se fossem orgulhosos e presunçosos. Quando Marte está em oposição a seu Signo Solar, você não se conecta de modo natural à energia dele, e isso gera situações difíceis que lhe exigem se impor para conseguir estabelecer uma conexão. A melhor maneira de afirmar-se é estufar o peito. A palavra "ego" é tão carregada de poder para você, motivo pelo qual guarda o próprio ego a sete chaves. Não há nada errado em mostrar o que você sabe fazer. Afinal, se não se gabar, quem o fará?

MARTE EM VIRGEM

Você segue ordens e as executa da melhor maneira possível. Isso diz muito a seu favor, já que seus padrões pessoais excedem as expectativas da maioria das pessoas. O que entrega no final é um aperfeiçoamento tão grande que quem fez o pedido, a princípio, pode nem o reconhecer. Seu perfeccionismo é tão impressionante que chega a ser até inquietante. Isso lembra aos detentores do poder que você tem compreensão melhor do que precisa ser feito que a deles próprios. Eles têm a sorte de seu Marte ser tão obediente. Virgem é o signo do serviço, o que significa que você só pode executar se alguém lhe der a ordem. Entregue à própria sorte, você vagaria em meio a um turbilhão de prioridades concorrentes, incapaz de escolher uma em detrimento de outra. Para se manter perfeito, você precisa de uma rotina rígida. Em Virgem, Marte está no auge do momento "bom soldado". Trabalhar para pessoas que nem sempre sabem o que querem é frustrante, mas é também uma dádiva divina. Você está tão à frente do jogo que pode alterar o plano geral sem que ninguém perceba. Marte em Virgem...

... coloca pilha em: quem tem Sol em Virgem, pois o deixa pronto, disposto e capaz.

... irrita: quem tem Sol em Leão e Sol em Libra, porque não consegue dizer não a um pedido nem a uma ordem.

... alia-se a: quem tem Sol em Câncer e Sol em Escorpião, graças à abordagem direta.

... bate de frente com: quem tem Sol em Gêmeos e Sol em Sagitário, porque não tem medo de voltar à estaca zero para entender as coisas direito.

... apoia: quem tem Sol em Touro e Sol em Capricórnio, pois os faz terminar o que começaram.

... é uma incógnita com: quem tem Sol em Áries e Sol em Aquário, porque está comprometido em fazer a coisa certa. Às vezes, isso ajuda a corrigir um erro terrível e, em outros momentos, é a coisa certa a fazer, só que na hora errada.

... opõe-se a: quem tem Sol em Peixes. Você acha que os outros são insistentes, se preocupam com minúcias e estraga-prazeres. Quando Marte está em oposição a seu Signo Solar, você não se conecta de maneira natural à energia dele, e isso o faz passar por situações difíceis que lhe exigem se impor para conseguir estabelecer uma conexão. A melhor maneira de afirmar-se é agradecer-lhes as sugestões. As pessoas gostam de ser ouvidas, e, quando você aceita o que disseram, em geral, elas recuam. No entanto, ouvir não significa concordar. Cabe a você decidir se suas críticas valem a pena, e é melhor fazer isso a sós e em particular.

MARTE EM LIBRA

A única maneira de conseguir o que você quer é unir forças. Porém, se a pessoa de cuja assistência você mais precisa for pouco confiável, desagradável ou alguém de quem se alienou no passado, isso não ajudará em nada. Não combina com um planeta famoso por agir sozinho e insultar, de forma aberta, os oponentes. Em Libra, Marte está em detrimento. Aqui, ele se sente tão à vontade quanto a Mônica vestida de princesa da Disney. Apesar disso, você tem de encontrar um meio de fazê-lo funcionar. À primeira vista, você pode ter algum ressentimento, mas pergunte a si mesmo quanto disso tem a ver com o outro ou com o fato de estar preso a uma situação que o coloca eternamente em dívida com alguém. Já que esse padrão nunca vai mudar, seria uma boa ideia descobrir como começar a construir pontes e a jogar limpo com os outros. Assim, quem sabe? Mesmo de má vontade, você pode, afinal, acabar criando certo respeito e começar a ver essa pessoa sob uma luz mais favorável. Marte em Libra...

... coloca pilha em: quem tem Sol em Libra, pois o faz manter a paz.

... irrita: quem tem Sol em Virgem e Sol em Escorpião, porque está sempre alterando os limites fixados.

... alia-se a: quem tem Sol em Leão e Sol em Sagitário, pois os faz coordenar esforços em vez de agir por conta própria.

... bate de frente com: quem tem Sol em Câncer e Sol em Capricórnio, quando lhes pede que iniciem uma batalha para vencer a guerra.

... apoia: quem tem Sol em Gêmeos e Sol em Aquário, ao insistir que prevaleça a cabeça fria em situações acaloradas.

... é uma incógnita com: quem tem Sol em Touro e Sol em Peixes, porque sempre vai querer agradar e apaziguar. Às vezes, isso permite que esses signos operem sua magia da persuasão e, em outros momentos, reforça, com efeitos desastrosos, sua propensão a não virar o barco.

... opõe-se a: quem tem Sol em Áries. Você acha que os outros são evasivos, ambíguos e passivo-agressivos. Quando Marte está em oposição a seu Signo Solar, você não se conecta de modo natural à energia dele, e isso o leva a situações difíceis que lhe exigem se impor para conseguir estabelecer uma conexão. A melhor maneira de afirmar-se diante da agressividade passiva alheia é exercer um pouco da própria inércia. Banque o distraído, seja também ambivalente, evite compromissos, e, por fim, eles terão de dizer o que desejam por pura frustração.

MARTE EM ESCORPIÃO

Você nunca pisca primeiro. Quem faz isso é o outro lado. Seja excedendo o limite, aumentando a aposta ou recusando-se a recuar, você tem uma capacidade extraordinária de manter a calma sob pressão. A maioria das pessoas faz tudo para evitar impasses tensos; você os aprecia. No entanto, não gosta de lutas gananciosas pelo poder nem de sair dando carteiradas por aí. Tudo o que faz é bem concebido, deliberado e na surdina. Quando você se propõe a vencer, sua vitória está destinada a durar: precisa ser clara, indiscutível e definitiva. Marte em Escorpião é um Marte consumado. Quando os outros ficam sabendo o que você fez, não têm escolha senão aceitar o feito ou desistir. Apesar disso, não há quem possa induzi-lo a errar consigo mesmo. Em Escorpião, Marte está em domicílio; isso indica que você não sabe quando parar.

Persegue o que quer de modo implacável, e isso pode atrapalhar sua vitória, pelo fato de ter ido longe demais. Se tiver vontade de pressionar mais, pode ser uma boa ideia desistir enquanto estiver à frente. Marte em Escorpião...

... coloca pilha em: quem tem Sol em Escorpião, pois o faz atacar enquanto o ferro está quente.

... irrita: quem tem Sol em Libra e Sol em Sagitário, porque sempre se concentra no negativo.

... alia-se a: quem tem Sol em Virgem e Sol em Capricórnio, pois os faz pular as formalidades e ir direto ao ponto.

... bate de frente com: quem tem Sol em Leão e Sol em Aquário, porque gosta de lutar sujo.

... apoia: quem tem Sol em Câncer e Sol em Peixes, porque faz as pessoas pensarem duas vezes antes de brincar com seu coração.

... é uma incógnita com: quem tem Sol em Áries e Sol em Gêmeos, porque diz a verdade como ela é. Às vezes, as pessoas apreciam a honestidade e, em outras circunstâncias, agradeceriam se você pudesse deixá-la de lado nem que fosse apenas uma vez.

... opõe-se a: quem tem Sol em Touro. Você vê os outros como campos minados no aspecto psíquico: supersensíveis, impiedosos e repletos de ciladas. Quando Marte está em oposição a seu Signo Solar, você não se conecta de maneira natural à energia dele, e isso o coloca em situações difíceis que lhe exigem se impor para conseguir estabelecer uma conexão. A melhor maneira de afirmar-se é assumir a responsabilidade por sua parte no que deu errado. Isso baixa a guarda de ambos os lados. Admitir os próprios erros faz o outro aprender a lidar com os dele.

MARTE EM SAGITÁRIO

Você sempre toma partido. A Suíça é algo que não existe. As pessoas devem ser contra ou a favor e, se ficarem em cima do muro, precisam ser eliminadas o mais rápido possível. Sua tolerância a indecisos, apaziguadores e evasivos em geral é zero. Você acredita piamente que o certo triunfa sobre o errado, e ambos devem lutar na arena. Toda causa pela qual valha a pena lutar tem de ser posta à prova e, se for justa, prevalecerá. Mas... e se seu time perder? É aí que você se queixa de que o juiz roubou, pede revanche e começa a jogar lenha na fogueira com gozações, provocações e insultos. Seu fanatismo não conhece remorsos. Marte em Sagitário pode ser divisor, mas também tem espírito esportivo. Você sabe que o outro lado está lutando tanto quanto você, e é por essa razão que – ganhando ou perdendo – faz questão do aperto de mão ao fim do jogo, para mostrar que não há ressentimentos. Tomara que o "adversário" se disponha a retribuí-lo. Marte em Sagitário...

... coloca pilha em: quem tem Sol em Sagitário, pois o faz pintar na maior tela possível.

... irrita: quem tem Sol em Escorpião e Sol em Capricórnio, quando avisa, com antecedência, o que fará.

... alia-se a: quem tem Sol em Libra e Sol em Aquário, quando defende os próprios ideais.

... bate de frente com: quem tem Sol em Virgem e Sol em Peixes, quando se recusa a concordar.

... apoia: quem tem Sol em Áries e Sol em Leão, pois os incentiva a subir mais quando outros voam em baixa altitude.

... é uma incógnita com: quem tem Sol em Touro e Sol em Câncer, porque age com muita imprudência. Ambos os signos tendem a pisar no freio, enquanto Sagitário empurra o pedal até o metal. Às vezes, é bom acelerar; entretanto, em outros momentos, isso só os leva a bater num muro.

... opõe-se a: quem tem Sol em Gêmeos. Você vê os outros como se fossem santos do pau oco, fanfarrões e rápidos no gatilho quando se trata de apontar a culpa alheia e ignorar a própria. Quando Marte está em oposição a seu Signo Solar, você não se conecta de modo natural à energia dele, o que o faz se colocar em situações difíceis que lhe exigem se impor para conseguir estabelecer uma conexão. A melhor maneira de afirmar-se é fazer piadinhas. Leves. Denunciar hipocrisias não é incumbência sua, mas apontar incoerências e fazer as pessoas rirem de si mesmas contribui muito para despertar o autoconhecimento.

MARTE EM CAPRICÓRNIO

Você escalará todas as montanhas e conquistará cada pico, mas o que persegue não é um sonho; é sua próxima maior realização. Marte é exaltado em Capricórnio porque alia a disciplina à resolução. Você não quer apenas alcançar o que estiver à vista. Dedica tempo e esforço para domínio do que está *além* do alcance, mesmo que isso exija repetição constante. Marte em Capricórnio indica que nada vem fácil, e você tem cartas de rejeição, fracassos ou derrotas humilhantes que o provam. Pouca gente teria se punido tanto ou feito os sacrifícios que você fez para chegar aonde está hoje, mas você arriscaria tudo de novo, sem piscar duas vezes, se isso o fizesse subir ainda mais alto. A desvantagem é que sua competitividade é bem assustadora. Rejeitar as opiniões alheias porque são contrárias às suas ou reagir à inovação como se fosse uma tentativa de minar sua autoridade não é bom. Apoie novas vozes e alimente talentos em ascensão. Eles não vão roubar o que você já fez. Vão celebrá-lo. Capricórnio em Marte...

... coloca pilha em: quem tem Sol em Capricórnio, pois o pressiona a esforçar-se.

... irrita: quem tem Sol em Sagitário e Sol em Aquário, porque se fixa em um problema até que ele seja resolvido. Marte não acredita em deixá-lo por ora para revisitá-lo depois.

... alia-se a: quem tem Sol em Escorpião e Sol em Peixes, pois lhes dá garra.

... bate de frente com: quem tem Sol em Áries e Sol em Libra, por elevar a barra assim que é transposta.

... apoia: quem tem Sol em Touro e Sol em Virgem, porque, quando as coisas ficam difíceis, ele as torna ainda mais difíceis.

... é uma incógnita com: quem tem Sol em Gêmeos e Sol em Leão, porque não escolhe a saída fácil. Às vezes, isso é louvável e, em outros momentos, torna a vida muito difícil.

... opõe-se a: quem tem Sol em Câncer. Você vê os outros como intransigentes, críticos e exigentes demais. Quando Marte está em oposição a seu Signo Solar, você não se conecta de maneira natural à energia dele, e isso o coloca em situações difíceis que lhe exigem se impor para conseguir estabelecer uma conexão. A melhor maneira de afirmar-se é mostrar o verdadeiro eu às pessoas. O medo da rejeição, muitas vezes, o leva a desistir do jogo antes mesmo de começar a jogá-lo. Procure investir tempo e energia em uma competição, em um concurso ou em uma audição. Você pode se sair melhor do que pensa.

MARTE EM AQUÁRIO

Você gosta quando muitas coisas estão acontecendo ao mesmo tempo e não consegue pensar direito se não for assim. As pessoas dizem que você põe ferros demais no fogo, mas a verdade é que está de olho em cada um deles. Você se orgulha por aparecer na hora H para salvar uma situação e por desaparecer assim que o trabalho termina. Marte em Aquário adora ser requisitado e correr de um lado para outro a fim de manter todos os pratos girando, como se fosse um artista de circo. Tomara que você consiga corresponder a essas expectativas, porque, do contrário, esse Marte pode deixá-lo exausto. Você é um jogador de equipe e gosta de fazer parte de um grupo, mas, apesar disso, tem profunda desconfiança da autoridade e duvida de que os encarregados estejam cumprindo suas obrigações. É por isso que os desafia e exige mudanças com frequência. Às vezes, é acusado de ser agitador, mas a realidade é que você costuma estar do lado certo da história, sobretudo quando as ideias mirabolantes de que as pessoas zombam hoje acabam se tornando os pilares que todos vão considerar eternos amanhã. Assim é sua previdência. Marte em Aquário...

... coloca pilha em: quem tem Sol em Aquário, por desafiar os limites.

... irrita: quem tem Sol em Capricórnio e Sol em Peixes, porque se responsabiliza por eles, mesmo que não precise.

... alia-se a: quem tem Sol em Sagitário e Sol em Áries, pois os torna um tanto objetivos.

... bate de frente com: quem tem Sol em Touro e Sol em Escorpião, porque sempre coloca os interesses alheios acima dos próprios.

... apoia: quem tem Sol em Gêmeos e Sol em Libra, porque os faz seguir o plano do jogo.

... é uma incógnita com: quem tem Sol em Câncer e Sol em Virgem, porque está sempre de plantão. Às vezes, isso é bom, porque ambos os signos querem ajudar, outras vezes, não, porque, assim, eles não têm nenhuma folga.

... opõe-se a: quem tem Sol em Leão. Você vê os outros como impacientes, radicais, e acha que estão sempre dispostos a arruinar seus planos.

Quando Marte está em oposição a seu Signo Solar, você não se conecta de modo natural à energia dele, e isso o coloca em situações difíceis que lhe exigem se impor para conseguir estabelecer uma conexão. A melhor maneira de afirmar-se é manter a mente aberta. As diferenças de opinião não devem encerrar a conversa, mas enriquecê-la. Se, de fato, você tem coragem de revelar suas convicções, não deve ter problemas para ouvir as questões de outra pessoa.

MARTE EM PEIXES

Talvez você desejasse outra coisa. Isso pode explicar a sensação de naufrágio que tem depois que consegue o emprego almejado, quando faz o *upgrade* do *status* de seu relacionamento ou vê um sonho se tornar realidade. Então, qual é o seu problema? É medo do sucesso? Falta de coragem? Você já se perguntou isso centenas de vezes e discutiu o assunto com cada chefe perplexo e cada namorado de coração partido. Às vezes, isso fica tão ruim que você até desiste de seus desejos por medo de decepcionar os outros. Marte em Peixes anseia pelo que não pode ter. O desejo constante o mantém ativo e engajado. No entanto, o momento em que consegue o que quer é como despertar de um sonho. No início, você não consegue se lembrar do que viu e prefere esquecê-lo para poder seguir em frente. Todavia, pode não ser do tipo que se compromete. Ir de emprego em emprego ou de relacionamento em relacionamento talvez seja o que mantém esse fluxo de criatividade. Contudo, pensando bem, procure permanecer no mesmo lugar em que estava depois que a fase da decepção passar; talvez descubra que fazer isso é melhor que deixar de fazê-lo. Peixes em Marte...

... coloca pilha em: quem tem Sol em Peixes, porque vem em seu resgate emocional.

... irrita: quem tem Sol em Aquário e Sol em Áries, porque está sempre saindo pela tangente.

... alia-se a: quem tem Sol em Touro e Sol em Capricórnio, pois leva em consideração os interesses alheios.

... bate de frente com: quem tem Sol em Gêmeos e Sol em Sagitário, porque é confuso e confunde os outros.

... apoia: quem tem Sol em Câncer e Sol em Escorpião, pois encontra uma forma de beneficiar a todos.

... é uma incógnita com: quem tem Sol em Leão e Sol em Libra, porque está sempre buscando algo. Descobrir é bom, mas, às vezes, procurar demais e não encontrar o suficiente pode deixá-lo frustrado.

... opõe-se a: quem tem Sol em Virgem. Você vê os outros como se fossem pouco confiáveis, displicentes e dependessem de sua ajuda. Quando Marte está em oposição a seu Signo Solar, você não se conecta de maneira natural à energia dele, e isso o faz se colocar em situações difíceis que lhe exigem se impor para conseguir estabelecer uma conexão. A melhor maneira de afirmar-se é ficar no seu lado da cerca. A vida dos outros é da conta deles, e cabe a eles resolver os próprios problemas. Eles querem conselhos? Ótimo. Querem uma mãozinha? Que esperem sentados. Você já se meteu em confusões demais, a ponto de não querer cair nessa de novo.

JÚPITER

♃

Você acredita em um poder superior que cuide de nós ou acha que cabe a cada um fazer do mundo um lugar melhor? Quando acontecem coisas boas em sua vida, você acha que é porque é bom ou apenas porque tem sorte? E, quando acontecem coisas ruins, isso se deve ao azar ou foi porque você pediu? Na astrologia, Júpiter é o planeta do "em que eu acredito". Se somos feitos à imagem de Deus, Júpiter representa o deus que imaginamos. Mas será que Deus é Ele, Ela ou Eles? Você é teísta, panteísta ou ateu? Seu deus é amoroso? Severo? Onisciente? Ou Deus é matemática? Onde quer que o divino se consagre em sua vida, ele estará ladeado pelos valores jupiterianos da sorte e do desígnio superior.

Na mitologia, o Sol trouxe o dia, mas o céu azul se deve a Júpiter. No entanto, isso pode parecer um exagero desnecessário até você pensar em uma vela. Acenda uma vela e terá um ponto de luz no escuro, mas coloque essa vela em uma redoma, e sua luz preencherá a sala. É assim que Júpiter funciona. O Sol acende, e Júpiter ilumina. Seu céu azul mascara o céu durante o dia para que possamos ver o mundo em que vivemos. Podemos vislumbrar o que está sob nossos pés, avistar coisas a longas distâncias e admirar as nuvens flutuando acima de nossa cabeça. É por isso que Júpiter é o planeta da visão de mundo.

Fazemos juízos morais com base em Júpiter. O sucesso é nossa recompensa pelo talento e pelo trabalho árduo. O amor é nossa recompensa por sermos dignos de merecê-lo. A abundância é nossa recompensa pela dedicação. Quanto mais coisas boas acontecerem com você, mais acreditará que o universo é um lugar justo. Mas e se as coisas não estiverem indo bem para você? E se, apesar de todos os esforços, a sorte não lhe sorrir? Bem, azar não pode ser apenas azar; é preciso racionalizá-lo de alguma forma. Talvez as coisas não estejam indo bem porque você maltratou um Buda em uma vida anterior, porque tem visão negativa ou porque não se esforça o suficiente e precisa desesperadamente de uma lição de construção de caráter. Se pensarmos bem, veremos que é extraordinário tudo o que somos capazes de fazer para evitar encarar o percalço e o sofrimento. Inventamos razões para explicar o mal porque não queremos que ele perturbe nossa crença no mundo bom e justo iluminado pelos raios de Júpiter. Melhor demonizar os menos afortunados que acreditar que a providência de Júpiter pode ter suas lacunas.

Talvez você pense que o sistema de recompensas de Júpiter seja bastante simples, mas não é. Como Vênus, Júpiter é um planeta benéfico. Isso significa que traz coisas boas para sua vida com a finalidade expressa de gerar mais coisas boas. Se Vênus une as pessoas para criar mais pessoas, Júpiter une todos esses diferentes grupos de pessoas para criar uma sociedade melhor. Mas não pretende encher seus cofres; ele visa, sim, à retribuição do que for recebido para outras pessoas. É por isso que Júpiter é o planeta da filantropia. Suas raízes estão na tradição grega da hospitalidade.

A hospitalidade (ou a amizade aos hóspedes ou estrangeiros) era uma virtude cardinal na Antiguidade grega. A ideia era que, se um estranho de outras terras naufragasse em suas praias, você não o afastaria, não o escravizaria nem o ofereceria em sacrifício aos deuses. Você o receberia em sua casa, o alimentaria e o vestiria. O estranho, por sua vez, não se aproveitaria de sua hospitalidade roubando seus talheres, seduzindo sua esposa nem se demorando mais que o desejável. Na verdade, esperava-se que contribuísse fazendo-se útil, mostrando-lhe uma maneira melhor de fazer as coisas, ou talvez retribuindo um dia o favor da hospitalidade. Essa ideia de forjar laços que ultrapassam fronteiras sempre esteve ligada a Júpiter.

Júpiter costuma ser descrito na astrologia como o planeta da expansão. Os astrólogos dizem que ele torna tudo maior: suas riquezas, suas expectativas, seu ego e seus quadris. Mas Júpiter não se expande apenas para distribuir.

Como um império, ele se expande para incorporar. Hoje, os impérios têm reputação desagradável por conta da história sangrenta de conquista militar e de colonização, porém eles não foram de todo maléficos. Em vez de destruir as sociedades que conquistaram, eles as tomaram sob suas asas e as incorporaram a uma rede mais ampla de reinos e territórios. As rotas comerciais permitiram a mistura de culturas, a exposição a modos de vida estrangeiros e a adoção de crenças exóticas, e isso, por sua vez, produziu novas religiões, novas formas de aprender e novos modos de ser. De muitas maneiras, seu Júpiter o estimula a fazer o mesmo. Ao induzi-lo a abraçar o mundo em vez de o julgar, Júpiter expande seus horizontes, diversifica sua comunidade e amplia sua visão, para que você se torne um ser humano ainda mais humano.

Júpiter nem sempre está a seu lado, porque viaja ao redor do Sol por fora da órbita da Terra, o que significa que pode aparecer em qualquer lugar de seu mapa astral. Pode ser no mesmo signo que o seu ou em um signo completamente oposto ao seu.

Júpiter no mesmo signo que seu Sol **enriquece**: dádivas e bênçãos derramam-se sobre você, desde que seja fiel a si mesmo.

Júpiter no signo que antecede ou sucede de imediato seu Signo Solar **perde o bonde**: essa é a área da vida na qual você tem sorte, mas pode demorar a reconhecê-la.

Júpiter no signo dois antes ou dois depois de seu Signo Solar **beneficia**: esse Júpiter quer vê-lo ter sucesso e tem muitas ideias para que isso aconteça.

Júpiter no signo três antes ou três depois de seu Signo Solar é sua **consciência**: às vezes, provocando, às vezes, envergonhando, esse Júpiter luta para que você faça a coisa certa.

Júpiter no signo quatro antes ou quatro depois de seu Signo Solar **abençoa**: esse Júpiter lhe oferece as oportunidades de que você precisa para ir mais longe do que iria sem ele.

Júpiter no signo cinco antes ou cinco depois de seu Signo Solar é uma **incógnita**: a sorte tanto pode atrapalhar quanto ajudar, e é difícil dizer se melhora ou piora as coisas.

Júpiter no signo a seis de distância de seu Signo Solar é **desconexão total**: você não se identifica em nada com esse Júpiter então ele acaba sendo projetado nos outros, sobretudo nos relacionamentos ou nas relações com parceiros de negócios mais próximos. Você pode achar que é sempre o outro que tem sorte, ganha todas as folgas ou estraga suas chances de impressionar ou surpreender, passando na sua frente.

E se você tiver Júpiter retrógrado? Júpiter retrógrado é famoso por puxar o plugue quando você está pronto para dar um grande salto. Não é diferente do estouro da junta da nave *Millennium Falcon* quando tentava fugir na velocidade da luz. Você pode não ter combatentes do império em seu encalço, mas as reviravoltas da sorte não são nenhuma novidade, e, muitas vezes, o deixam lutando por soluções de última hora para salvar a situação. Você acabou se tornando perito em tirar coelhos da cartola. A fortuna é inconstante, mas você não está disposto a desistir dela; a sorte tem uma maneira engraçada de voltar a se manifestar nos momentos mais cruciais.

Você pode avaliar a força de Júpiter em um mapa astrológico identificando se ele está em domicílio, detrimento, exaltação ou queda. Júpiter está em casa (em domicílio) em Sagitário e em Peixes, signos associados ao Advento e à Quaresma no calendário litúrgico cristão. O primeiro aguarda o nascimento de Cristo (Natal), ao passo que o segundo aguarda sua ressurreição (Páscoa). Júpiter rege as épocas do ano em que nosso coração se aproxima de Deus. Está fora da estação (em detrimento) em Gêmeos e em Virgem, dois signos factuais e intelectuais, ambos regidos por Mercúrio. Júpiter não se sai bem em signos que contestam sua fé espiritual. É exaltado em Câncer, signo famoso pela despensa bem abastecida e pela hospitalidade, e em queda em Capricórnio, signo conhecido pela avareza. Se Júpiter está exaltado ou em queda, não significa que seja bom ou ruim. Um Júpiter "forte" pode ser generoso com um defeito (colocando, assim, em risco sua fortuna), ao passo que um Júpiter "fraco" sempre terá economizado um pouco para alguma dificuldade futura.

JÚPITER EM ÁRIES

Você prega a cartilha da autossuficiência. Não depende dos outros; portanto, não deve nada a ninguém. Você se fez sozinho e só responde a si mesmo. Quando segue seu caminho é que descobre do que é capaz de verdade. Suas conquistas são suas conquistas; seus fracassos são seus fracassos. Ninguém pode comprá-lo nem fazê-lo se calar. Você tem a bravura de um herói, o que leva a crer que não desconhece o que é lutar um bom combate. Se acredita numa causa, luta por ela abertamente; em vez de incluir seu nome em abaixo-assinados ou doar de forma sigilosa para uma conta do GoFundMe*, você se dispõe a assumir os riscos por apoiá-la. Acredita que pode elevar a consciência das pessoas, e isso pode fazê-las se sentir culpadas, como no caso dos atletas que se ajoelham para protestar contra a execução do hino nacional dos Estados Unidos. O que parece desrespeito é, na verdade, uma expressão de profundo respeito por batalhas e liberdades esquecidas dadas como garantidas. Você sempre se esforçará para dar o melhor de si. No entanto, no seu caso, esse melhor não diz respeito apenas ao seu desempenho máximo; implica também dar o melhor de si do ponto de vista moral. Júpiter em Áries...

... enriquece: quem tem Sol em Áries, pois o faz praticar o que prega.

... perde o bonde com: quem tem Sol em Touro e Sol em Peixes, pois os pressiona a dar saltos de fé** antes de estarem prontos para isso. O resultado pode ser uma amarelada homérica.

... beneficia: quem tem Sol em Gêmeos e Sol em Aquário, porque reúne as tropas.

... bate de frente com: quem tem Sol em Câncer e Sol em Capricórnio, porque os faz correr riscos desnecessários.

---

* O GoFundMe é uma plataforma estadunidense de *crowdfunding* com fins lucrativos que permite que as pessoas arrecadem dinheiro para eventos como celebrações de formaturas até circunstâncias desafiadoras, como as relacionadas a acidentes e doenças. De 2010 até o início de 2020, mais de 9 bilhões de dólares foram arrecadados na plataforma, por meio de contribuições de mais de 120 milhões de doadores. (N. da P.)

** Expressão utilizada para explicar a ruptura do estágio ético para o estágio religioso da existência, na filosofia de Sören Kierkegaard. (N. da P.)

... abençoa: quem tem Sol em Leão e Sol em Sagitário, por causa de seu espírito de aventura.

... é uma incógnita com: quem tem Sol em Virgem e Sol em Escorpião, porque os faz obter avanços surpreendentes. Às vezes, isso traz sucesso da noite para o dia e, outras vezes, é como o caso daqueles cantores que só emplacam uma canção de sucesso em toda a carreira musical.

... opõe-se a: quem tem Sol em Libra. Você sempre vê os outros conseguindo o que almejam. Quando Júpiter está em oposição a seu Signo Solar, você não se conecta de maneira natural à energia dele, e isso o leva a ter desvantagens enquanto não consegue estabelecer essa conexão. A melhor maneira de aproveitar sua sorte é andar com pessoas que não têm medo de assumir o que lhes pertence. As oportunidades existem para serem aproveitadas sem hesitações. A sorte favorece quem tem ousadia.

JÚPITER EM TOURO

Você atrai a prosperidade. Só que não vê isso como favoritismo, mas, sim, como recompensa por todo trabalho duro. Sabe que a vida não é justa, que poderia ter sido uma daquelas sementes da parábola que caíram no esquecimento: foram comidas pelos pássaros, caíram em terreno rochoso ou se perderam entre ervas daninhas. Isso o torna ainda mais grato pelo fato de sua vida ter se enraizado em terreno fértil e você estar florescendo desde então. No entanto, isso não quer dizer que você esteja imune aos altos e baixos da vida, pois não está. Você passou por inúmeros contratempos e desastres, mas, durante esse tempo, sempre acreditou que o universo proveria tudo de que necessitasse. Você não vê o universo como um distribuidor de esmolas; o vê como um benfeitor que investe em você e em seus interesses, ao qual tem de responder. Todo mundo ganha um pedaço de terra para trabalhar. E cabe a cada um de nós aproveitar ao máximo nossos recursos, talentos e oportunidades. A sorte é aquilo que você faz dela. Júpiter em Touro...

.... **enriquece:** quem tem Sol em Touro, pois o torna prolífico.

... **perde o bonde com:** quem tem Sol em Áries e Sol em Gêmeos, porque deseja receber algo em troca. Fixar-se em resultados antes de investir tempo e dinheiro é como colocar a carroça na frente dos bois.

... **beneficia:** quem tem Sol em Câncer e Sol em Peixes, pois os faz produzir coisas concretas.

... **bate de frente com:** quem tem Sol em Leão e Sol em Aquário, porque transforma o dinheiro em objeto.

... **abençoa:** quem tem Sol em Virgem e Sol em Capricórnio, com financiamento.

... **é uma incógnita com:** quem tem Sol em Libra e Sol em Sagitário, com a atitude de "O que eu ganho com isso?". Às vezes, pode ser bom, porque esses dois signos costumam ser generosos demais, e, em outros momentos, pode ser ruim, porque pôr os próprios interesses acima de tudo é um verdadeiro balde de água fria.

... **opõe-se a:** quem tem Sol em Escorpião. Algumas pessoas têm o toque de Midas. Fazem o ato de ganhar dinheiro parecer uma coisa muito fácil. Quando Júpiter está oposto ao seu Signo Solar, você não se conecta à sua energia de modo natural, o que significa que sempre estará em desvantagem até que o faça. A melhor maneira de aproveitar sua fortuna é parar de desmerecer as pessoas por seus sucessos. Como o ciúme, a inveja é uma erva daninha, não uma flor. Invista energia nas coisas que estão funcionando em sua vida – mesmo que sejam apenas mudas – e as verá florescer e crescer.

JÚPITER EM GÊMEOS

Para cada resposta, há uma pergunta. Você não consegue evitar. Não aceita nada sem investigação prévia e desconfia de clichês e ditos profundos que visam encerrar a conversa intelectual. As pessoas, em geral, acham que você está sendo irreverente ou carne de pescoço, mas não é isso, pois você deseja mesmo saber por que elas acreditam no que acreditam. O que ganham com isso se você não ganha nada? Em Gêmeos, Júpiter está em detrimento. Ele se sente tão à vontade nesse signo quanto um moleque que não consegue parar sentado no banco de uma igreja. Quando a questão é a busca espiritual, você não gosta que o obriguem a se sentar e ficar quieto. Só se contentaria se pudesse envolver seu professor, um guru ou seu instrutor de yoga em debates eletrizantes sobre temas como a escolha particular das palavras e os principais materiais de referência de cada um e a história etnoantropológica da postura do corvo. Talvez isso lhe pareça muito fascinante; no entanto, você não vai ganhar amigos na aula de yoga. As perguntas são ótimas, mas pense: você está mesmo interessado na resposta? Ou é sua deixa para entrar com outra pergunta só para continuar com um pé atrás em relação à experiência espiritual que busca? Júpiter em Gêmeos...

... enriquece: quem tem Sol em Gêmeos, porque expande sua rede social.

... perde o bonde com: quem tem Sol em Touro e Sol em Câncer, porque não se atém ao essencial.

... beneficia: quem tem Sol em Áries e Sol em Leão, pois os induz a associar-se a pessoas que pensam como eles.

... bate de frente com: quem tem Sol em Virgem e Sol em Peixes, porque deixa de ver a floresta por causa das árvores.

... abençoa: quem tem Sol em Libra e Sol em Aquário, com curtidas, cliques e seguidores.

... é uma incógnita com: quem tem Sol em Escorpião e Sol em Capricórnio, porque está sempre correndo atrás do próximo pomo de ouro. Isso é bom porque incute nesses dois signos sérios a vontade de fazer coisas que, em geral, não fariam, mas pode se tornar autodestrutivo se, no fim, a única coisa que tiverem nas mãos for uma cesta de maçãs podres.

... opõe-se a: quem tem Sol em Sagitário. Você vê outras pessoas escapando impunes até de assassinatos. Quando Júpiter está em oposição a seu Signo Solar, você não se conecta de maneira natural à energia dele, o que o leva a estar em desvantagem enquanto não consegue estabelecer essa conexão. A melhor maneira de aproveitar sua sorte é perguntar-se o que essas pessoas sabem que você não sabe. O que parece trapaça pode ser, na verdade, um talento para explorar o sistema em benefício próprio. Você pode beneficiar-se se fizer as coisas do modo como elas fariam.

JÚPITER EM CÂNCER

Você foi abençoado com a abundância. Mesmo que pareça pouco para os outros, é mais que suficiente para você. É como aquele mito romano em que, numa cidade de portas fechadas, é o casal de idosos que tem menos a oferecer que abre a casa para Júpiter disfarçado de mendigo. Embora tenha poucas frutas e pouco vinho, de algum modo, a tigela nunca fica vazia, e as taças tornam a encher-se. Por fim, o casal percebe que está diante de um deus. Você já deve ter notado que algo semelhante acontece com você quando o dinheiro para uma emergência inesperada se materializa do nada ou alguém que você mal conhece lhe oferece ajuda na hora em que mais precisa. Isso ocorre porque Júpiter é exaltado em Câncer. É porque você não pensa duas vezes antes de receber alguém e oferecer-lhe um lugar à mesa que o bem que faz sempre vai voltar e ampará-lo. Júpiter, o planeta dos santuários, sorri para os que propiciam um espaço seguro, seja um ombro amigo ou um abrigo na tempestade. Júpiter em Câncer...

... enriquece: quem tem Sol em Câncer, por meio de imóveis e propriedades.

... perde o bonde com: quem tem Sol em Gêmeos e Sol em Leão, pois os torna complacentes. Isso os induz a presumir que já têm tudo no papo quando pode ser bem o contrário.

... beneficia: quem tem Sol em Touro e Sol em Virgem, pois os torna investidores astutos.

... bate de frente com: quem tem Sol em Áries e Sol em Libra, pois torna seus olhos maiores que a barriga.

... abençoa: quem tem Sol em Escorpião e Sol em Peixes, com criatividade e inspiração artística.

... é uma incógnita com: quem tem Sol em Sagitário e Sol em Aquário, porque os mantém perto de casa. Às vezes, isso é bom, porque ambos os signos gostam de criar grandes ninhadas; às vezes, é ruim, porque os impede de viver com mais independência e fazer coisas novas.

... opõe-se a: quem tem Sol em Capricórnio. Você vê os outros como abençoados. Quando Júpiter está em oposição a seu Signo Solar, você não se conecta de modo natural à energia dele, o que o leva a estar em desvantagem enquanto não consegue estabelecer essa conexão. A melhor maneira de aproveitar sua sorte é fazer algo por outra pessoa: por exemplo, interceder em seu favor, disponibilizar-lhe recursos ou atuar como seu mentor. Júpiter é o planeta da retribuição. Faça uma gentileza a alguém, e você não será abandonado ao relento.

JÚPITER EM LEÃO

Para algumas pessoas, é como estar no lugar certo na hora certa. Para outras, é como colher os frutos de anos de trabalho árduo. Mas... e para você? Para você, o importante é ser você. A sorte lhe sorri quando é fiel a si mesmo. No entanto, essa é uma tarefa difícil, pois as qualidades que o fazem se destacar na multidão, muitas vezes, são as mesmas que o fazem parecer diferente dos demais, algo que nem sempre agrada às pessoas. E é nesse momento que você precisa ter fé em si mesmo se quiser dar o salto para chegar aonde quer chegar. Você precisa de audácia para ousar, de orgulho para saltar alto e da gloriosa sensação de saber que está destinado a grandes coisas. E Júpiter em Leão entende isso. Como um bom mecenas, ele lhe abrirá portas e apresentará oportunidades de ouro, mas *sentir-se* especial não basta; você precisa *ser* especial. Cultive seu talento, ponha suas ideias em prática e teste sua mensagem para poder dar ao mundo algo excepcional. Você deseja fazer sucesso estrondoso, não sucesso duvidoso. Júpiter em Leão...

... enriquece: quem tem Sol em Leão, por meio dos esportes, das artes e do entretenimento.

... perde o bonde com: quem tem Sol em Câncer e Sol em Virgem, porque adora os holofotes, e esses dois signos costumam fugir de palcos e de públicos.

... beneficia: quem tem Sol em Gêmeos e Sol em Libra, com seu bom humor e sua bondade.

... bate de frente com: quem tem Sol em Touro e Sol em Escorpião, quando se torna autoritário.

... abençoa: quem tem Sol em Áries e Sol em Sagitário, com alegria de viver.

... é uma incógnita com: quem tem Sol em Capricórnio e Sol em Peixes, porque é pródigo. Às vezes, isso é bom, porque esses dois signos podem ser um tanto sovinas; outras vezes, é ruim, porque, depois que começam a tomar gosto pela gastança, eles quase nunca conseguem parar.

... opõe-se a: quem tem Sol em Aquário. Você enxerga os outros como se tivessem nascido com a estrela da sorte. Quando Júpiter está em oposição a seu Signo Solar, você não se conecta de jeito natural à energia dele, e isso o leva a ter desvantagem enquanto não consegue estabelecer essa conexão. A melhor maneira de aproveitar a sorte é admitir que a merece. Dizer para si mesmo que pode sobreviver sozinho ou não precisa de uma mão amiga sinaliza para Júpiter que você não quer ter sorte. Se continuar repetindo isso, a sorte que lhe caberia recairá sobre alguém que seja grato por ela.

JÚPITER EM VIRGEM

Você entende que as pessoas precisam de algo em que acreditar. É um mal necessário. As pessoas precisam de algo maior que a própria vida para se inspirar, levantar o moral e tornar a ver, andar e viver. Porém, apesar de todo o espetáculo e das promessas, você não consegue deixar de reparar nos pés de barro. Como essa crença ganhou tamanha veneração? O que a torna crível? Por que deveria ser seguida? Em Virgem, Júpiter está em detrimento. Enquanto os outros se encantam com o mágico maravilhoso, você procura o homem que está atrás da cortina. Sabe que todo milagre tem uma explicação, e ela vai ser banal ou falsa. Jogar areia no brinquedo dos outros não tem graça nenhuma. Você não gosta de estragar o encantamento das pessoas, mas sente que é seu dever. Caso contrário, elas vão acabar levando gato por lebre. Quem tem Júpiter em Virgem, muitas vezes, atua como inspetor, delator ou denunciante. Todos agradecem por você ter exposto o que expôs, só que também sentem falta da magia. No entanto, ainda há em você uma parte secreta que deseja um dia encontrar algo miraculoso, de verdade, que não possa ser explicado. Júpiter em Virgem...

... enriquece: quem tem Sol em Virgem, por meio da ética de trabalho.

... perde o bonde com: quem tem Sol em Leão e Sol em Libra, porque não acredita em nada sem antes ver provas.

... beneficia: quem tem Sol em Câncer e Sol em Escorpião, por ser consciencioso e diligente.

... bate de frente com: quem tem Sol em Gêmeos e Sol em Sagitário, pois os obriga a fazer as coisas direito de primeira.

... abençoa: quem tem Sol em Touro e Sol em Capricórnio, apresentando os meios para os fins.

... é uma incógnita com: quem tem Sol em Áries e Sol em Aquário, porque sempre vai sair com uma solução emergencial ou de última hora. Às vezes, isso é bom para tirá-los do aperto, mas pode ser ruim se eles sempre usarem esse tipo de solução sem jamais pensar de maneira proativa.

... opõe-se a: quem tem Sol em Peixes. Você vê os outros como oportunistas. Quando Júpiter está em oposição a seu Signo Solar, você não se conecta de maneira natural à energia dele, o que o leva a sempre ficar em desvantagem enquanto não consegue estabelecer uma conexão. A melhor maneira de aproveitar a sorte é usar o que surgir no caminho. Uma oferta, um favor ou uma oportunidade não lhe valem nada se você os guarda na gaveta. Precisa reagir de imediato a tudo. Caso contrário, acabará ficando apenas com uma fieira de *teria, poderia* e *deveria ...* – e isso não é uma boa maneira de viver.

JÚPITER EM LIBRA

Você sempre encontrou bons pares. Quando se trata de escolher parceiros, inevitavelmente se envolve com a pessoa mais inteligente do projeto, a mais bonita da sala ou o doador mais rico da arrecadação de fundos. E não importa se suas associações são longas ou breves, você quase sempre sai com algo positivo para mostrar com base na experiência. Agora, isso não quer dizer que todos os pares sejam ideais. Às vezes, vocês se sentem como fugitivos da justiça algemados um ao outro enquanto lutam sobre rochas e leitos de rios em busca da chave que os libertará. Contudo, mesmo nessas alianças improváveis, um desígnio superior está sendo atendido: elas o fazem deixar as diferenças de lado e trabalhar em conjunto. Às vezes, essas aventuras são exatamente o que o faz ver as pessoas de formas que você não veria antes; elas o inspiram a rever suas convicções e a abandonar seus preconceitos. Muitas pessoas pensam que Júpiter em Libra traz sorte no amor, e, de fato, isso acontece à medida que o parceiro aporta coisas boas. Só que não basta encontrar o companheiro perfeito; é preciso encontrar a pessoa certa para abrir seu mundo. Júpiter em Libra...

... enriquece: quem tem Sol em Libra, por intermédio das vidas que toca.

... perde o bonde com: quem tem Sol em Virgem e Sol em Escorpião, quando insiste em sempre fazer as coisas como manda o figurino.

... beneficia: quem tem Sol em Leão e Sol em Sagitário, pois os faz se esforçar para trabalhar em cooperação com pessoas de diferentes credos e ideologias variadas.

... bate de frente com: quem tem Sol em Câncer e Sol em Capricórnio, por ser imparcial demais.

... abençoa: quem tem Sol em Gêmeos e Sol em Aquário, com bom gosto.

... é uma incógnita com: quem tem Sol em Touro e Sol em Peixes, porque ama as melhores coisas da vida. Às vezes, isso é bom, porque dá a esses dois signos algo a que almejar, e, às vezes, é ruim, quando eles passam a dever no cartão de crédito por causa disso, por exemplo.

... opõe-se a: quem tem Sol em Áries. Você vê a vida dos outros como um mar de rosas. Quando Júpiter está em oposição a seu Signo Solar, você não se conecta de modo natural à energia dele, e isso o leva a ter desvantagem enquanto não consegue estabelecer essa conexão. A melhor maneira de aproveitar a sorte é desfrutar dela. Tratar a vida como se fosse uma interminável corrida de obstáculos acabará ficando chato se você não comemorar as vitórias. Recompensar-se com algo bom não vai estragá-lo. Isso dissipa o ressentimento e pode até tornar a convivência com você mais agradável.

JÚPITER EM ESCORPIÃO

A vida pode nem sempre ser gentil, mas sua sorte sempre é. É ela que o mantém quando as perspectivas parecem sombrias. Você aprendeu há muito tempo que sua sorte não é do tipo que chega em cima da hora; ela é do tipo que o ajuda a transpor uma dificuldade. Você não discute sua vida espiritual; é assunto particular. E é o silêncio – além de tudo o que você já sofreu – que lhe confere a aura de um ser com uma religiosidade muito profunda. É por isso que as pessoas o procuram nos momentos de necessidade. Sentem que você as entende, e isso é verdade. Você pode falar sobre o que elas estão passando e orientá-las fazendo as perguntas certas. No entanto, na realidade, você e a fé se separaram há muito tempo. Por ironia, isso não o tornou cético; tornou-o mais profundo. Você não atribui palavras nem expectativas ao que acredita. Apenas deixa essa parte sua em paz. É assim que consegue se sentar num banco e ouvir sermões que de fato não se dirigem a você, mas os aprecia mesmo assim. Foram as escuras noites da alma que o tornaram quem você é hoje. Júpiter em Escorpião...

... enriquece: quem tem Sol em Escorpião por meio de heranças e investimentos.

... perde o bonde com: quem tem Sol em Libra e Sol em Sagitário, porque, na verdade, nunca bane a escuridão.

... beneficia: quem tem Sol em Virgem e Sol em Capricórnio, quando os encarrega de cuidar do dinheiro alheio.

... bate de frente com: quem tem Sol em Leão e Sol em Aquário, por ficarem em sua gaiola dourada.

... abençoa: quem tem Sol em Câncer e Sol em Peixes, com força para superar qualquer coisa.

... é uma incógnita com: quem tem Sol em Áries e Sol em Gêmeos, porque seus ganhos decorrem das perdas alheias. Às vezes, isso é bom, como quando herdam o cargo de alguém inapto para a função; às vezes, é ruim, quando lucram com o infortúnio alheio.

.... opõe-se a: quem tem Sol em Touro. Você observa os outros como se obtivessem seus ganhos de forma ilícita. Quando Júpiter está em oposição a seu Signo Solar, você não se conecta de modo natural à energia dele, e isso o faz estar em desvantagem enquanto não consegue estabelecer essa conexão. A melhor maneira de aproveitar sua sorte é esforçar-se mais para protegê-la. Você não pode culpar uma empresa de cartão de crédito por cobrar juros de mora nem a Receita Federal por cobrar tributos em atraso. Honre suas dívidas e suas obrigações e nunca deverá um centavo a ninguém.

JÚPITER EM SAGITÁRIO

Alguém lá em cima gosta de você. O que mais poderia explicar tantos livramentos e resgates (incluindo financeiros) na hora H? Poderíamos pensar que a frequência com que você é salvo pelo gongo o tornaria imprudente e esbanjador (algo que, com toda probabilidade, já foi). Mas, com o tempo, você se tornou reverencial de modo profundo. Em Sagitário, Júpiter está em domicílio. Isso não o transforma em um sortudo, mas o torna afortunado. Júpiter lhe dá cobertura pelo fato de ser o maior planeta do nosso sistema solar. Como tem a atraçao gravitacional mais forte, atrai direto para si asteroides e cometas. Tendo em vista que cientistas especulam que, a cada semana, pelo menos um asteroide colide com Júpiter, temos que lhe agradecer por nosso planeta ainda estar aqui. Júpiter em Sagitário também lhe proporciona uma filosofia do tipo "guarda-chuva": não existe apenas uma forma de fazer as coisas nem apenas uma crença que supere todas as demais. Para o bem ou para o mal, o destino da Terra está na humanidade. Temos o mundo inteiro nas mãos. Júpiter em Sagitário...

... enriquece: quem tem Sol em Sagitário, por ser acolhedor.

... perde o bonde com: quem tem Sol em Escorpião e Sol em Capricórnio, quando dá mais do que recebe.

... beneficia: quem tem Sol em Libra e Sol em Aquário, porque não consegue parar de acreditar.

... bate de frente com: quem tem Sol em Virgem e Sol em Peixes, quando faz promessas que não pode cumprir.

... abençoa: quem tem Sol em Áries e Sol em Leão, com diversão e bom humor.

... é uma incógnita com: quem tem Sol em Touro e Sol em Câncer, porque é um grande gastador. Ambos os signos gostam de viver bem, mas há uma diferença entre viver bem e viver além das próprias possibilidades.

... opõe-se a: quem tem Sol em Gêmeos. Você vê os outros ganharem tudo na sorte. Quando Júpiter está em oposição a seu Signo Solar, você não se conecta de modo natural à energia dele, e isso o faz estar desvantagem enquanto não consegue estabelecer essa conexão. A melhor maneira de aproveitar sua sorte é não desistir. Sim, é verdade que outras pessoas têm sorte, sempre nos momentos certos, enquanto você necessita aproveitar ao máximo o que tem – o que nem sempre é muito. No entanto, isso o torna inventivo e engenhoso para que, quando chegar sua vez de lucrar com a generosidade de Júpiter, você saiba de verdade o que fazer com ela.

JÚPITER EM CAPRICÓRNIO

Sua vida é dura. Às vezes, parece que as circunstâncias se reúnem em algum lugar para tomar um cafezinho, apenas para conspirar contra você. Você se acostumou a decepções e obstáculos. Eles devem ser esperados. Mas os obstáculos seguem, de jeito inevitável, os passos de um grande avanço ou de um sucesso estrondoso. Quando acaba de encontrar seu lugar ao sol, o céu se enche de nuvens carregadas, e então você descobre que seu prêmio tem um preço ou se torna uma caixa de Pandora repleta de complicações. Em Capricórnio, Júpiter está em queda, por isso fica difícil encontrar a sorte. Porém, como ocorre em todas as circunstâncias com Júpiter, há um desígnio superior. Sua vida vai dos trapos à riqueza, o que significa que você tem grande distância a percorrer, e seu caminho é repleto de obstáculos e provas. Você pode levantar as mãos em sinal de derrota e dizer "É a história da minha vida!" sempre que encontrar um novo obstáculo ou arregaçar as mangas e tomar uma atitude para buscar o sucesso. Depende de você. A sorte chega mais tarde em sua vida, depois que a de todos os outros tiver chegado ao fim de seu curso. Pode ser tarde para a festa, mas antes tarde que nunca. Júpiter em Capricórnio...

... enriquece: quem tem Sol em Capricórnio, com a riqueza da experiência.

... perde o bonde com: quem tem Sol em Sagitário e Sol em Aquário, por se aliar à sabedoria convencional.

... beneficia: quem tem Sol em Escorpião e Sol em Peixes, com tino e perspicácia nos negócios.

... bate de frente com: quem tem Sol em Áries e Sol em Libra, porque subestima suas realizações.

... abençoa: quem tem Sol em Touro e Sol em Virgem, com perseverança.

... é uma incógnita com: quem tem Sol em Gêmeos e Sol em Leão, porque insiste em afirmar que vale a pena esperar por qualquer coisa que valha a pena. Às vezes, isso é bom, porque ensina esses dois signos a ter paciência; outras vezes, é ruim, porque eles não podem deixar de sentir que estão esperando que ocorra algo que não vai acontecer.

... opõe-se a: quem tem Sol em Câncer. Você vê os outros como sovinas. Quando Júpiter está em oposição a seu Signo Solar, você não se conecta de modo natural à energia dele, e isso o coloca em desvantagem, enquanto não consegue estabelecer essa conexão. A melhor maneira de aproveitar a sorte é deixar de ser tão gentil e condescendente. Quem tem dinheiro o usa para intimidá-lo, por isso você nunca quer parecer servil. Demonstrar que não se importa pode lhe causar uma demissão (nesse caso, de qualquer modo, você não gostaria de continuar a trabalhar nesse emprego). Porém, no longo prazo, essa atitude demonstra que não está brincando e leva a sério o que está dizendo. Se demonstrar que não há dinheiro que possa comprá-lo, você ganha respeito e apoio.

JÚPITER EM AQUÁRIO

Sua sorte está ligada à sorte de outras pessoas. A realização de seus sonhos e de suas esperanças e o sucesso de todos os seus empreendimentos dependem de amigos em altos cargos; são eles que podem fazer as coisas acontecerem. Os benfeitores são atraídos por você como fadas para o batizado de uma princesa. Querem presenteá-lo com graça, riqueza e sabedoria. E adorariam apresentá-lo aos amigos e aos amigos dos amigos. Veem em você alguma coisa, o que implica que precisa ser algo que valha a pena ver. E é justamente aí que a vida se complica. Como ser fiel a si mesmo e, ao mesmo tempo, a eles? Esse é o dilema que todo político enfrenta. Quando tem Júpiter em Aquário, você precisa ter declaração de intenções (ou missão) e amor genuíno pelas pessoas; caso contrário, o tiro sairá pela culatra. Júpiter não é gentil com exploradores nem com alpinistas sociais. Haverá verba à disposição, desde que seja para servir ao bem comum. Sirva ao bem, e a maré da sorte guiará todos os barcos; sirva apenas a si mesmo, e você se verá em apuros, sem recursos nem ajuda. Júpiter em Aquário...

... **enriquece:** quem tem Sol em Aquário, por meio do esforço cooperativo.

... **perde o bonde com:** quem tem Sol em Capricórnio e Sol em Peixes, por ser intransigente. Ambos os signos querem o melhor, mas também reconhecem a necessidade de dar e receber.

... **beneficia:** quem tem Sol em Áries e Sol em Sagitário, com consciência social.

... **bate de frente com:** quem tem Sol em Touro e Sol em Escorpião, quando se torna idealista demais.

... **abençoa:** quem tem Sol em Gêmeos e Sol em Libra, com espírito comunitário.

... **é uma incógnita com:** quem tem Sol em Câncer e Sol em Virgem, porque seu lema é "se não socializar, você sairá perdendo". Às vezes, isso é bom, porque os tira das próprias conchas; às vezes, é ruim, porque tentar se lembrar de todos os nomes e de quem deve um almoço, um favor ou um agradecimento já é um trabalho por si só.

... **opõe-se a:** quem tem Sol em Leão. Você vê os outros como hipócritas metidos a virtuosos. Quando Júpiter está em oposição a seu Signo Solar, você não se conecta de modo natural à energia dele, o que implica que sempre estará em desvantagem enquanto não conseguir estabelecer essa conexão. A melhor maneira de aproveitar a sorte é ver além do mensageiro e acolher a mensagem; talvez seja a da igualdade econômica, a da redução da pegada de carbono ou a de maior progressismo. Pode ser irritante o fato de ter vindo por meio de alguém tão moralista, mas é um baixo preço a pagar para estar do lado certo da história.

JÚPITER EM PEIXES

Você sempre dependeu da bondade de estranhos, e eles nunca o decepcionaram, não importa o gênero, a etnia ou a renda. Você pode estar muito longe de casa, e pessoas que não conhecia (e pode nunca mais tornar a ver) lhe abrem seus lares e seu coração com naturalidade. Isso acontece porque elas o reconhecem como irmão; você é como um irmão de alma. É por isso que pode andar com tranquilidade por ruas de bairros que outros evitariam, conviver com quem está do outro lado da divisão política e ver o lado mais gentil dos tipos sofridos. Não há covil onde você não seja bem-vindo. Em Peixes, Júpiter está em domicílio. Ele lhe confere sorte e proteção nos lugares em que você mais se sente intruso. É por isso que você não pensa duas vezes antes de fazer amizade com os que não têm amigos, visitar os abandonados e consolar os desesperados. Sua igreja é invisível – não tem paredes, nem altar, nem credo, porque vive em seu coração. Seu Júpiter ganha vida quando você trabalha para tornar o mundo um lugar melhor. Júpiter em Peixes...

... enriquece: quem tem Sol em Peixes, por meio de doações, patrocínios e capital inicial.

... perde o bonde com: quem tem Sol em Aquário e Sol em Áries, quando abre mão da própria autonomia.

... beneficia: quem tem Sol em Touro e Sol em Capricórnio, desenvolvendo seus recursos.

... bate de frente com: quem tem Sol em Gêmeos e Sol em Sagitário, quando faz muitas concessões.

... abençoa: quem tem Sol em Câncer e Sol em Escorpião, com resiliência emocional.

... é uma incógnita com: quem tem Sol em Leão e Sol em Libra, porque é muito leniente. Às vezes, isso é bom, porque esses dois signos são sempre bem-intencionados; às vezes, é ruim, porque de boas intenções o inferno está cheio.

... opõe-se a: quem tem Sol em Virgem. Você vê os outros como mimados. Eles não sabem a sorte que têm, e isso o irrita. Quando Júpiter está em oposição a seu Signo Solar, você não se conecta de modo natural à energia dele, o que implica que sempre estará em desvantagem enquanto não conseguir estabelecer essa conexão. A melhor maneira de aproveitar a sorte é valorizar o que tem; pode não ser tanto quanto os outros têm, mas o deixa satisfeito, e essa é a mais rara de todas as bênçãos.

SATURNO

♄

Saturno é o planeta daquilo "que eu temo". Último dos planetas antigos, era a mais lenta e fraca das luzes, por isso era visto como velho, pesado e melancólico. A associação de Saturno às enfermidades da velhice transforma-o no planeta do medo – medo de encontrar-se indigente, desamado, abandonado ou incapacitado. Os medos de Saturno não são como os dos filmes de terror. Tampouco são catastróficos ou apocalípticos. Esses problemas pertencem a outros planetas. A realidade de Saturno – sofrimento, pesar e decadência – nos aguarda de modo paciente ao fim de nossa vida, e, por não ignorarmos sua inevitabilidade, somos induzidos a fazer tudo o que pudermos para evitar chegar lá.

Todo mundo teme o medo. Temos tanto medo que não falamos sobre ele. É por isso que tratamos o infortúnio como um mal contagioso. Como não queremos ser infectados, culpamos os pobres por serem pobres e os doentes por estarem doentes. É por causa do medo que caímos no ostracismo, demonizamos e nos envergonhamos. O medo endurece nosso coração, nos leva a fazer acusações e tira coisas de pessoas que, a princípio, já não tinham muito. Saturno costuma ser vilipendiado na astrologia, mas não é ele que nos traz os infortúnios. Ao contrário. Saturno revela como cada um de nós se torna autor de nossa própria desgraça ao nos mostrar o que o medo pode nos impelir a fazer.

Fazemos coisas cruéis quando temos medo. Também fazemos coisas estúpidas. *Édipo Rei* é a história de um príncipe que soube que, um dia, mataria o pai e se casaria com a mãe. Horrorizado com a profecia, Édipo resolve meter o pé na estrada, onde é ameaçado pelo furioso condutor de um coche caso não saia do caminho, o qual ele mata em legítima defesa. Em seguida, Édipo derrota a Esfinge, criatura monstruosa que aterrorizava a cidade de Tebas, e recebe como prêmio a mão da rainha, viúva recente, que lhe agradece a ajuda. Só depois que se torna rei é que Édipo descobre que havia sido adotado, os pais que o criaram não eram seus pais biológicos, o cocheiro que matara era seu pai, e a rainha com quem se casara é sua mãe. Incapaz de suportar a situação, Édipo arranca os olhos e começa a vagar pelas ruas de Tebas como um mendigo cego. A história de *Édipo Rei* parece cruel, mas, na verdade, é a história do que acontece quando deixamos para o medo o controle de nossa vida; quando fugimos das coisas que mais tememos, acabamos dando de cara com o resultado que mais tentávamos evitar.

Saturno é o planeta das provações. Ele nos põe à prova explorando nossos medos. E, em seu horóscopo, Saturno lhe mostra exatamente onde os encontrará; talvez você mantenha as pessoas a distância por medo de perdê-las, continue trabalhando em um emprego que odeia por medo da pobreza ou prefira o inferno que conhece ao céu que desconhece por medo da decepção. Essas são as profecias que se cumprem para mantê-lo preso em um círculo vicioso. Mas uma prova não é o mesmo que um desafio. O desafio o incita a agir; dá-lhe um empurrão no peito e exige-lhe que reaja. A prova, por outro lado, determina se você, de fato, é capaz ou não.

Saturno é um planeta maléfico. É famoso por arrumar as cartas do baralho contra você e por roubar a bola bem no instante em que você está pronto para chutá-la. Saturno não facilita as coisas, e essa é a questão. Quando você se depara com um obstáculo para a felicidade e logo admite a derrota, Saturno lhe mostra que, se desistiu tão depressa, é porque não a queria tanto assim. Saturno testou sua determinação e a considerou insuficiente. Saturno sempre impõe essas provas na área da vida que *mais* lhe importa, e é por isso que é uma fonte constante de ansiedade e sofrimento. É o único problema que você não consegue superar.

Saturno ensina por meio do tédio da repetição e, fazendo-o enfrentar o mesmo obstáculo mil vezes, o desgasta e o exaspera a tal ponto que você vai tentar qualquer coisa, desde que seja diferente. E esse é o momento do milagre de Saturno: sonegando as recompensas que busca, ele o ensina a aproveitar recursos que você nem sonharia que tinha e a extrair o máximo das limitações, em vez de sucumbir a elas. Isso é o que faz de Saturno um mestre, e, não um tirano; um construtor, não um destruidor. Aprendemos com nossos erros, não com nossas notas máximas nos testes.

No entanto, nem sempre Saturno está nos irritando ou nos perseguindo, pois viaja ao redor do Sol por fora da órbita da Terra, o que significa que pode aparecer em qualquer lugar de seu mapa astral. Pode ser no mesmo signo que o seu ou em um signo oposto.

Saturno no mesmo signo que seu Signo Solar **sobrecarrega**; o fardo pesado demais para ser carregado é também o que desenvolve a força.

Saturno no signo que antecede ou sucede seu Signo Solar é **exasperante**; essa é a área da vida em que é difícil absorver as lições que estão sendo ensinadas.

Saturno no signo dois antes ou dois depois de seu Signo Solar é **aliado**: quer vê-lo ter sucesso e propiciará as oportunidades de aprendizado que podem contribuir para que isso aconteça.

Saturno no signo três antes ou três depois de seu Signo Solar é **frustrante**, pois o contraria e o atormenta. Incapaz de conseguir o que deseja ou de desistir, aqui Saturno cria uma batalha sem fim.

Saturno no signo quatro antes ou quatro depois de seu Signo Solar é **mentor**: conecta-o a pessoas que já estiveram no mesmo caminho que você e querem ajudá-lo.

Saturno no signo cinco antes ou cinco depois de seu Signo Solar é uma **incógnita**: sentindo-se bloqueado, você se pergunta se redobrar os esforços é, de fato, a resposta ou se não é melhor simplesmente desistir.

Saturno no signo a seis de distância de seu Signo Solar é **desconexão total**; você não se identifica em nada com ele, de forma alguma, pois ele é projetado nos outros, sobretudo em relacionamentos ou com parceiros de negócios próximos. Você pode achar que o outro é exigente demais, limitado demais ou tem verdadeira nuvem negra, de tão pessimista.

E se você tiver Saturno retrógrado? Saturno retrógrado é famoso por fazer as coisas demorarem mais do que deveriam. Se Saturno é a tartaruga na corrida com a lebre, então Saturno retrógrado é como essa tartaruga depois de tomar um tranquilizante: vagueia, dá voltas e, às vezes, fica parado só olhando. Apesar disso, de algum modo, Saturno retrógrado entrega. Você pode ouvir seu chamado no fim da vida, viver um segundo ato inesperado ou voltar e pegar algo que engavetou anos atrás. O tempo está sempre a seu favor, o que prova que ter gratificação, mesmo que atrasada, é melhor que não ter nenhuma.

Você pode avaliar a força de Saturno em um mapa astral determinando se ele está em domicílio, detrimento, exaltação ou queda. Saturno está em casa (em domicílio) em Capricórnio e Aquário. Esses são os meses sombrios em que a vida está adormecida. Pense na meia-noite, quando o Sol cruza o limiar de um dia para o outro. Saturno rege esse período no calendário, quando o ano velho termina e o ano novo começa. Saturno está fora da estação (em detrimento) em Câncer e Leão. Esses são os signos de verão, e Saturno não é conhecido por ser quente e ensolarado, de modo algum. Está em exaltação em Libra, o signo da colheita, quando você descobre se a safra será recorde ou minguada, e em queda em Áries, o signo da semeadura, no qual você planta as sementes e incentiva o crescimento do novo. O gélido Saturno é bem mais um fator de encerramento que de abertura; por isso, não é bem-vindo na primavera. Se Saturno está em exaltação ou em queda, não quer dizer que seja bom ou ruim. Saturno "forte" é severo, ao passo que Saturno "fraco" é sempre duro, porém justo.

SATURNO EM ÁRIES

Você demora a sair do ponto de largada, mas não é por opção: atrasos inesperados o prejudicam desde a infância. Talvez tenha sido um bebê que demorou muito para falar, tido problemas de saúde ou precisado repetir um ano na escola quando era criança. Quaisquer que possam ter sido os impedimentos iniciais, desde então você tem brincado de correr atrás. Ver a luz ficar vermelha quando todos os outros recebem sinal verde é desanimador. De que adianta competir se você está sempre levando uma rasteira? Saturno está em queda em Áries, o que significa que seu maior medo é que as coisas terminem antes de começar. E, se resolver sair da corrida, é exatamente isso que vai acontecer. A solução é escolher suas corridas com sabedoria. Você sabe que não nasceu para a velocidade, então esqueça os 100 metros rasos e inscreva-se nas maratonas. Saturno em Áries lhe dá resistência, força e a capacidade de se superar quando a linha de chegada estiver à vista. Nada melhor para virar noites, manter a determinação, apesar dos obstáculos, e entregar no final. Saturno em Áries...

... sobrecarrega: quem tem Sol em Áries, com falsos inícios e fins prematuros.

... exaspera: quem tem Sol em Touro e Sol em Peixes, porque não os deixa desistir de uma briga.

... alia-se a: quem tem Sol em Gêmeos e Sol em Aquário, quando os faz persistir até o fim.

... frustra: quem tem Sol em Câncer e Sol em Capricórnio, quando não assume a responsabilidade de fazer o que precisa ser feito, por mais difícil que seja.

... orienta: quem tem Sol em Leão e Sol em Sagitário, pois os faz se levantar quando são derrubados.

... é uma incógnita com: quem tem Sol em Virgem e Sol em Escorpião, porque não conseguem vencer se estiverem perdendo. Às vezes, isso é bom, porque acabam avançando; às vezes, é ruim, porque, para cada três passos adiante, há dois passos para trás.

... opõe-se a: quem tem Sol em Libra. Você vê os outros como se fossem portas fechadas. Quando Saturno está em oposição a seu Signo Solar, você não se conecta de forma natural à energia dele, o que implica que sempre será posto à prova enquanto não conseguir estabelecer essa conexão. Sua maior provação é bater à porta; librianos odeiam dar o primeiro passo, mas podem acabar envelhecendo de tanto esperar que os outros o façam. Se alguém responder, ótimo! Você já sabe que vai entrar. E se não houver resposta? Então, siga em frente, pois não há nenhuma razão para ficar do lado de fora de uma porta fechada se não houver ninguém do outro lado.

SATURNO EM TOURO

A negação é um mecanismo de sobrevivência. Sem esse mecanismo, não poderíamos agir. Precisamos nos esquecer de que cada dia nos aproxima do fim; senão, ficaremos paralisados pelo medo. As ansiedades dominam as horas de vigília da maioria das pessoas, mas não as suas. O fato de poder tirar tudo isso da mente e continuar fazendo o que faz todos os dias é prova de sua capacidade de erguer muralhas que isolam e protegem seu próprio cantinho do mundo. É isso que faz de você o rochedo de Gibraltar favorito de todos. E também o torna exasperante de modo quase incrível quando sua resposta-padrão a uma crise é agir como se nada tivesse acontecido. É verdade que você tem dificuldade em reconhecer quando a situação está além de sua experiência ou de sua capacidade, mas o faz porque acredita em normalizar situações fora de controle. Basta esperar um pouco para que a tempestade volte ao antigo *status* de copo d'água. Costumam dizer que quem a tudo nega é tolo, mas você sabe que quem em tudo crê é ingênuo. Saturno em Touro...

... sobrecarrega: quem tem Sol em Touro, por causa da ansiedade financeira.

... exaspera: quem tem Sol em Áries e Sol em Gêmeos, porque faz economia de centavos.

... alia-se a: quem tem Sol em Câncer e Sol em Peixes, quando faz um balanço da situação.

... frustra: quem tem Sol em Leão e Sol em Aquário, quando empaca em um ponto de discórdia e se recusa a discuti-lo.

... orienta: quem tem Sol em Virgem e Sol em Capricórnio, quando se concentra nos aspectos fundamentais das coisas.

... é uma incógnita com: quem tem Sol em Libra e Sol em Sagitário, porque almeja ter garantias de antemão. Às vezes, isso é bom, porque esses signos tendem muito a tomar as coisas na base da confiança; às vezes, é ruim, porque nem todas as situações podem ser garantidas.

... opõe-se a: quem tem Sol em Escorpião. Você vê os outros como se fossem ônus financeiros. Quando Saturno está em oposição a seu Signo Solar, você não se conecta de modo natural à energia dele, o que implica que sempre será testado enquanto não conseguir estabelecer essa conexão. Sua maior prova é examinar suas motivações. Por que financiar alguém que ganha menos que você? É para ajudar essa pessoa ou fomentar a dependência e impedi-la de ir embora? Se vai apoiar alguém no âmbito financeiro, então é preciso que esse apoio seja oferecido sem condições. No entanto, se não for assim, quanto antes você fechar a carteira, melhor.

SATURNO EM GÊMEOS

Saturno é o planeta dos desvios e atrasos, porém não há posicionamento em que ele seja mais confuso que em Gêmeos. Pense nisso como uma versão cósmica do GPS que começa a pifar: entende mal os comandos e recalcula a rota toda vez que você está quase chegando ao destino. Saturno é inimigo declarado das respostas fáceis; sabe que, quanto mais pressa se tiver para alinhavar soluções, mais rápido essas soluções cairão por terra, em geral com consequências desastrosas. Você pode ter medo de deixar que as oportunidades lhe escapem pelos dedos se não as agarrar logo, mas será que elas de fato valem a pena se acabarem custando-lhe caro no fim? Sim, é tediosa essa insistência de seu Saturno em seguir sempre o caminho mais longo, mas é melhor prevenir que remediar. Saturno em Gêmeos...

... sobrecarrega: quem tem Sol em Gêmeos, com novas dúvidas e tentativas de adivinhar o que vai acontecer.

... exaspera: quem tem Sol em Touro e Sol em Câncer, quando os faz pensar demais.

... alia-se a: quem tem Sol em Áries e Sol em Leão, quando traça planos passo a passo.

... frustra: quem tem Sol em Virgem e Sol em Peixes, quando se opõe só para contrariar.

... orienta: quem tem Sol em Libra e Sol em Aquário, ensinando-lhes a conversar, não apenas a falar.

... é uma incógnita com: quem tem Sol em Escorpião e Sol em Capricórnio, porque os torna muito precisos. Às vezes, isso é bom, porque assim eles nunca serão contestados; às vezes, é ruim, porque os torna intransigentes com qualquer erro.

... opõe-se a: quem tem Sol em Sagitário. Você vê os outros como céticos teimosos. Quando Saturno está em oposição a seu Signo Solar, você não se conecta de jeito natural à energia dele, e isso o leva a não conseguir estabelecer uma conexão. Sua maior provação é conquistar as pessoas. Como sagitariano, você vai querer impressionar os críticos, mas esse não é o caminho a seguir. Isso só os tornará mais arrogantes. Tente questionar e conversar mais. Talvez você consiga não apenas perceber o ponto de vista deles como também descobrir que algumas de suas reservas são válidas.

SATURNO EM CÂNCER

Às vezes, as pessoas são *tão* carentes... Sempre pedindo amor e segurança e choramingando ou dando chiliques quando não conseguem obter o que desejam. É difícil ser o único adulto numa sala repleta de pirralhos malcriados. Você inspira nas pessoas tanta confiança que elas o escolhem para ser sua âncora emocional. Enquanto se mantiver centrado e imperturbável, elas sabem que tudo dará certo. Mas, então, quem vai cuidar de você? Quem lhe estenderá a mão no escuro? Necessidade e carência são coisas assustadoras não porque você não goste de se sentir vulnerável, mas, sim, porque a carência implica confiar em outra pessoa – só que você acha que não haverá ninguém que se disponha a vir em seu auxílio. Em Câncer, Saturno está em detrimento, o que significa que você se fecha na hora de verbalizar suas necessidades. O medo de se decepcionar é tamanho que você prefere não criar problemas a ninguém. Como os outros podem saber o que está acontecendo se você não falar nada? Dê-lhes a chance de corresponder às expectativas e verá que estão mais dispostos do que você imaginava. Saturno em Câncer...

... **sobrecarrega:** quem tem Sol em Câncer, com grandes responsabilidades.

... **exaspera:** quem tem Sol em Gêmeos e Sol em Leão, porque não os deixa ignorar nenhuma obrigação.

... **alia-se a:** quem tem Sol em Touro e Sol em Virgem, por dar um toque pessoal a tudo o que fazem.

... **frustra:** quem tem Sol em Áries e Sol em Libra, quando impede seu progresso.

... **orienta:** quem tem Sol em Escorpião e Sol em Peixes, quando faz o que precisa ser feito, apesar da animosidade e do que possa ter acontecido no passado.

... é uma incógnita com: quem tem Sol em Sagitário e Sol em Aquário, quando os faz deixar de intervir de forma deliberada. Às vezes, isso é bom, porque os induz a incentivar os outros a tomar as próprias decisões; às vezes, é ruim, quando os torna ausentes demais.

... opõe-se a: quem tem Sol em Capricórnio. Você acha que os outros são indisponíveis no âmbito emocional. Quando Saturno está em oposição a seu Signo Solar, você não se conecta de modo natural à energia dele, o que implica que sempre será testado enquanto não conseguir estabelecer uma conexão. Sua maior prova é estar presente. E isso não significa que precise se tornar uma máquina de apoio emocional. Basta ser quem você é: carinhoso quando amar, irritado quando sentir raiva e lamentoso quando estiver triste. Do ponto de vista emocional, quanto mais à vontade na própria pele você estiver (o que já é um exagero para um capricorniano), mais o outro se abrirá.

SATURNO EM LEÃO

Você receia nunca conseguir se tornar a pessoa que nasceu para ser. Talvez as expectativas sejam elevadas demais ou sua história pessoal tenha demasiadas promessas quebradas e esperanças frustradas. A vida lhe deu uma série de golpes terríveis, e o fato de ainda estar em pé comprova sua força e sua resistência. Você recebe isso como distintivo de honra. No entanto, "ainda estar em pé" não substitui o fato de ter uma vida roubada. É tentador deixar que os arrependimentos o definam e culpar as circunstâncias pelos bloqueios a cada esquina, mas isso só lhe faria se afastar de quem você é, e essa é uma humilhação com a qual você não consegue conviver. Você pode achar que é tarde demais para reinvestir em um talento ou reavaliar uma escolha, porém isso não significa que não possa cultivar o talento de outros nem ajudá-los a aproveitar, ao máximo, as escolhas que não estavam disponíveis a você. É possível que não se torne a pessoa que você acha que deveria ser, mas nada o impede de se tornar essa pessoa para outros. Saturno em Leão...

... sobrecarrega: quem tem Sol em Leão, por torná-lo consciente da atenção que desperta de forma exagerada e penosa.

... exaspera: quem tem Sol em Câncer e Sol em Virgem, porque os faz achar que os outros falam deles pelas costas.

... alia-se a: quem tem Sol em Gêmeos e Sol em Libra, quando lhes dá exemplo pessoal.

... frustra: quem tem Sol em Touro e Sol em Escorpião, quando lhes mina a confiança.

... orienta: quem tem Sol em Áries e Sol em Sagitário, quando os faz agir com ética e nobreza.

... é uma incógnita com: quem tem Sol em Capricórnio e Sol em Peixes, porque os leva a invejar as conquistas alheias. Às vezes, isso é bom, porque estudar o desempenho de um concorrente os ajuda a melhorar o próprio desempenho; às vezes, é ruim, porque podem acabar se esquecendo daquilo que os torna especiais.

... opõe-se a: quem tem Sol em Aquário. Você vê os outros como crianças feridas. Quando Saturno está em oposição a seu Signo Solar, você não se conecta de modo natural à energia dele, o que implica que sempre será testado enquanto não conseguir estabelecer essa conexão. Sua maior prova é reconhecer o sofrimento deles. Ajude-os a entender que nem todo desentendimento é causado por eles, nem todo *não* significa rejeição e nem toda decepção precisa desencadear traumas de infância. Só não seja rígido demais na abordagem para evitar ignorar a legitimidade das lutas deles.

SATURNO EM VIRGEM

Você não é bom em despedidas. Mesmo sabendo que vai voltar a ver alguém em breve, continua inventando coisas de última hora para dizer, uma pergunta que não pode esperar ou uma parte que deixou de fora da história. Você sabe que deveria apenas dizer "Até logo!", e pronto. Porém, em vez disso, continua agindo como se estivesse sendo conduzido algemado para fora de um tribunal. As despedidas desencadeiam ansiedade e medo de abandono em nível muito profundo. E também o tornam pegajoso. O pior é que isso é a imagem exata que você *não* pretende transmitir. Tudo isso provém do temor de desaparecer. É por essa razão que você agenda cada minuto de cada dia. Teria medo de desaparecer por completo da vida das pessoas se não tivesse que dar conta de outra reunião ou de outro prazo. A opção mais fácil é concentrar-se nos encontros. Isso o faz ser mais acolhedor e mostrar-se alegre por reencontrá-las de maneira genuína. Além disso, o estimula a relaxar e a aproveitar os momentos que tanto se preocupa em não perder. Saturno em Virgem...

... sobrecarrega: quem tem Sol em Virgem, por ser difícil de agradar.

... exaspera: quem tem Sol em Leão e Sol em Libra, quando se concentra no que não está funcionando, em vez de concentrar-se no que está fluindo.

... alia-se a: quem tem Sol em Câncer e Sol em Escorpião, pois presta atenção nos pequenos detalhes que importam.

... frustra: quem tem Sol em Gêmeos e Sol em Sagitário, porque se prende a minúcias e especificidades.

... orienta: quem tem Sol em Touro e Sol em Capricórnio, pois constrói casos sólidos.

... é uma incógnita com: quem tem Sol em Áries e Sol em Aquário, porque está sempre inventando planos de contingência. Às vezes, isso é bom, porque nunca os deixa ser pegos de surpresa; às vezes, é ruim, porque complica as coisas sem necessidade – por exemplo, quando criam planos de contingência para seus planos de contingência.

... opõe-se a: quem tem Sol em Peixes. Você acha que os outros são muito exigentes. Quando Saturno está em oposição a seu Signo Solar, você não se conecta de jeito natural à energia dele, o que implica que sempre será testado enquanto não conseguir estabelecer essa conexão. Sua maior provação é ter de trabalhar com essas pessoas. Sim, elas podem fazer exigências impossíveis e ser uma praga na vida de todo mundo, mas isso não significa que não tenham conhecimentos valiosos para transmitir. Não deixe que o mestre se coloque na frente do assunto que está sendo ensinado.

SATURNO EM LIBRA

Você testa as pessoas. É esperto, observador atento e sempre consegue inventar novas maneiras de fazê-las demonstrar como se sairiam em determinadas situações. Você não faz isso para torturá-las. Até sente empatia por elas e lhes deseja tudo de bom, mas tem compromisso com o processo, e é por isso que coloca uma pessoa contra a outra, estuda seu desempenho sob pressão e espera que as falhas – ou os méritos – se revelem. Saturno é exaltado em Libra, o que significa que tem o máximo de prudência e imparcialidade em seu horóscopo. Pode ter certeza de que seu veredito final será preciso e definitivo. O único problema é que talvez você nunca chegue a proferi-lo. Você tem tanto medo de fazer a escolha errada que pode acabar não fazendo escolha nenhuma. Testar é bom se você souber quais são as respostas. No entanto, se não souber, apenas fará um teste após o outro. As escolhas são como as cartas distribuídas num jogo; podem ser boas ou ruins, mas é melhor jogar o que está na mão em vez de esperar que apareça algo melhor. Saturno em Libra...

... sobrecarrega: quem tem Sol em Libra, por ser seletivo demais.

... exaspera: quem tem Sol em Virgem e Sol em Escorpião, pois não consegue tomar uma decisão definitiva.

... alia-se a: quem tem Sol em Leão e Sol em Sagitário, por ser justo.

... frustra: quem tem Sol em Câncer e Sol em Capricórnio, pois insiste em ser transparente.

... orienta: quem tem Sol em Gêmeos e Sol em Aquário, pois insiste em aderir às regras, por mais que queiram burlá-las.

... é uma incógnita com: quem tem Sol em Touro e Sol em Peixes, porque ambos os signos se acasalam para a vida toda. Às vezes, isso é bom, quando escolhem o parceiro certo; às vezes, é ruim, quando isso não acontece.

... opõe-se a: quem tem Sol em Áries. Você vê os outros como condescendentes. Quando Saturno está em oposição a seu Signo Solar, você não se conecta de modo natural à energia dele, o que implica que sempre será testado enquanto não conseguir estabelecer essa conexão. Sua maior provação é tentar melhorar a si mesmo. A primeira atitude pode ser menosprezar o elitismo alheio. Porém, não há como negar que, apesar de toda a afetação, os outros podem ser cultos e sofisticados. É preciso ter um tipo especial de coragem para deixar de lado as inseguranças e aspirar a alcançar esse nível, mas quem sabe? Você pode gostar da vista de lá de cima.

SATURNO EM ESCORPIÃO

Não há nada errado com a vida em uma gaiola dourada se ela vier com tudo que o dinheiro pode comprar. As pessoas falam sobre o que fazem por amor e que nunca deixarão de lutar para realizar seus sonhos, mas o que isso lhes traz, no fim? Coração partido e dívida no cartão de crédito. Como você sabe disso? Você já esteve lá, conhece a situação. No entanto, a decepção não precisa deixá-lo amargurado. Pode deixá-lo esperto. A vida fica muito mais fácil quando você aprende a aceitar um *não* como resposta. Ele reajusta seu olhar para que você possa fazer escolhas mais sábias. Como? Mirando-se nos porteiros de locais badalados, por exemplo, que decidem quem entra e quem fica fora. Não é melhor ser alguém que as pessoas tentam impressionar a ser a pessoa que tem de impressionar? Você pode não ser a estrela, mas não há nada errado em representá-la. Seu segredo culposo é o medo de cair na indigência, por isso, às vezes, você até se pergunta se não está se vendendo – isto é, até ver um daqueles sessentões que tocam guitarra e vendem CDs no café local. É nesse momento que você sabe que fez bem. Saturno em Escorpião...

... sobrecarrega: quem tem Sol em Escorpião, com seu ceticismo calejado.

... exaspera: quem tem Sol em Libra e Sol em Sagitário, por não acreditar em "felizes para sempre".

... alia-se a: quem tem Sol em Virgem e Sol em Capricórnio, pois separa fatos de sentimentos.

... frustra: quem tem Sol em Leão e Sol em Aquário, quando os faz se retrair.

... orienta: quem tem Sol em Câncer e Sol em Peixes, porque fala a verdade de forma crua, por mais sombria ou penosa que seja.

... é uma incógnita com: quem tem Sol em Áries e Sol em Gêmeos, porque os torna insistentes. Às vezes, isso é bom, porque não deixa ninguém se safar de nada; às vezes, é ruim, porque exatidão em excesso é muito sufocante.

... opõe-se a: quem tem Sol em Touro. Você vê os outros como manipuladores emocionais. Quando Saturno está em oposição a seu Signo

Solar, você não se conecta de jeito natural à energia dele, o que implica que sempre será testado enquanto não conseguir estabelecer essa conexão. Sua maior prova é confrontá-los a respeito. Você precisa ser objetivo e direto quando achar que os outros estão sendo dissimulados ou tentando fazê-lo se sentir culpado para induzi-lo a fazer o que querem. Pode parecer uma agressão, mas é provável que estejam encobrindo feridas psicológicas profundas. Quanto antes puder descobrir o que os aflige, mais cedo saberá se quer ou não manter essas pessoas em sua vida.

SATURNO EM SAGITÁRIO

Não se pode ter fé sem ter dúvida. Fé é aquela confiança injustificada em que alguém acabará tomando a decisão certa, a justiça prevalecerá ou as coisas darão certo no final. Quando você tem Saturno em Sagitário, sua fé é testada o tempo todo. Planeta de dilemas e problemas, Saturno o coloca em situações nas quais não há respostas fáceis e o obriga a decidir sozinho se o próximo passo é certo ou não. Crenças, por outro lado, são conclusões antecipadas; não gostam de ser abaladas. E não importa quantas vezes sejam desmentidas ou expostas, apenas continuarão a suscitar novas razões e novas justificativas. As crenças destinam-se a ser reforçadas – visam banir a dúvida. Porém, a dúvida é o que estimula a fé. Sem as situações que nos levam à beira do abismo, jamais daríamos o salto para os braços de um universo que se move de maneiras estranhas e misteriosas. O teste desperta a fé e a alimenta, até que se transforme em chama. Saturno em Sagitário...

... sobrecarrega: quem tem Sol em Sagitário, com rígido sistema de crenças.

... exaspera: quem tem Sol em Escorpião e Sol em Capricórnio, porque os torna ainda mais críticos do que já são.

... alia-se a: quem tem Sol em Libra e Sol em Aquário, pois lhes confere um viés filosófico.

... frustra: quem tem Sol em Virgem e Sol em Peixes, quando introduz dilemas morais.

... orienta: quem tem Sol em Áries e Sol em Leão, pois desperta seu interesse em ler, informar-se e aprender.

... é uma incógnita com: quem tem Sol em Touro e Sol em Câncer, porque os torna devotos. Às vezes, isso é bom, porque os torna dedicados à causa; às vezes, é ruim, quando os torna intolerantes a pontos de vista diferentes dos seus.

... opõe-se a: quem tem Sol em Gêmeos. Você vê os outros como dogmáticos. Quando Saturno está em oposição a seu Signo Solar, você não se conecta de modo natural à energia dele, o que implica que sempre será testado enquanto não conseguir estabelecer essa conexão. Sua maior prova é redirecionar a conversa. Confraternizar com pessoas cujas visões políticas e/ou religiosas são opostas às suas pode não ser fácil, mas é possível. Concentre-se nas coisas que vocês têm em comum e construirá confiança, respeito e camaradagem. Cada um tem suas diferenças, mas você tem o dom de encontrar maneiras construtivas de superá-las.

SATURNO EM CAPRICÓRNIO

Nada faz o sangue gelar mais que escutar alguém dizendo que o chefe quer vê-lo. Isso o faz se lembrar, de imediato, do dia em que foi chamado à sala do diretor da escola. E não importa quanto ganhe nem quanto sucesso tenha hoje; essa sensação de pavor nunca desaparece. Mas, afinal, quantas vezes você, de fato, se viu em apuros? É provável que possa contá-las nos dedos de uma mão. Saturno está em Capricórnio, o que significa que, mais cumpridor da lei que você, impossível. Então, por que o suor frio? Culpa. Simples assim.

A culpa está tão entremeada ao cilício* de Capricórnio que você nem precisa fazer mal algum. Só sabe que está errado. No entanto, por mais paradoxal que possa parecer, é esse medo de estar em apuros que o leva a subir na escala corporativa para nunca mais ter de dar satisfações a ninguém. Um dia, você estará sentado no escritório do chefe, para o qual os outros serão chamados, e tomara que, nesse dia, você os trate com o mesmo respeito e a mesma sensibilidade que gostaria de ter sido tratado. Saturno em Capricórnio...

... sobrecarrega: quem tem Sol em Capricórnio, com dúvidas sobre si mesmo.

... exaspera: quem tem Sol em Sagitário e Sol em Aquário, quando é sarcástico.

... alia-se a: quem tem Sol em Escorpião e Sol em Peixes, pois lhes confere gosto seletivo.

... frustra: quem tem Sol em Áries e Sol em Libra, com medo avassalador de fracassar.

... orienta: quem tem Sol em Touro e Sol em Virgem, pois racionaliza sua abordagem.

... é uma incógnita com: quem tem Sol em Gêmeos e Sol em Leão, pois os torna sarcásticos. Às vezes, isso é bom, porque esses dois signos sabem qual é a hora certa de fazer uma piada; às vezes, é ruim, quando não assumem a responsabilidade pelas mágoas que causam.

---

* Cilício era uma antiga veste, ou uma faixa feita de crina de cavalo, ou confeccionada com algum pano grosseiro e áspero, usada sobre a pele como penitência; também podia ser um cinto, ou um cordão eriçado de cerdas, ou correntes de ferro, cheio de pontas, com que os penitentes cingiam o corpo direto sobre a pele. No entanto, aqui, teria sentido metafórico, simbólico, de sacrifício ou mortificação a que alguém se sujeita de forma voluntária. (N. da P.)

... opõe-se a: quem tem Sol em Câncer. Você vê os outros como mesquinhos. Quando Saturno está em oposição a seu Signo Solar, você não se conecta de modo natural à energia dele, o que implica que sempre será testado enquanto não conseguir estabelecer essa conexão. Sua maior provação é ser gentil. Isso não vai dar certo com quem se deleita em jogar areia no brinquedo alheio. Por ironia, essas pessoas vão considerá-lo desmancha-prazeres. No entanto, seu bom exemplo vai prevalecer para que elas se comportem com mais compaixão ou, pelo menos, sintam um pouco de vergonha quando se regozijarem com os infortúnios dos outros.

SATURNO EM AQUÁRIO

Talvez as pessoas pensem que você nunca se importa com nada. Isso é desconcertante, tendo em vista todas as causas que você defende e o tempo que investe nelas. Ninguém trabalha de modo tão incansável quanto você para promover mudanças sociais verdadeiras e significativas. Apesar disso, de algum modo, parece que os outros não estão convencidos de que você fala a sério e suspeitam de que, na verdade, você não seja um deles. Em Aquário, um signo intelectual demais, Saturno está em domicílio. Você é sistemático e lógico, e sua maneira de apresentar as coisas lhe dá ar de médico diante do paciente digno de um Vulcano. Você tem um modo de ser que os outros veem como... superior. Pode ter sido ridicularizado por causa disso quando era jovem, e, desde então, essa sensação de não pertencimento o acompanha. Muitas vezes, as pessoas acham que Aquário é um signo rebelde. Aquário não é rebelde. Na verdade, é bem focado em construir consensos – só que os "consensos" nunca incluem Aquário de um jeito completo. É porque existe alguma coisa na energia aquariana que não agrada às pessoas, pois elas a entendem de maneira equivocada. Por sorte, o tempo é generoso com você. Você pode iniciar a vida pensando que nunca se enquadrará e, depois, descobrir, ao longo dos anos, que seu *status* de *outsider* se torna, de modo justo, o que as pessoas mais valorizam e respeitam. Saturno em Aquário...

... sobrecarrega: quem tem Sol em Aquário, porque o torna abstrato demais.

... exaspera: quem tem Sol em Capricórnio e Sol em Peixes, quando se desconecta.

... alia-se a: quem tem Sol em Áries e Sol em Sagitário, quando os faz se preparar com as informações mais recentes.

.... frustra: quem tem Sol em Touro e Sol em Escorpião, quando é austero demais.

... orienta: quem tem Sol em Gêmeos e Sol em Libra, quando os faz terminar o que começaram sem se esquecer de amarrar as pontas soltas.

... é uma incógnita com: quem tem Sol em Câncer e Sol em Virgem, por acreditar que todas as pessoas são criadas em pé de igualdade. Às vezes, isso é bom, porque ele não deixa que os ególatras roubem toda a atenção; às vezes, é ruim, porque não elogia quem se sobressai por medo de negligenciar outros. O resultado é que ninguém se sente especial.

... opõe-se a: quem tem Sol em Leão. Você enxerga os outros como se fossem indiferentes. Quando Saturno está em oposição a seu Signo Solar, você não se conecta de jeito natural à energia dele, o que implica que sempre será testado enquanto não conseguir estabelecer essa conexão. Sua maior prova é tentar aquecê-los. Ninguém é melhor em honrar os próprios sentimentos e expressá-los que um leonino. Você é como uma fogueira que convida os demais a se sentar a seu lado. Sua natureza descontraída faz os que vivem dentro da própria cabeça passarem algum tempo no próprio coração.

SATURNO EM PEIXES

Você pode não ter sido deixado na porta da igreja quando era recém-nascido, mas, com certeza, tem essa sensação. E não importa se recebeu milhões de beijos e abraços a vida toda, sempre se sentiu indesejado. Talvez tenha vindo ao mundo num momento em que seus pais passavam por um momento difícil ou sido criado pelos avós. Essa sensação de ser um fardo jamais o abandonou, e é por isso que você faz questão de não se tornar um. Você paga sua parte – assim como a dos outros – porque não quer ser considerado ingrato nem explorador. Infelizmente, isso não impede que outros o explorem. Você nunca foi de chafurdar em autocomiseração, embora tenha vivido dificuldades que o justificariam. Nada lhe dá mais raiva que ver alguém bancar a vítima; você parte para o ataque, ridicularizando-o e detectando incoerências em sua história. Isso provoca reações emocionais violentas, porque essa dor é falsa, enquanto a sua é verdadeira. No entanto, eles estão fazendo algo que você deveria estar fazendo, que é falar. Ninguém vai saber que está sofrendo por dentro se você se calar. Saturno em Peixes...

... sobrecarrega: quem tem Sol em Peixes, com negação excessiva dos próprios desejos.

... exaspera: quem tem Sol em Áries e Sol em Aquário, quando os torna autossabotadores.

... alia-se a: quem tem Sol em Touro e Sol em Capricórnio, pois consegue perseverar a despeito de danos e adversidades.

... frustra: quem tem Sol em Gêmeos e Sol em Sagitário, quando é modesto demais.

... orienta: quem tem Sol em Câncer e Sol em Escorpião, porque nunca vai deixar de se importar com os outros.

... é uma incógnita com: quem tem Sol em Leão e Sol em Libra, porque os faz perseverar com paciência. Às vezes, isso é bom, porque lhes confere paciência de Jó; às vezes, é ruim, porque nem sempre conseguem distinguir humildade de humilhação.

... opõe-se a: quem tem Sol em Virgem. Você vê os outros como masoquistas. Quando Saturno está em oposição a seu Signo Solar, você não se conecta de modo natural à energia dele, o que implica que sempre será testado enquanto não conseguir estabelecer essa conexão. Sua maior dificuldade é ser mais compreensivo. Virginianos têm medo de ser usados e abusados e acham que só um tolo não estabelece limites pessoais. Porém, a vida nem sempre respeita limites e, às vezes, até transborda nossas margens. Você pode não gostar que uma pessoa querida apoie alguém que não merece ou que um amigo volte para uma ex, mas eles fazem isso porque sabem que têm a sorte de não estar nessa mesma situação.

URANO

Urano é o planeta do "que eu não espero". E, com certeza, pegou todos de surpresa quando foi descoberto pelo astrônomo britânico *Sir* William Herschel em março de 1781. Primeiro planeta encontrado desde a Antiguidade, Urano perturbou o *status quo* do nosso sistema solar, razão pela qual foi considerado, pelos astrólogos, o planeta da revolução e da mudança. Vamos deixar bem claro: as mudanças que Urano traz não são pequenos ajustes nem alterações estéticas. Ele não se ocupa de organizar e, depois, reorganizar coisas como se fossem flores em um vaso. Urano é famoso por chutar o tabuleiro do jogo e mandar todas as peças para o espaço. A área em que ele reside em seu horóscopo é sempre de volatilidade e ruptura.

Derrubar o velho para dar lugar ao novo é a missão perfeita para um planeta que foi descoberto no ponto médio entre a Guerra da Independência dos Estados Unidos e a Revolução Francesa. Ambos os conflitos foram alimentados pelo Iluminismo, movimento filosófico que começou nos salões da intelectualidade e acabou ensanguentado nas ruas. O Iluminismo defendia que a liberdade, a democracia e a ciência – não a autoridade absoluta dos reis, da Igreja ou dos ricos – deveriam definir como uma sociedade deve ser governada. E se um governo não reconhece os direitos inalienáveis da vida, da liberdade e da busca da felicidade, como disse Thomas Jefferson, autor da Declaração de Independência, "se qualquer forma de governo se torna destrutiva desses fins, é direito do povo alterá-la ou aboli-la". Essas eram palavras inflamadas na época e continuam a sê-lo agora, como demonstram protestos em massa em todo o mundo. No entanto, Urano em seu horóscopo não significa que, um belo dia, você vai pôr uma máscara como a do conspirador Guy Fawkes e começar a atirar coquetéis Molotov em todas as direções. Urano é o planeta da revolução e da mudança, e as revoluções não são exigentes em relação aos lados políticos. Você pode ser tão revolucionário em sua busca de reformas progressistas quanto em seus esforços conservadores para restabelecer o estado das coisas.

Urano é um planeta peculiar. É o único a orbitar o Sol de forma lateral, o que significa que seus polos norte e sul são onde estariam os equadores dos outros planetas. Isso confere a Urano, girando em seu eixo, a aparência de uma grande roda no céu. Como Saturno, ele também tem anéis.

A Roda da Fortuna é uma boa imagem para termos em mente quando pensamos em Urano. O que está em cima num dia pode estar em baixo no outro, e vice-versa. Urano é uma energia turbulenta e confusa, inimiga de tudo o que é fixo e preso ao chão. Transita em perturbações-surpresa, reviravoltas inesperadas e rudes despertares. É a razão pela qual as pessoas, de repente, abandonam tudo o que construíram, abraçam crenças que antes ridicularizavam ou mudam de orientação sexual mais tarde na vida. Urano sempre vai virar sua vida de cabeça para baixo, mas também pergunta: como você sabe que o lado a que está acostumado é melhor que o que está por vir?

Urano, Netuno e Plutão são conhecidos como planetas "modernos", porque foram descobertos depois de 1781. Os planetas conhecidos até então – Sol, Lua, Mercúrio, Vênus, Marte, Júpiter e Saturno – são os planetas antigos, e Urano, Netuno e Plutão são os modernos.

Os planetas modernos foram batizados em homenagem a divindades que representavam reinos distantes da experiência humana. Urano recebeu o nome dos céus; Netuno, o dos mares; e Plutão, o do submundo – "o país desconhecido", como disse Shakespeare. O Sol, a Lua, Mercúrio e os outros antigos são chamados planetas pessoais, porque descrevem traços psicológicos com os quais podemos nos relacionar, como nossa identidade, nossos sentimentos, nossos processos de raciocínio, e assim por diante, enquanto os planetas modernos são referidos como *trans*pessoais, porque têm qualidade nitidamente impessoal; eles nos conectam a mundos que se situam além do nosso âmbito. Alguns astrólogos atribuem a esses planetas papel fundamental em nossa evolução como espécie, enquanto outros os consideram um caos – elementos radicais jogados no horóscopo com o fim expresso de causar estrago em nossa vida.

Os céus são democráticos. Nosso Sol, a quem honramos e obedecemos, é apenas uma das muitas estrelas do céu noturno. Ecléticos e multifacetados, os céus sempre foram a abóbada onde são guardados ideais sublimes e verdades eternas, para sempre fora de nosso alcance, mas sempre esclarecedores. Essas verdades se dão a conhecer por meio da revelação. Às vezes, chegam com um clarão entre as nuvens e, em outros momentos, são o resultado de um pensamento crítico, uma investigação, uma experimentação ou uma invenção. No entanto, como uma verdade superior é um pino quadrado que, muitas vezes, tentamos enfiar num buraco redondo, é de admirar que ela se revolte? Que nos dê um golpe na cabeça para nos fazer enxergar a luz? É esse o trabalho de Urano em seu mapa: acordá-lo para o fato de que a pintura abstrata que você admira na parede na verdade está pendurada de cabeça para baixo. E, agora que percebeu isso, você precisa fazer tudo o que puder para colocá-la na parede do jeito certo. Urano garante que, de fato, há um grande projeto para o universo, embora não seja frequentemente compreensível para nós.

Urano nem sempre arruína as coisas, porque viaja ao redor do Sol por fora da órbita da Terra, o que significa que pode aparecer em qualquer lugar de seu mapa astral. Pode ser no mesmo signo que o seu ou em um signo completamente oposto.

Urano no mesmo signo que seu Signo Solar **energiza**: ele o desperta e entusiasma.

Urano no signo que antecede ou sucede seu Signo Solar **incomoda**: é como uma mosca que nunca para de zumbir em seu ouvido, questionando suas atitudes e suas decisões.

Urano no signo dois antes ou dois depois de seu Signo Solar **ilumina**: removendo de modo constante tudo aquilo que interfere em sua visão, ele aumenta sua consciência do mundo em que vive.

Urano no signo três antes ou três depois de seu Signo Solar **derruba**: às vezes, rebelde, às vezes, libertador, esse Urano jamais será oprimido ou reprimido.

Urano no signo quatro antes ou quatro depois de seu Signo Solar **instiga**: ele o revigora e anima.

Urano no signo cinco antes ou cinco depois de seu Signo Solar é uma **incógnita**: ele lhe apresenta um monte de curvas, só que nem sempre você sabe se elas são ocorrências felizes ou catastróficas.

Urano no signo a seis de distância de seu Signo Solar é **desconexão total**: você não se identifica em nada com ele, então o que acontece é que ele acaba sendo projetado nos outros, sobretudo nos relacionamentos pessoais ou com parceiros de negócios mais próximos. Você pode achar que é sempre o outro quem é descontrolado, imprevisível e "louco" demais.

E se você tiver Urano retrógrado? Quem tem Urano retrógrado pode passar por oscilações pendulares; em geral, essas pessoas não são tão radicais nas reviravoltas, mas podem ser arbitrárias e intransigentes na mesma medida. Digamos que você tenha passado anos lutando contra uma causa, sem ceder sequer um centímetro e recusando-se a ver as coisas de uma perspectiva diferente. Bem, quando esse pêndulo oscila, você pode abraçar – ou defender – as mesmas causas que antes achava censuráveis. Só que, em vez de atingi-lo do nada como se fosse um raio, essa percepção vai surgindo aos poucos, de modo que as mudanças que você faz são mais graduais e duradouras.

Embora considerado corregente de Aquário, as regras tradicionais de domicílio, detrimento, exaltação e queda não se aplicam a Urano nem aos demais planetas modernos.

URANO EM ÁRIES

Você tem um talento só seu de aparecer em lugares que quem pensa duas vezes evitaria. É como se tivesse uma atração irresistível por conflitos nos quais quem manda está com o pé no pescoço de quem não tem condições de se defender. Talvez sejam executivos que abusam da própria autoridade, um sistema que vem sendo manipulado há anos ou uma mentalidade cultural que precisa de atualização com urgência. Qualquer que seja o caso, você está aqui para fazer algo a respeito. A ironia é que você não estava à procura de briga nenhuma. Não assina embaixo de nenhum código de honra, de nenhum brilhante conjunto de princípios, mas reconhece um erro quando o vê, e é por isso que arregaça as mangas e pula na briga, mesmo que seja do tipo que fala manso e abotoa a camisa até o colarinho. E essa luta o desperta para as coisas que estava perdendo. Ela o alimenta, motiva e educa. E, depois que começa, você nunca mais quer parar; é como o rebelde que, por fim, encontrou a causa certa. Urano em Áries...

... energiza: quem tem Sol em Áries, com a adrenalina liberada por uma mistura de fracassos e sucessos repentinos.

... incomoda: quem tem Sol em Touro e Sol em Peixes, porque não lhes permite ficar calados.

... ilumina: quem tem Sol em Gêmeos e Sol em Aquário, por meio de novas amizades e trabalhos com pessoas que, em geral, não encontrariam.

... derruba: quem tem Sol em Câncer e Sol em Capricórnio, quando atira a cautela ao vento.

... instiga: quem tem Sol em Leão e Sol em Sagitário, quando os faz abalar as coisas.

... é uma incógnita com: quem tem Sol em Virgem e Sol em Escorpião, pois os torna agentes da mudança. Às vezes, isso é bom, porque, depois que começam, eles não param mais; às vezes, é ruim, porque eles não sabem quando devem parar.

... opõe-se a: quem tem Sol em Libra. Você considera os outros irritantes e irracionais. Quando Urano está em oposição a seu Signo Solar, você não se conecta de modo natural à energia dele, o que implica que sempre terá imensas surpresas enquanto não conseguir estabelecer essa conexão. A melhor maneira de aproveitar essa energia é ouvir o que as pessoas têm a dizer. Você pode não concordar com todas as queixas delas, mas, com certeza, haverá um ou dois pontos que valerá a pena considerar.

URANO EM TOURO

A forma como a vida vai mudando as traves de lugar é infalível; não importa quanto você se esforce para acertar, sempre acontece alguma coisa que muda as regras do jogo. Você já desistiu de tentar argumentar com o irracional há muito tempo e passou a confiar na persistência. Não importa quantas vezes tenha sido enganado ou visto altas esperanças caírem por terra, você sempre volta ao início e começa de novo. E o engraçado é que, invariavelmente, descobre alguma maneira de melhorar o que fez antes. A maioria das pessoas se sentiria derrotada se fosse forçada a voltar à estaca zero várias vezes, mas isso o torna mais inventivo, pois o faz analisar para tentar descobrir o que deu errado, explorar as alternativas e testar uma abordagem diferente – ou seja, todas as coisas que você não teria feito se tudo tivesse corrido de acordo com o planejado. Não há como dizer que você fará as pazes com Urano em Touro, mas também não há como negar que a bola vai mais longe no campo a cada recomeço. Urano em Touro...

... energiza: quem tem Sol em Touro, mantendo-o sempre alerta para tudo o que possa acontecer.

... incomoda: quem tem Sol em Áries e Sol em Gêmeos, porque subverte seus planos mais bem definidos.

... ilumina: quem tem Sol em Câncer e Sol em Peixes, quando introduz um toque novo a uma situação familiar.

... derruba: quem tem Sol em Leão e Sol em Aquário, quando, de repente, tudo dá errado e entra em colapso.

... instiga: quem tem Sol em Virgem e Sol em Capricórnio, pois nunca os deixa aferrar-se a velhos hábitos.

... é uma incógnita com: quem tem Sol em Libra e Sol em Sagitário, quando apresenta situações de modo novo. Às vezes, isso é bom, porque os faz ver o mundo de outra maneira; às vezes, é ruim, porque nem sempre eles conseguem dizer como será o fim.

... opõe-se a: quem tem Sol em Escorpião. Você vê os outros como se fossem tensos e perniciosos. Quando Urano está em oposição a seu Signo Solar, você não se conecta de modo natural à energia dele, o que implica que sempre terá surpresas tremendas enquanto não conseguir estabelecer essa conexão. A melhor maneira de aproveitar essa energia é parar de tentar declarar guerra contra alguém que não quer guerrear. Você é como o cachorro é para o gato; então, não persiga as pessoas, não meta o focinho na vida delas nem fique latindo para elas. Siga esses passos simples e deixe que elas se aproximem de você quando assim o desejarem.

URANO EM GÊMEOS

Você acredita na liberdade de expressão e a exerce de forma vigorosa todos os dias. É tão capaz de queimar uma bandeira quanto de erguer uma cruz em propriedade pública, e pode até fazer as duas coisas ao mesmo tempo só para marcar território. Talvez digam que você só faz essas coisas para provocar todo mundo, mas sua intenção é sincera; você quer fazer as pessoas falarem. Acredita que a saúde de uma sociedade se mede pelo livre fluxo das ideias que circulam nela, inclusive aquelas que não agradam às pessoas. Pode não concordar com o que está sendo dito, mas vai defender o direito de todos os que quiserem dizê-lo, porque sabe que, se esse direito for bloqueado, não haverá como dizer que outras ideias "inaceitáveis" também serão bloqueadas. É uma luta solitária que, muitas vezes, o leva a discussões de bar, mas é uma luta da qual você não vai desistir. Polêmica e convenção sempre ficam uma diante da outra na gangorra em que se assentam, mas você precisa de ambas. Urano em Gêmeos...

... energiza: quem tem Sol em Gêmeos, com experiências reveladoras.

... incomoda: quem tem Sol em Touro e Sol em Câncer, quando aborda o único tema que não deveria ser abordado.

... ilumina: quem tem Sol em Áries e Sol em Leão, quando liga os pontos.

... derruba: quem tem Sol em Virgem e Sol em Peixes, quando puxa o tapete em que eles estão pisando.

... instiga: quem tem Sol em Libra e Sol em Aquário, quando os faz ver sinais de que algo ruim pode acontecer.

... é uma incógnita com: quem tem Sol em Escorpião e Sol em Capricórnio, porque os estimula a interpretar o advogado do diabo. Às vezes, isso é bom, porque eles são especialistas em expor falhas no raciocínio das pessoas; às vezes, é ruim, porque brigar por brigar é um processo que pode destruir algo valioso.

... opõe-se a: quem tem Sol em Sagitário. Você vê os outros como controversos ou causadores de problemas. Quando Urano está em oposição a seu Signo Solar, você não se conecta de jeito natural à energia dele, o que implica que sempre terá surpresas tremendas enquanto não conseguir estabelecer essa conexão. A melhor maneira de aproveitar essa energia é levar a sério o que os outros estão dizendo. Talvez não compartilhem de suas preocupações morais – na verdade, alguns dos argumentos que defendem soam como colocar armas de fogo nas mãos de crianças –, mas as ideias deles são mais bem pensadas que o crédito que você lhes atribui.

URANO EM CÂNCER

Nem todas as revelações são baseadas em descobertas. Algumas são sentimentos desanimadores que você tem quando descobre que cometeu um erro terrível. As rodas giram para a frente com a mesma facilidade com que giram para trás, e quem tem Urano em Câncer é impulsionado pela necessidade de fazer as coisas voltarem a ser como eram antes. É a premissa de inúmeros programas de viagem no tempo, e se você já assistiu a algum deles sabe que as novas versões de versões anteriores fracassadas só pioram as coisas. Então, como consertar o que deu errado? Invoque sua fé no universo e deixe os acontecimentos se desenrolarem por conta própria. *Revolução* não significa apenas derrubar governos; também se refere à órbita que um planeta faz ao redor do Sol, às coisas que se aproximam do círculo completo. Quando você tem Urano em Câncer, muitas vezes termina onde começou, mas a diferença é que você está mais sábio, graças à experiência. Urano em Câncer...

... energiza: quem tem Sol em Câncer, com apelos para a conscientização de uma situação ou de um comportamento.

... incomoda: quem tem Sol em Gêmeos e Sol em Leão, porque não há como se arrepender do que já está feito.

... ilumina: quem tem Sol em Touro e Sol em Virgem, pois lhes mostra como renovar o que é antigo.

... derruba: quem tem Sol em Áries e Sol em Libra, quando destrói as coisas.

... instiga: quem tem Sol em Escorpião e Sol em Peixes, quando os empurra para fora do ninho para que voem por conta própria.

... é uma incógnita com: quem tem Sol em Sagitário e Sol em Aquário, porque o passado não tem volta. Às vezes, isso é bom, porque o lar da infância pode não ter sido tão bom; às vezes, é ruim, porque pode transformá-los em pedras rolantes que não criam musgo.

... opõe-se a: quem tem Sol em Capricórnio. Você sempre acha que os outros o abandonaram. Quando Urano está em oposição a seu Signo Solar, você não se conecta de modo natural à energia dele, o que implica que sempre terá surpresas tremendas enquanto não conseguir estabelecer essa conexão. A melhor maneira de aproveitar essa energia é não apertar com força demais. Permita que as pessoas conquistem seu espaço. Talvez a ideia de deixá-las entrar e sair quando bem quiserem lhe pareça assustadora. No entanto, você verá que, em vez de ir embora, elas desejarão sentar-se e ficar à vontade.

URANO EM LEÃO

Você não sabe quem é ou o que é; às vezes, duvida de que algum dia conseguirá saber. Agora, isso não quer dizer que tenha baixa autoestima nem que esteja confuso ou perdido. Ao contrário, você demonstra ter opiniões sólidas e é bastante contundente. Isso significa que há espaço aberto onde deveria haver ego, e você gosta disso. O ego é uma coisa tão limitada ... Você é muito mais que rótulos e expectativas. É pura energia! E está aqui para despertar as pessoas para sua força interior. Urano em Leão o torna catalisador de mudanças. Ninguém consegue animar, inspirar e motivar como você. Porém, o que não é tão bom no fato de ter Urano em Leão é não se responsabilizar pelas más decisões e até se irritar com as pessoas quando as grandes transformações que você prometeu não se materializaram na vida delas. É quase como se *elas* estivessem decepcionando *você*. Você pode ser pura energia e também culpar a falta de fé, de paixão ou de iniciativa dos outros, mas, enquanto não partir dessa para melhor, ainda será um ser humano como todos nós. E talvez seja isso que tenha procurado desde sempre. Urano em Leão...

... energiza: quem tem Sol em Leão, com lampejos de percepção.

... incomoda: quem tem Sol em Câncer e Sol em Virgem, quando se irrita e fica mal-humorado.

... ilumina: quem tem Sol em Gêmeos e Sol em Libra, com coincidências que não são meras coincidências.

... derruba: quem tem Sol em Touro e Sol em Escorpião, pois não tem paciência para ouvir besteiras.

... instiga: quem tem Sol em Áries e Sol em Sagitário, pois os torna uma força que é melhor não ignorar.

... é uma incógnita com: quem tem Sol em Capricórnio e Sol em Peixes, pois os torna uma espécie de curinga. Às vezes, isso é bom, porque mantém os outros na dúvida; às vezes, é ruim, porque nem eles sabem o que vão fazer em seguida.

... opõe-se a: quem tem Sol em Aquário. Você acha que os outros são descontrolados. Quando Urano está em oposição a seu Signo Solar, você não se conecta de modo natural à energia dele, o que implica que sempre terá surpresas tremendas enquanto não conseguir estabelecer essa conexão. A melhor maneira de aproveitar essa energia é desacelerá-la. Você nasceu sob o signo de Aquário, por isso pode se mover, quando quiser, em ritmo glacial. Isso ameniza a loucura, baixa a temperatura na sala e faz os outros darem um passo a trás e respirar fundo. Quando tudo se acalmar, você pode ir em frente e ter uma conversa construtiva.

URANO EM VIRGEM

Você ajuda as pessoas a se ajudarem. E as pessoas que você procura ajudar são aquelas que foram esquecidas, negligenciadas ou deixadas para trás. No entanto, sua missão não é fazê-las se sentir aceitáveis, preenchê-las de amor e atenção, nem lhes dar as mais recentes informações sobre o modo como as coisas são feitas. Sua missão é apoiá-las para que se encontrem. Talvez você seja o professor que os alunos procuram quando não podem falar com mais ninguém, a enfermeira que mostra aos pacientes como driblar o sistema ou o juiz que ajuda um imigrante a escapar da detenção. Você intervém na vida das pessoas porque isso é o que deve ser feito, mesmo que implique colocar seu trabalho em risco. Urano em Virgem é um posicionamento astrológico comum em casos de desobediência civil. Entretanto, Virgem é um signo de terra, o que significa que você acredita que as coisas funcionam melhor quando há um sistema em vigor. Seu objetivo é uma reforma, não uma revolta. Você conecta os necessitados ao apoio, às ferramentas e aos recursos indispensáveis para que se mantenham firmes e possam fazer suas vozes serem ouvidas. O sistema não terá outra opção a não ser ouvir. Urano em Virgem...

... energiza: quem tem Sol em Virgem, quando fala a verdade ao poder.

... incomoda: quem tem Sol em Leão e Sol em Libra, porque aceita causas perdidas.

... ilumina: quem tem Sol em Câncer e Sol em Escorpião, quando muda as coisas para melhor.

... derruba: quem tem Sol em Gêmeos e Sol em Sagitário, quando puxa o único fio solto que leva a coisa toda a se desmanchar.

... instiga: quem tem Sol em Touro e Sol em Capricórnio, porque acelera o processo.

... é uma incógnita com: quem tem Sol em Áries e Sol em Aquário, porque os faz pôr os pontos em todos os "ii" e cortar todos os "tt". Às vezes, isso é bom, porque faz esses dois signos apressados verificarem seu trabalho; às vezes, é ruim, porque também os torna meticulosos e rígidos.

... opõe-se a: quem tem Sol em Peixes. Você acha que os outros não têm tempo para você. Quando Urano está em oposição a seu Signo Solar, você não se conecta de modo natural à energia dele, o que implica que sempre terá surpresas tremendas enquanto não conseguir estabelecer essa conexão. A melhor maneira de aproveitar essa energia é incluir-se na agenda lotada das pessoas, pois ninguém vai parar por sua causa. Você vai ter de segui-las na mesma velocidade delas. Ofereça-se para ajudar, acompanhar ou colaborar num projeto. Torne-se útil, e todos acabarão se perguntando como conseguiam viver sem você.

URANO EM LIBRA

Para alguém que se recusa a se envolver, é incrível o tempo que você investe em relacionamentos. Quando não está consolando um ex-namorado queixoso por telefone, você está falando com o parceiro ou pensando em novas maneiras de fazer a pessoa com quem está namorando agora se sentir especial e incluída. É um ato de equilíbrio sem fim, mas é melhor ter muitas que poucas pessoas em sua vida. Quem tem Urano em Libra se casa para que a relação dure a vida toda, mas com quantos companheiros você compartilhará a vida não está escrito em nenhum lugar. Sua constelação é composta de muitas estrelas, e você é fiel – à sua maneira – a cada uma delas. De modo curioso, precisa de muito espaço, mas não de muita liberdade, como demonstra sua agenda lotada. De fato, você não se sai bem quando tem tempo sobrando. Alguns podem se perguntar como você consegue conciliar tantos relacionamentos ao mesmo tempo, mas a pergunta que você se faz é: como conseguiria viver sem eles? Urano em Libra...

... energiza: quem tem Sol em Libra, pois aumenta a conscientização.

... incomoda: quem tem Sol em Virgem e Sol em Escorpião, porque nunca diz adeus.

... ilumina: quem tem Sol em Leão e Sol em Sagitário, quando os faz ver a verdade depois de longo período de ilusão.

... derruba: quem tem Sol em Câncer e Sol em Capricórnio, quando conhecem uma nova face das coisas.

... instiga: quem tem Sol em Gêmeos e Sol em Aquário, porque os faz reavaliar os projetos.

... é uma incógnita com: quem tem Sol em Touro e Sol em Peixes, porque seus relacionamentos são de alta rotatividade. Às vezes, isso é bom, porque há muitos peixes no mar; às vezes, é ruim, porque costumam acabar com o mesmo tipo de peixe.

... opõe-se a: quem tem Sol em Áries. Você enxerga os outros como se tivesse sido acometido por uma fobia de compromisso. Quando Urano está em oposição a seu Signo Solar, você não se conecta de modo natural à energia dele, o que implica que sempre terá surpresas tremendas enquanto não conseguir estabelecer essa conexão. A melhor maneira de aproveitar essa energia é fazer as pessoas se sentirem valiosas, mas mostrar-lhes também que são substituíveis. Levará algum tempo para construir esse tipo de séquito, mas, depois que o fizer, você terá um reservatório de talentos para escolher. Assim, se as coisas não derem certo com uma pessoa, você sempre poderá partir para a seguinte.

URANO EM ESCORPIÃO

Você não gosta de segredos. Tudo precisa estar exposto e ser de conhecimento público; essa é sua maneira de lançar um ataque preventivo para evitar ser pego de surpresa. É por isso que você divulga muito mais do que deveria e convida os outros a fazer o mesmo. Com efeito, quanto mais constrangidas, chocadas ou retraídas ficarem as pessoas, mais você insistirá em bater no ponto em que acredita. Você não vê nenhum problema em compartilhar o DVD de sua colonoscopia nem em recomendar seus três programas favoritos de gestão de dívidas. Tudo isso pode ser motivado por boas intenções, mas, às vezes, você insiste tanto em ter transparência total que os outros podem reagir escondendo ainda mais coisas de você apenas para proteger a própria privacidade. Talvez seja necessário esperar que as pessoas venham até você quando estiverem prontas. Isso vai gerar confiança e entrosamento. Experimente fazer isso, e nunca mais será pego de surpresa. Urano em Escorpião...

... energiza: quem tem Sol em Escorpião, quando se expõe.

... incomoda: quem tem Sol em Libra e Sol em Sagitário, porque nunca acredita no que os próprios olhos veem.

... ilumina: quem tem Sol em Virgem e Sol em Capricórnio, quando derruba vacas sagradas.

... derruba: quem tem Sol em Leão e Sol em Aquário, quando mete a mão em vespeiro.

... instiga: quem tem Sol em Câncer e Sol em Peixes, por ser destemido.

... é uma incógnita com: quem tem Sol em Áries e Sol em Gêmeos, porque os incentiva a se desinibir. Às vezes, isso pode ser bom, se não tiverem feito nada que exija um pedido de desculpas; às vezes, pode ser ruim, quando precisarem se desculpar.

... opõe-se a: quem tem Sol em Touro. Você vê os outros como se fossem acidentes iminentes. Quando Urano está em oposição a seu Signo Solar, você não se conecta de forma natural à energia dele, o que implica que sempre terá surpresas tremendas enquanto não conseguir estabelecer essa conexão. A melhor maneira de aproveitar essa energia é pegar o touro pelos chifres. Você sabe que é desagradável, mas alguém tem de conversar com aquele colega de trabalho sobre sua higiene pessoal ou liderar uma intervenção em prol de uma pessoa querida viciada em drogas. É melhor alertar alguém sobre o que está em risco que ficar parado e não fazer nada.

URANO EM SAGITÁRIO

Você ainda acredita na aldeia global. Pois é, ergueram-se muros, e as fronteiras estão cada vez mais fechadas, mas você está convencido de que estamos todos nesse barco e que sua visão universal vai acabar vencendo. Acredita que, se tivessem a chance de cooptar umas às outras, as pessoas fariam descobertas, aprenderiam e desabrochariam. Cada um de nós carrega uma peça do quebra-cabeça. Talvez esteja escondida num ponto de vista, lacrada em um devaneio ou tenha sido transmitida de geração a geração por um povo. As respostas que procuramos não estão encerradas em cofres, em torres nem em complexos industriais. Estão em cada um de nós. Urano em Sagitário...

... energiza: quem tem Sol em Sagitário, quando liberta a mente.

... incomoda: quem tem Sol em Escorpião e Sol em Capricórnio, porque se recusa a descartar as pessoas.

... ilumina: quem tem Sol em Libra e Sol em Aquário, por meio de crenças alternativas e práticas esotéricas.

... derruba: quem tem Sol em Virgem e Sol em Peixes, quando se torna militante.

... instiga: quem tem Sol em Áries e Sol em Leão, porque os informa sobre questões do momento.

... é uma incógnita com: quem tem Sol em Touro e Sol em Câncer, pois os torna espiritualizados, mas não religiosos. Às vezes, isso é bom, porque eles se responsabilizam pelo próprio sistema de crenças; às vezes, é ruim, quando não há um grupo ou uma comunidade com os quais possam compartilhar essas experiências.

... opõe-se a: quem tem Sol em Gêmeos. Você acha que os outros estão sempre ansiosos para mudá-lo. Quando Urano está em oposição a seu

Signo Solar, você não se conecta de jeito natural à energia dele, o que implica que sempre terá surpresas tremendas enquanto não conseguir estabelecer essa conexão. A melhor maneira de aproveitar essa energia é ouvir o que os outros têm a dizer. Alguns signos do zodíaco se zangam quando as pessoas tentam mudar a vida deles, enquanto outros se sentem controlados ou manipulados. Mas você é bem tranquilo; como geminiano, sabe que sempre pode tornar a mudar as coisas. Enquanto isso, quem sabe? Eles podem ter uma ideia melhor daquilo que o faria feliz.

URANO EM CAPRICÓRNIO

Nada dura para sempre. E você não diz isso por ceticismo nem por indiferença; é algo que decorre de sua própria experiência. Você está tão acostumado a ver as coisas pelas quais trabalhou duro para construir desmoronarem de modo inexplicável que até passou a esperar que isso aconteça. Talvez ficasse em choque ao andar em meio aos escombros de suas esperanças e expectativas – e ficava mesmo chocado quando era mais jovem. No entanto, com o tempo, você se acostumou a isso. Na verdade, até transformou essa situação em uma espécie de termômetro, para poder verificar se está tomando as decisões certas na vida. Segurança, para você, é uma faca de dois gumes; por um lado, é o cálice sagrado – a segurança é muito mais importante que o amor ou a fama para qualquer um que tenha planetas em Capricórnio, mas você também sabe que aquilo que o protege também pode prendê-lo. E é no instante em que se pergunta se esse pode ser o caso que você sofre o abalo inevitável. Se o que construiu ainda estiver em pé, sabe que é porque pode ser considerado aceitável. Mas e se não for assim? Então, foi porque impedia seu avanço, e é hora de seguir em frente e tornar a construir em outro lugar. Urano em Capricórnio...

... energiza: quem tem Sol em Capricórnio, quando o liberta.

... incomoda: quem tem Sol em Sagitário e Sol em Aquário, pois é como mostra o filme *Feitiço do Tempo* – sempre repete o mesmo padrão de vida até que se acerte.

... ilumina: quem tem Sol em Escorpião e Sol em Peixes, quando lhes mostra que crises também criam oportunidades.

... derruba: quem tem Sol em Áries e Sol em Libra, quando os submete a abalos extremos.

... instiga: quem tem Sol em Touro e Sol em Virgem, quando os faz pensar de maneira criativa.

... é uma incógnita com: quem tem Sol em Gêmeos e Sol em Leão, quando os habitua aos altos e baixos da vida. Às vezes, isso é bom, porque, assim, nada os perturba de verdade; às vezes, é ruim, porque pode torná-los insensíveis.

... opõe-se a: quem tem Sol em Câncer. Você vê os outros como pessimistas apocalípticos. Quando Urano está em oposição a seu Signo Solar, você não se conecta de jeito natural à energia dele, o que implica que sempre terá surpresas tremendas enquanto não conseguir estabelecer essa conexão. A melhor maneira de aproveitar essa energia é deixá-los falar de forma detalhada sobre seu drama. Você não conseguirá convencê-los de que o céu não vai cair nem de que seu mundo vai acabar. Deixe que tudo entre por um ouvido e saia pelo outro até que recuperem o equilíbrio emocional. Mais tarde, eles lhe agradecerão por não ter sido crítico nem condescendente.

URANO EM AQUÁRIO

Nem sempre é fácil saber se você está à frente de seu tempo ou se chegou o seu momento de brilhar. Se você estiver muito à frente de seu tempo, por mais brilhantes que sejam suas ideias, elas ainda cairão em ouvidos moucos. O que você diz é mirabolante, bizarro e excessivo. Mas se, por outro lado, tiver chegado seu momento, então você verá todas as lâmpadas se acenderem em rápida sucessão. As pessoas entendem de imediato o que você está falando e se prontificam a assinar embaixo. Urano é mais eletrizante e vanguardista em Aquário. Você não consegue deixar de transmitir um choque que impele todo mundo a agir. Entretanto, ele também pode torná-lo uma figura controversa e polarizadora, o que é uma vantagem se você quiser seguir carreira na área das artes e do entretenimento, mas problemático se trabalhar em ambiente corporativo ou estiver inserido em uma cultura que insista na uniformidade. Apesar disso, muitas pessoas que têm Urano em Aquário são atraídas para situações como essas, só porque é nessas circunstâncias que sua abordagem heterodoxa e seus conceitos revolucionários são mais necessários. Urano em Aquário...

... energiza: quem tem Sol em Aquário, quando está em sintonia com o eu superior.

... incomoda: quem tem Sol em Capricórnio e Sol em Peixes, porque sempre os faz parecer deslocados e tentar ser diferentes do que são.

... ilumina: quem tem Sol em Áries e Sol em Sagitário, quando desmistifica os mitos.

... derruba: quem tem Sol em Touro e Sol em Escorpião, quando atrai controvérsias.

... instiga: quem tem Sol em Gêmeos e Sol em Libra, pois os faz defender direitos e causas.

... é uma incógnita com: quem tem Sol em Câncer e Sol em Virgem, porque eles fazem as coisas mudarem. Às vezes, isso é bom, porque obtêm resultados positivos; às vezes, é ruim, porque pode obrigá-los a perturbar o *status quo* para conseguir o que almejam.

... opõe-se a: quem tem Sol em Leão. Você vê os outros como volúveis e imprevisíveis. Quando Urano está em oposição a seu Signo Solar, você não se conecta de modo natural à energia dele, o que implica que sempre terá surpresas tremendas enquanto não conseguir estabelecer essa conexão. A melhor maneira de aproveitar essa energia é unir-se a ela. Abra-se para tudo o que acontecer. Essa reviravolta inesperada pode acabar sendo um desastre, mas, considerando a propensão de Urano a mudar de uma hora para outra, pode ser também a melhor coisa que pode acontecer com você.

URANO EM PEIXES

É frustrante prever como as coisas vão se desenrolar, avisar todo mundo a respeito e ninguém acreditar em você. Seria outra coisa se você estivesse errado, mas, muitas vezes, está certo. Depois, há arrependimentos e promessas de dar-lhe ouvidos da próxima vez, mas, quando essa próxima vez acontece, o padrão continua. Talvez algumas pessoas tenham pensado que você iria ficar calado, mas o fato é que não consegue, porque tem compromisso quase masoquista de dizer a verdade. E não é porque você sinta necessidade de estar certo. É porque revelar o que enxerga lhe dá certo alívio; é como tirar do peito o que sente. Quem tem Urano em Peixes costuma ocupar posições oraculares, mas isso não se aplica, em especial, a decifrar o que está em uma bola de cristal. Muitos dos que têm esse posicionamento vão para áreas como medicina, economia e ciências. Você tem capacidade incrível de vislumbrar tendências, diagnosticar sintomas e decodificar dados. Se o fizer com tabelas e gráficos, todos o seguirão. No entanto, se falar em linguagem simples, coloquial, terá o mesmo problema que Cassandra, o que só comprova o que dizem os profetas desde sempre: as pessoas querem a mensagem, mas não a verdade que a acompanha. Urano em Peixes...

... energiza: quem tem Sol em Peixes, quando transgride a norma.

... incomoda: quem tem Sol em Áries e Sol em Aquário, porque não consegue deixar de soar bizarro ou confuso.

... ilumina: quem tem Sol em Touro e Sol em Capricórnio, quando revela o significado oculto.

... derruba: quem tem Sol em Gêmeos e Sol em Sagitário, quando cria situações extremas.

... instiga: quem tem Sol em Câncer e Sol em Escorpião, quando os torna pioneiros.

... é uma incógnita com: quem tem Sol em Leão e Sol em Libra, porque os transforma em delatores. Às vezes, isso é bom, quando prestam um serviço de utilidade pública (expondo a corrupção, por exemplo); às vezes, é ruim, quando o preço que têm de pagar é alto demais.

... opõe-se a: quem tem Sol em Virgem. Você enxerga os outros como se fossem transitórios. Quando Urano está em oposição a seu Signo Solar, você não se conecta de modo natural à energia dele, o que implica que sempre terá surpresas enquanto não conseguir estabelecer essa conexão. A melhor maneira de aproveitar essa energia é curtir o passeio enquanto ele dura. Não é fácil, tendo em vista sua necessidade de obter garantias, mas essa energia imprevisível também pode ser libertadora. Ela o obriga a viver o momento, a ser mais aberto e espontâneo. E a melhor coisa desse tipo de passeio é que, logo depois de um, sempre vem outro.

NETUNO

♆

Netuno é o planeta "daquilo pelo qual eu anseio" na astrologia. Funciona como uma sequência onírica de filme. Netuno o envolve com uma saudade irremediável de coisas que parecem fora de alcance, mas também lhe ensina a ter cuidado com o que deseja, porque você pode acabar conseguindo.

Os sonhos que você tem quando está dormindo não são os mesmos que tem para o futuro. Os sonhos noturnos, muitas vezes, são confusos e exigem interpretação para que possamos entendê-los. Os sonhos que você tem para o futuro são sonhos de Netuno, que são como miragens que reluzem ao longe: podem inspirá-lo a ter sucesso, a arrastar-se pelo deserto e dar-lhe a melhor chance de realizar essa visão, ou podem atormentá-lo com sua meia-vida espectral de dúvidas e especulações, que sempre se dissolvem a um simples toque, mas não demoram a voltar cada vez que você pensa em desistir deles. Netuno é o planeta mais traiçoeiro da astrologia, mas também o mais redentor, porque é a esperança pela qual você nunca para de esperar.

Ébrio é como descrevemos alguém embriagado, mas também é uma boa maneira de pensar em Netuno. Netuno rege a euforia que artistas, músicos e poetas experimentam quando a barreira entre consciente e inconsciente – ou entre este mundo e o próximo – diminui, e palavras, imagens e notas musicais apenas surgem. Não é a sensação que os atletas têm quando levam o corpo até o limite nem aquele momento de percepção súbita no qual as peças do quebra-cabeça se encaixam. É uma predisposição mental nebulosa que o esvazia de si mesmo e o torna receptáculo de algo maior, mais sábio, mais profundo e mais livre. Às vezes, ela vem quando você está angustiado e com o coração partido; às vezes, quando está bêbado ou eufórico. E, às vezes, pode vir quando você está parado, em silêncio e disposto a esperar. Não existe uma maneira particular de invocar a energia de Netuno. Não é como um jogo sob demanda. Também não há garantia de que, mais tarde, quando emergir do delírio, você não vá ficar perplexo diante das epifanias maravilhosas que teve enquanto estava nadando com os golfinhos. O que parecia tão repleto de significado e profundidade agora pode parecer meros rabiscos e bobagens – como lixo que vai parar na praia. Netuno é o planeta das experiências intensificadas e dos estados alterados, a fonte favorita de místicos e videntes; nunca se sabe se você está bebendo da Fonte da Inspiração Divina ou do Suco da Loucura Divina. Ou, como disse numa piada a comediante Lily Tomlin: "Preocupa-me saber que as drogas estejam obrigando algumas pessoas a serem mais criativas que de fato são!".

Vasto e insondável, o mar sempre foi misterioso e sobrenatural. A descoberta de Netuno, em 1846, coincidiu com o advento do espiritualismo nos Estados Unidos. Sessões espíritas, transmissões de mensagens vindas de guias espirituais, tabuleiros *ouija* e caça a fantasmas tiveram origem no espiritualismo, que transformou a paisagem religiosa norte-americana nos anos que antecederam a Guerra Civil. Antes do espiritualismo, a vida depois da morte era definida, de forma rigorosa, como céu ou inferno, um dos dois destinos que nos aguardavam no Dia do Juízo Final. No entanto, os espiritualistas ensinaram que os mortos estão conosco, e, além de "vivos e passando bem" em um plano astral da existência, também querem trazer conforto aos enlutados e ajudar os entes queridos a ter uma vida melhor. No apogeu, o espiritismo teve oito milhões de seguidores e plantou as sementes para a teosofia, a ciência cristã e as práticas da nova era, bem como para o movimento em prol dos direitos das mulheres.

Netuno o faz reimaginar sua vida, seu mundo e seu cosmo. Neste momento, está havendo uma corrida suicida de lemingues em penhascos. Talvez seja impulsionada por uma febre apocalíptica ou por autoengano mesmo, mas os chefes de Estado não parecem dispostos a acreditar que o aquecimento global é uma realidade. Contudo, se continuarmos do jeito que estamos indo, as calotas polares se derreterão, os mares inundarão as costas, e, desta vez, o grande dilúvio durará muito mais que quarenta dias e quarenta noites. Reverter as coisas pode ser uma tarefa pesada, mas Netuno fala do poder do efeito cascata. Basta sonhar com um mundo melhor, ter vontade de expor sua visão e trabalhar até implementá-la. É quando um peixe muda de direção que todo o cardume pode dar meia-volta.

Nem sempre Netuno nos faz cair na toca do coelho, porque viaja ao redor do Sol por fora da órbita da Terra, o que significa que pode surgir em qualquer lugar de seu mapa astral. Pode ser no mesmo signo que o seu ou em um signo completamente oposto.

Netuno no mesmo signo que seu Signo Solar **sensibiliza**: aguça todos os sentidos, incluindo o sexto sentido.

Netuno no signo que antecede ou sucede seu Signo Solar **mistifica**: essa é a área da vida que você considera confusa de modo irremediável.

Netuno no signo dois antes ou dois depois de seu Signo Solar **inspira**: lhe confere visão criativa que os outros acham irresistível.

Netuno no signo três antes ou três depois de seu Signo Solar **engana**: às vezes, é de propósito e, às vezes, é para seu próprio bem; no que diz respeito a esse Netuno, sempre há alguma coisa a mais na história.

Netuno no signo quatro antes ou quatro depois de seu Signo Solar é **influenciador**: lhe confere efeito hipnótico sobre as pessoas. Por favor, use-o com responsabilidade.

Netuno no signo cinco antes ou cinco depois de seu Signo Solar é uma **incógnita**: é difícil dizer se vale a pena ir em busca de um sonho impossível ou se você está apenas lutando contra moinhos de vento.

Netuno no signo a seis de distância de seu Signo Solar é **desconexão total**: você não se identifica em nada com ele; assim, o que acontece é que ele acaba sendo projetado nos outros, sobretudo nos relacionamentos afetivos ou nas relações com parceiros de negócios mais próximos. Você pode achar que é sempre o outro que é displicente, desorientado ou incoerente demais.

E se você tiver Netuno retrógrado? Quem tem Netuno retrógrado tem dificuldade de desistir das coisas. Seja reatando relações com alguém que já sabe que não presta ou parando num bar na saída da reabilitação para ver se está curado, quem tem Netuno retrógrado pode parecer autossabotador. Na realidade, quem tem Netuno retrógrado é mais regressivo que destrutivo, e é por isso que é preciso tratá-lo como se trataria um nadador preso a uma corrente de retorno; resista ao impulso de lutar porque você só será puxado para baixo cada vez mais. Relaxe, pare para respirar e concentre-se em uma intenção positiva. O pânico vai passar, e você logo voltará à superfície.

Embora seja considerado corregente de Peixes, as regras tradicionais de domicílio, detrimento, exaltação e queda não se aplicam a Netuno nem aos demais planetas modernos.

NETUNO EM LIBRA (1942/1943-1955/1957)

A paixão é uma bênção contraditória; por mais que saiba que não deve confiar nela, é uma ilusão que você nunca se cansa de vivenciar. A esperança é eterna quando Netuno está em Libra. As pessoas não fazem as melhores escolhas quando estão sob a influência de Netuno, mas isso provavelmente não importa muito porque, na verdade, uma paixão é apenas o prelúdio de um beijo num conto de fadas. Só depois que o feitiço é quebrado e vocês despertam de um longo sono é que estão de fato livres para se conhecer. Netuno em Libra...

... sensibiliza: quem tem Sol em Libra, ao torná-lo empático.

... mistifica: quem tem Sol em Virgem e Sol em Escorpião, quando os faz agir contra o que é melhor para eles.

... inspira: quem tem Sol em Leão e Sol em Sagitário, quando os faz visualizar algo para compreender.

... engana: quem tem Sol em Câncer e Sol em Capricórnio, com acordos não vinculativos.

... glamouriza: quem tem Sol em Gêmeos e Sol em Aquário, ao realçar seu apelo.

... é uma incógnita com: quem tem Sol em Touro e Sol em Peixes, porque se recusa a abandonar a esperança. Às vezes, isso é bom, porque eles continuam acreditando, apesar das perspectivas cada vez mais minguadas; às vezes, é ruim, porque nem sempre conseguem distinguir a diferença entre esperança e pensamento positivo.

... opõe-se a: quem tem Sol em Áries. Você acha que os outros sempre o abandonam. Quando Netuno está em oposição a seu Signo Solar, você não se conecta de modo natural à energia dele, o que implica que sempre será enganado enquanto não conseguir estabelecer essa conexão. A melhor maneira de aproveitar essa energia é perguntar-se se não está pressionando demais as pessoas. O motivo do sumiço delas pode estar no fato de o verem como assertivo e agressivo demais. Se isso for verdade, procure atenuar essa impressão sendo mais colaborativo. Mas também desconfie, pois o não cumprimento dos compromissos assumidos é característico de personalidades obtusas. Nesse caso, adote como política expulsar do jogo quem pisar na bola três vezes. Assim, saberá que lhes deu uma boa chance de se defender.

NETUNO EM ESCORPIÃO (1956/1957-1970)

Sua capacidade de amar se aprofunda com os desgostos amorosos. Parece contraintuitivo, mas satisfazer às suas necessidades e aos seus desejos não é garantia de um coração amoroso. A satisfação pode gerar felicidade e sensação de bem-estar, mas não vai muito além. Porém, isso não torna mais amorosos os que sofrem por causa do amor, pois eles também podem definhar, sobretudo se ficarem ressentidos e amargurados. Às vezes, o sofrimento é como um amante ciumento que se infiltra em sua vida, bloqueia todas as suas chamadas recebidas e encerra-o em sua tristeza. Ele prospera quando é inconsolável. Quem tem Netuno em Escorpião vive a tristeza e a perda num nível profundo; não há como evitar. É por isso que você sabe que é melhor mergulhar no abismo que evitá-lo com drogas, álcool ou remédios. Entregue-se ao sofrimento e confie na capacidade que tem a alma de se curar. Quando deixamos as emoções seguirem seu curso, elas costumam fazê-lo com sabedoria. Netuno em Escorpião...

... sensibiliza: quem tem Sol em Escorpião, ao fazê-lo perdoar.

... mistifica: quem tem Sol em Libra e Sol em Sagitário, quando esconde as respostas de forma deliberada.

... inspira: quem tem Sol em Virgem e Sol em Capricórnio, ao fazê-los ir mais fundo.

... engana: quem tem Sol em Leão e Sol em Aquário, com as mentiras que contam a si mesmos.

... glamouriza: quem tem Sol em Câncer e Sol em Peixes, pois aumenta sua mística.

... é uma incógnita com: quem tem Sol em Áries e Sol em Gêmeos, porque não os deixa isolar seus sentimentos. Às vezes, isso é bom, porque os mantém emocionalmente presentes; às vezes, é ruim, quando é exagerado.

... opõe-se a: quem tem Sol em Touro. Você acha que os outros sempre têm algo a esconder. Quando Netuno está em oposição a seu Signo Solar, você não se conecta de maneira natural à energia dele, o que implica que sempre será enganado enquanto não conseguir estabelecer essa conexão. A melhor maneira de aproveitar essa energia é receber tudo com certo grau de desconfiança. Não é que as pessoas queiram enganá-lo de forma deliberada. Muitas vezes, relutam em falar de coisas que estão acontecendo em sua vida, e é por isso que você deve deixar que o procurem quando estiverem prontas para divulgar tudo. Consciente disso, você deve proteger seus interesses; as pessoas podem ser bem-intencionadas, mas suas motivações inconscientes, não.

NETUNO EM SAGITÁRIO (1970-1984)

Você sempre acreditou no poder da oração; esse poder o guia quando você se perde, o consola nos momentos de tristeza, o conecta às pessoas que tocam sua vida e, às vezes, até lhe responde. Você pode não saber para quem está rezando, mas sabe que o universo é senciente, não apenas a emanação de estrelas que surgiram bilhões de anos atrás para acabar sendo sugadas de novo por um buraco negro escancarado. Há sentido nisso tudo. Pode ser que você nunca descubra qual é, mas não é necessário entendê-lo para sentir que está vivendo nele. Afirmações, mantras, rituais e práticas devocionais diárias são importantes para você – são seu meio de alinhar-se. Talvez seja para invocar um poder superior, explorar sua energia de cura e elevação. Ou talvez seja para se juntar às outras pessoas no planeta que, no mesmo instante, estiverem praticando a mesma forma de adoração que você. Sua visão da salvação não deixa nenhuma alma para trás. Netuno em Sagitário...

... sensibiliza: quem tem Sol em Sagitário, ao fazê-lo crer nas coisas de modo incondicional.

... mistifica: quem tem Sol em Escorpião e Sol em Capricórnio, porque, quando rezam, não conseguem deixar de imaginar que estão, na verdade, apenas falando consigo mesmos.

... inspira: quem tem Sol em Libra e Sol em Aquário, porque não param de pensar no amanhã.

... engana: quem tem Sol em Virgem e Sol em Peixes, com promessas de que as coisas só vão melhorar.

... glamouriza: quem tem Sol em Áries e Sol em Leão, com exuberância contagiante.

... é uma incógnita com: quem tem Sol em Touro e Sol em Câncer, porque os predispõe a eliminar a descrença. Às vezes, isso é bom, porque eles entendem as coisas num nível repleto de exaltação e simbolismo; às vezes, é ruim, porque talvez sejam os únicos que conseguem compreendê-las.

... opõe-se a: quem tem Sol em Gêmeos. Você costuma ver os outros como crédulos e ingênuos. Quando Netuno está em oposição a seu Signo Solar, você não se conecta de forma natural à energia dele, o que implica que sempre será enganado enquanto não conseguir estabelecer essa conexão. A melhor maneira de aproveitar essa energia é transformá-la em oportunidade de aprendizado. Reserve tempo para entender melhor o que os outros não estão entendendo e ajude-os a preencher as lacunas. Ninguém gosta de que o façam se sentir estúpido; é algo que desestimula qualquer um. Ajude-os a ver a luz e, em vez de alienar, eduque.

NETUNO EM CAPRICÓRNIO (1984-1998)

As pessoas vendem a alma sem pensar. Antes, costumavam fazer isso por dinheiro e poder; agora, com toda probabilidade, o fazem por curtidas, votos ou drogas. É incrível como algo que costumava ter preço altíssimo hoje pode ser comprado a granel com tanta facilidade. E a ladeira fica cada vez mais escorregadia. Você é uma pessoa de emoções profundas. É por isso que quase nunca discute suas crenças e suas experiências; do seu ponto de vista, elas são sagradas. Você deixa que os oradores berrem nos palanques e os gurus esclareçam deficiências kármicas. Não finge saber mais que eles. Mas o que sabe – pelo menos, para si mesmo – é que as pessoas deveriam se preocupar mais com os meios que adotam para os fins. Você sempre seguirá o caminho mais digno no âmbito moral questionando, desafiando e duvidando. Alguns dizem que você é cético, mas, na verdade, está sendo reverencial. Você sabe que o silêncio de Deus fala muito. Netuno em Capricórnio...

... sensibiliza: quem tem Sol em Capricórnio, ao torná-lo contemplativo.

... mistifica: quem tem Sol em Sagitário e Sol em Aquário, quando os prêmios lhes escapam pelos dedos.

... inspira: quem tem Sol em Escorpião e Sol em Peixes, porque não permite que se contentem com o segundo lugar.

... engana: quem tem Sol em Áries e Sol em Libra, com esperanças de conquistar aprovação.

... glamouriza: quem tem Sol em Touro e Sol em Virgem, ao impulsionar sua credibilidade.

... é uma incógnita com: quem tem Sol em Gêmeos e Sol em Leão, ao apresentar-lhes situações nas quais não podem sair vitoriosos. Às vezes, isso é bom, porque os obriga a pensar muito em suas escolhas; às vezes, é ruim, porque se sentem culpados por tentar vencer e também se não o fizerem.

... opõe-se a: quem tem Sol em Câncer. Você costuma ver os outros como figuras paternas. Quando Netuno está em oposição ao seu Signo Solar, você não se conecta de modo natural à energia dele, o que implica que sempre será enganado enquanto não conseguir estabelecer essa conexão. A melhor maneira de aproveitar essa energia é lembrar-se de que a permissão que procura deve partir de você mesmo. É maravilhoso poder recorrer a pessoas mais velhas para obter orientação, mas não lhes passe as rédeas. No fim, é você quem tem de se responsabilizar pelas decisões que toma na vida, não elas.

NETUNO EM AQUÁRIO (1998-2011/2012)

É difícil ficar parado vendo velhos ricos destruírem a civilização que conhecemos. É por isso que você vai a comícios, exige justiça social e luta por mudanças. No entanto, não basta afirmar que está estarrecido diante de tudo isso e não aguenta mais. É preciso que haja visão de algo melhor. Mas de quem é essa visão? E como conseguir que todo mundo a apoie? Quando se nasce com Netuno em Aquário, é preciso fazer mais que apenas criar um espaço seguro;

é necessário criar um planeta seguro. E isso pressupõe levar em consideração as preocupações de todos, nos quatro cantos do mundo, para criar um projeto de vida. Parece um sonho impossível, mas não custa repetir que nosso futuro depende disso. Netuno em Aquário...

... sensibiliza: quem tem Sol em Aquário, ao torná-lo universalista.

... mistifica: quem tem Sol em Capricórnio e Sol em Peixes, quando se torna teórico demais.

... inspira: quem tem Sol em Áries e Sol em Sagitário, com a visão de um mundo melhor.

... engana: quem tem Sol em Touro e Sol em Escorpião, com expectativas irreais.

... glamouriza: quem tem Sol em Gêmeos e Sol em Libra, ao torná-los persuasivos.

... é uma incógnita com: quem tem Sol em Câncer e Sol em Virgem, porque os torna altruístas. Às vezes, isso é bom, porque sempre doam o que é seu sem esperar receber algo em troca; às vezes, é ruim, porque costumam ser explorados.

... opõe-se a: quem tem Sol em Leão. Você vê os outros como se fossem malucos. Quando Netuno está em oposição a seu Signo Solar, você não se conecta de modo natural à energia dele, o que implica que sempre será enganado enquanto não conseguir estabelecer essa conexão. A melhor maneira de aproveitar essa energia é ouvir o que as pessoas têm a dizer. Sim, o universo pode escolher porta-vozes estranhos. No entanto, mesmo assim, são porta-vozes, e seria sábio de sua parte ouvi-los, porque ainda há alguma verdade na opinião deles sobre as coisas. Escute-os algumas vezes, e tudo começará a fazer estranho tipo de sentido.

NETUNO EM PEIXES (2011/2012-2025/2026)

Todos nós temos imaginação, a qual é repleta de esperanças, desejos, fantasias e sonhos. Mas, às vezes, nos esquecemos de que também existe uma imaginação coletiva. O que faz de uma canção um sucesso? De um fenômeno cultural "alguma coisa"? A imaginação coletiva. Nossa imaginação alimenta as coisas como rios que deságuam no mar. É nela que a sociedade abriga suas memórias, seus mitos, seus costumes e suas preferências. Tudo, de um arquétipo universal à mais recente teoria da conspiração, tem origem na imaginação, e é por isso que Netuno também é o planeta dos delírios populares e da loucura das multidões. Ainda se diz "Só pode ser alguma coisa na água!" quando, de maneira inexplicável, as pessoas abraçam uma tendência ou uma causa, e ter Netuno em Peixes o torna, em especial, sensível ao que seja essa "alguma coisa". Talvez você tenha sexto sentido para detectar quando algo parece errado, ou, talvez, a princípio, seja o responsável por colocar essa coisa lá. Em todo caso, você aprecia o poder da influência, e usá-lo para o bem de todos – ou para o próprio bem – depende apenas de você. Netuno em Peixes...

... sensibiliza: quem tem Sol em Peixes, ao torná-lo visionário.

... mistifica: quem tem Sol em Áries e Sol em Aquário, quando se torna esotérico.

... inspira: quem tem Sol em Touro e Sol em Capricórnio, a seguir os próprios sonhos, em vez dos cifrões.

... engana: quem tem Sol em Gêmeos e Sol em Sagitário, com anseios românticos.

... glamouriza: quem tem Sol em Câncer e Sol em Escorpião, ao aumentar seu fascínio.

... é uma incógnita com: quem tem Sol em Leão e Sol em Libra, porque os faz se renderem de maneira irrestrita a seus impulsos. Às vezes, isso é bom, porque não há nada que rivalize com sua selvageria digna de uma bacante; às vezes, é ruim, quando têm de enfrentar as consequências no dia seguinte.

... opõe-se a: quem tem Sol em Virgem. Você vê os outros como se sempre quisessem despistá-lo. Quando Netuno está em oposição a seu Signo Solar, você não se conecta de modo natural à energia dele, o que implica que sempre será enganado enquanto não conseguir estabelecer essa conexão. A melhor maneira de aproveitar essa energia é reconhecer que o que o torna suscetível é a resistência. Você não pode enganar algo que deseja, em segredo, que o seduza. Todos nós vivemos em bolhas, mesmo os que acreditam em fatos e estatísticas. Seja honesto ao desejar obter mais magia na vida e talvez, assim, tenha mais diversão. Afinal, se acha que vai ser enganado, você pode muito bem permitir-se desfrutar um pouco da ilusão.

NETUNO EM ÁRIES (2025/2026-2038/2039)

Há diferentes tipos de cruzadas: morais, políticas, ambientais e até antibélicas. Algumas vezes, santificadas; outras vezes, estimuladas pelo momento, podem ganhar vida própria com rapidez, excedendo os próprios limites e sobrepujando os líderes que as iniciaram. Mais que um movimento, mas não como um exército, os Cruzados se reúnem sob uma única bandeira e são movidos por uma única visão. Quem tem Netuno em Áries tende a envolver-se em causas populares e, depois que se alista, luta até o fim. Tomara que essa seja mais uma batalha de ideias que uma de punhos, pois essa última pode ser sangrenta. Como Marte, regente de Áries, recebeu o nome do deus romano da guerra, há certa animosidade entre nós *versus* eles que flui por intermédio desse Netuno. Porém, essa animosidade pode ser redirecionada para saídas mais positivas, como a competição saudável, a contestação vigorosa de normas estagnadas e a celebração de pessoas que se elevam acima da luta. Sua cruzada não deve se concentrar em combater o bom combate, mas, sim, em enobrecer e melhorar as vidas que o cercam. Netuno em Áries...

... sensibiliza: quem tem Sol em Áries, ao torná-lo honrado.

... mistifica: quem tem Sol em Touro e Sol em Peixes, quando aceita a responsabilidade por um erro.

... inspira: quem tem Sol em Gêmeos e Sol em Aquário, a envolver-se.

... engana: quem tem Sol em Câncer e Sol em Capricórnio, com falsas garantias de que a nata sempre sobe ao alto.

... glamouriza: quem tem Sol em Leão e Sol em Sagitário, ao amplificar sua fabulosidade.

... é uma incógnita com: quem tem Sol em Virgem e Sol em Escorpião, porque os mobiliza. Às vezes, isso é bom, porque os leva a agir antes que seja tarde demais; às vezes, é ruim, quando adotam posições extremas e radicais.

... opõe-se a: quem tem Sol em Libra. Você vê os outros como alarmistas. Quando Netuno está em oposição a seu Signo Solar, você não se conecta de forma natural à energia dele, o que implica que sempre será enganado enquanto não conseguir estabelecer essa conexão. A melhor maneira de aproveitar essa energia é chegar de imediato ao fundo das coisas e, em seguida, apresentar os fatos da maneira mais imparcial e justa possível. Mas você não pode soar como o Senhor Spock; é preciso argumentar de modo convincente, na mesma medida. Você precisa ser a sóbria voz da razão quando essa é a última coisa que alguém quer ouvir.

PLUTÃO

♇

Como as plantas e os animais, temos dentro de nós um destino criptografado. Às vezes chamado código genético, traços hereditários ou herança psicológica transmitida por gerações, é uma parte profunda e sombria em nós que já conhece o fim da história antes que ela se desenrole. É a parte de nós que sabe que certas coisas estavam predestinadas a acontecer, outras não podem ser evitadas, e há na vida momentos decisivos nos quais tudo se encaixa ou desmorona. Se o Sol simboliza o eu em seu horóscopo – a pessoa que você está sempre se tornando –, Plutão simboliza a semente.

E, como semente, Plutão carrega o conhecimento de tudo que veio antes. Sabe a forma que você terá, as coisas de que precisa para sobreviver e aquelas que terá de empurrar para a escuridão porque, se não o fizer, com certeza perecerá. A tarefa de Plutão é levá-lo a atravessar as passagens difíceis. Ele faz isso no início da vida, quando você está se espremendo pelo canal de parto. O faz também a cada crise que você enfrenta, a cada trauma que sofre e a cada acidente de que se livra. E, por último, o faz no fim da vida, quando chega a hora do corpo, da alma e do espírito se separarem e seguirem cada um seu caminho. Plutão simboliza a vontade de viver, que é maior que a escolha, a determinação ou a esperança consciente; uma vontade tão incansável que insiste em demonstrar que há vida depois da morte – o que é uma ironia, já que o planeta foi batizado com o nome do deus romano dos mortos.

"Por que não o chamar de Plutão?", perguntou Venetia Burney, de 11 anos, quando a notícia da descoberta de um planeta situado além da órbita de Netuno foi anunciada nos jornais britânicos em 14 de março de 1930. Ao contrário da crença popular, Burney não batizou o planeta com o nome do cachorro do Mickey.* A menina conhecia mitologia clássica e os planetas. (Além disso, o nome do cachorro veio depois.) Burney propôs esse nome durante o café da manhã com o avô, um bibliotecário aposentado da Biblioteca Bodleian, em Oxford, que o transmitiu a um amigo da Royal Astronomical Society, o qual, então, enviou um telegrama ao Observatório Lowell, no Arizona, onde o planeta foi avistado pela primeira vez. A princípio, houve hesitação, porque alguns cientistas acharam que soava muito sombrio, mas, por fim, todos concordaram que era um nome apropriado para um corpo celeste tão remoto e gélido.

Embora a história do batismo de Plutão seja pitoresca e encantadora, não havia nada de alegre acontecendo quando ele foi descoberto. Meses depois da quebra da Bolsa de Valores em 1929 e entre a eclosão da Primeira Guerra Mundial e o fim da Segunda Guerra Mundial, a aparição de Plutão coincide com um dos capítulos mais sombrios de nossa civilização. A destruição em massa, o Holocausto e a ameaça de aniquilação nuclear são apenas algumas das realidades sombrias que surgiram nesse período. Não caberia mais a desastres naturais, a pragas nem a Deus decidir o futuro da humanidade; a partir daí, essa prerrogativa passaria a conviver conosco.

"Não é fácil admitir que nosso caráter essencial mude com o tempo" é uma boa maneira de pensar em Plutão. Parece fatalista, mas Plutão não está preocupado com seu destino; o que o preocupa é sua verdadeira natureza.

Plutão não é um planeta fácil de conhecer. Como o senhor do submundo, ele fica sob o piso de seu horóscopo. Você não vai tanto até ele quanto ele vai até você quando chega a hora certa. E esse momento não é agradável. Plutão é o planeta das provações e das transformações decorrentes delas.

---

* Que, na língua inglesa, é grafado de forma idêntica ao nome do planeta então recém-descoberto: Pluto. (N. da T.)

As provações de Plutão são bem brutais. Muitas vezes, envolvem crueldade, injustiça, pesar e perda. Algumas vezes, elas lhe são infligidas; outras, é você quem as inflige aos outros. E, com Plutão, o mais importante é que, na verdade, você não sabe o que está por baixo desse piso de seu horóscopo; pode ser um tesouro enterrado, mas também apenas podridão. Saturno pode ser o planeta das provas, mas Plutão expõe quem você foi o tempo todo.

Com frequência, a reencarnação, crença religiosa que se originou em civilizações baseadas na agricultura, é associada a Plutão. Quando se pensa na maneira como as plantas florescem, morrem e depois reaparecem a cada primavera, não foi um grande salto a pergunta: se as plantas podem voltar dos mortos, por que nós não poderíamos? Em muitas sociedades pré-históricas, os mortos eram enterrados em posição fetal, devolvidos de maneira amorosa como bebês ao ventre da terra. É daí que vem a conexão de Plutão com o renascimento: ele não ressurge das cinzas tanto quanto a elas retorna, mais rico e mais realizado que antes. Plutão sempre recompensa os que resistem às provações, pois é apenas descendo às profundezas que se ativa esse misterioso processo responsável pela evolução como ser. Porém, mesmo na reencarnação, Plutão mantém o mesmo você. Um você indômito. É o você que continua voltando.

Nem sempre Plutão está ocupado em arrastá-lo da Terra ao Inferno, e vice-versa, pois viaja ao redor do Sol por fora da órbita da Terra, o que significa que pode aparecer em qualquer lugar de seu mapa astral. Pode ser no mesmo signo que o seu ou em um signo oposto.

Plutão no mesmo signo que seu Sol **transforma**: trabalha de modo contínuo para trazer à superfície a pessoa que você é embaixo dela.

Plutão no signo que antecede ou sucede seu Signo Solar **atormenta**: essa é a única área da vida na qual você não consegue ficar em paz.

Plutão no signo dois antes ou dois depois de seu Signo Solar **leva a sério**: é determinado e não está para brincadeiras.

Plutão no signo três antes ou três depois de seu Signo Solar é **luta pelo poder**: são as batalhas que você trava como se sua vida dependesse delas.

Plutão no signo quatro signos antes ou quatro depois de seu Signo Solar **regenera**: você continua voltando, não importa quantas vezes possa morrer.

Plutão no signo que está cinco antes ou cinco depois de seu Signo Solar é **uma incógnita**: é difícil dizer se aquilo em que você está fixado vale a pena ou acabará lhe custando tudo que mais preza.

Plutão no signo a seis de distância de seu Signo Solar é **desconexão total**. Você não se identifica em nada com ele; assim, o que acontece é que ele acaba sendo projetado nos outros, sobretudo nos relacionamentos afetivos ou com parceiros de negócios mais próximos. Você pode achar que é sempre o outro quem é obsessivo, intenso ou autodestrutivo demais.

E se você tiver Plutão retrógrado? Quem tem Plutão retrógrado, em geral, passa por longos períodos de gestação, tão longos que pode passar anos – até décadas! – completamente alheio a esse lado oculto de si mesmo, até que ele surja de corpo inteiro e se aproprie de sua vida com ferocidade selvagem. É algo emocionante e, ao mesmo tempo, perturbador, porque você sente vontade premente de compensar o tempo perdido. E isso você vai fazer. No entanto, o importante para quem tem Plutão retrógrado é que, uma vez esgotada, essa parte selvagem em você volta a adormecer e o deixa perguntando-se por que fez o que fez e se um dia ela retornará. Enquanto isso, a paisagem de sua vida foi alterada de forma irremediável.

Embora Plutão seja considerado o corregente de Escorpião, as regras tradicionais de domicílio, detrimento, exaltação e queda não se aplicam a ele nem aos outros dois planetas modernos: Urano e Netuno.

PLUTÃO EM LEÃO (1937/1939-1956/1958)

Você nunca envelhece. Sua pele pode enrugar-se, e seu cabelo, ficar grisalho, mas você sempre abordará a vida como uma criança: pronta a maravilhar-se, com o coração leve e amor à brincadeira. Tornou-se uma pessoa imune às forças do ceticismo e da desilusão porque se recusa a aceitar uma visão de mundo negativa, segundo a qual você seja qualquer coisa menos que aquilo que de fato é. Você sempre será fabuloso, especial e talentoso enquanto viver. É por isso que exclui *haters*, derruba críticos e zomba daqueles que o chamam de "tio". Você nasceu jovem de coração, e ninguém pode lhe tirar isso. Mas ser uma eterna criança não é tão bom quanto se pensa; você não pode evoluir se for eternamente jovem. As crianças não entendem o que é responsabilizar-se, retribuir ou ceder o lugar a alguém. Também não sabem o que é deixar o palco quando chega a hora. Passar as chaves para a próxima geração pode parecer suicídio psíquico, mas, na verdade, permite que você assuma um papel mais gratificante: o de adulto. Plutão em Leão...

... transforma: quem tem Sol em Leão, quando reconhece as verdades alheias.

... atormenta: quem tem Sol em Câncer e Sol em Virgem, quando não estão sendo autênticos.

... leva a sério: quem tem Sol em Gêmeos e Sol em Libra, porque apostam tudo o que têm.

... entra em luta com: quem tem Sol em Touro e Sol em Escorpião, pela palavra final.

... regenera: quem tem Sol em Áries e Sol em Sagitário, ao reconectá-los ao que mais importa.

... é uma incógnita com: quem tem Sol em Capricórnio e Sol em Peixes, porque os torna autodepreciativos. Às vezes, isso é bom, porque podem rir das próprias falhas; às vezes, é ruim, porque as pessoas podem confundir isso com baixa autoestima.

... opõe-se a: quem tem Sol em Aquário. Você acha que os outros sempre estão sugando todo o oxigênio da sala. Quando Plutão está em oposição a seu Signo Solar, você não se conecta de modo natural à energia dele, o que implica que sempre será dominado por ela enquanto não conseguir estabelecer essa conexão. A melhor maneira de lidar com essa energia egocêntrica é interromper a conversa e redirecioná-la a outra pessoa. Embora possa parecer deselegante, não é mais deselegante que alguém que só fala sobre si mesmo. Além disso, todos lhe agradecerão por isso depois.

PLUTÃO EM VIRGEM (1956/1958-1971/1972)

Ao longo dos anos, as pessoas o viram como obsessivo – por causa da mania de controle, por ser microgerenciador e até por conta do TOC –, mas você não se importa, porque entende que a intenção delas é boa. É por isso que toma esses comentários como sinal de afeto. Quem está em sua vida sabe que, se não fosse por você, a vaca já teria ido para o brejo há muito tempo. Apesar disso, para alguém tão afeito ao controle, é impressionante ver os fortes sinais de que sua nova política passou a ser a da não interferência. Sua maneira de conciliar responsabilidades, fazer várias tarefas ao mesmo tempo e pedir para remarcar confraternizações de última hora por causa do trabalho não é exatamente convidativa. E, mesmo assim, você ainda vai para a cama preocupado com a possibilidade de tudo dar errado amanhã. Poderia dar tudo errado, sim, então, qual é o motivo de todo esse estresse e de toda preocupação? Quando se tem Plutão em Virgem, é importante viver a vida que se tem *agora*, não aquela para a qual você está guardando tudo. Plutão em Virgem...

... transforma: quem tem Sol em Virgem, quando encontra a própria voz.

... atormenta: quem tem Sol em Leão e Sol em Libra, ao adiar para amanhã tudo de que podem desfrutar hoje.

... leva a sério: quem tem Sol em Câncer e Sol em Escorpião, porque os fins sempre justificam os meios.

... entra em luta com: quem tem Sol em Gêmeos e Sol em Sagitário, pois é difícil de deixar-se persuadir.

... regenera: quem tem Sol em Touro e Sol em Capricórnio, porque insiste em continuar.

... é uma incógnita com: quem tem Sol em Áries e Sol em Aquário, porque nunca repousa sobre os próprios louros. Às vezes, isso é bom, porque eles sempre se esforçarão para melhorar as situações; às vezes, é ruim, porque raramente darão um passo atrás para admirar o que fizeram.

... opõe-se a: quem tem Sol em Peixes. Você costuma ver os outros como expropriadores de sua vida. Quando Plutão está em oposição a seu Signo Solar, você não se conecta de modo natural à energia dele, o que implica que sempre será dominado por ela enquanto não conseguir estabelecer essa conexão. A melhor maneira de lidar com essa energia é distinguir entre o que é *seu*, o que é *meu* e o que é *nosso*. Quanto mais claro você for, mais respeitoso será o outro. Boas cercas fazem bons vizinhos, pois todos sabem o que pertence a cada um.

PLUTÃO EM LIBRA (1971/1972-1983/1984)

A tolerância nem sempre o torna uma pessoa tolerante. É como se sentar para tomar um chá com alguém que você não suporta. Você pode cumprir todas as formalidades (conversar, passar o açúcar) de um jeito cordial, mas isso não significa que vocês vão chegar, algum dia, a gostar um do outro. E tudo bem, porque o fato de não pularmos na garganta um do outro já é, por si só, uma vitória. A paz e a harmonia que Plutão em Libra traz nem sempre são populares ou atrativas. Não precisam ser, desde que consigam fazer as pessoas se darem bem. Dessegregação, assimilação e ações afirmativas sempre serão temas de alta carga política e emocional, porém sabemos que algo deve ser feito para equilibrar a balança em favor daqueles que se sentem tratados como cidadãos de segunda classe. Só que as balanças quase nunca são estáticas. Quanto mais sobe um lado, mais desce o outro, até que tudo se transforme num círculo vicioso. A igualdade não é fácil. E há o ponto mais difícil da questão: o que fazer com pessoas e pontos de vista que não devem ser tolerados? É aí que entra o julgamento. Tomara que, nos esforços para melhorar a sociedade, você não se torne aquilo que está tentando excluir. Plutão em Libra...

... transforma: quem tem Sol em Libra, quando tem justiça e compaixão em partes iguais.

... atormenta: quem tem Sol em Virgem e Sol em Escorpião, pois se envolve em discussões pelo simples prazer de discutir.

... leva a sério: quem tem Sol em Leão e Sol em Sagitário, porque sempre se atém ao princípio da coisa.

... entra em luta com: quem tem Sol em Câncer e Sol em Capricórnio, quando os faz se submeter à autoridade alheia.

... regenera: quem tem Sol em Gêmeos e Sol em Aquário, a cada promessa que cumprem.

... é uma incógnita com: quem tem Sol em Touro e Sol em Peixes, porque nunca se desvia do caminho do meio. Às vezes, isso é bom, porque evita extremos; às vezes, é ruim, porque os faz dar a impressão de estar reduzindo as próprias chances de perda ou fracasso.

... opõe-se a: quem tem Sol em Áries. Você vê os outros como se fossem didáticos. Quando Plutão está em oposição a seu Signo Solar, você não se conecta de maneira natural à energia dele, o que implica que sempre será dominado por ela enquanto não conseguir estabelecer essa conexão. A melhor forma de lidar com essa energia é trazer a conversa de volta para o que de fato está acontecendo. Quando as palavras surgem, os sentimentos se desconectam, e as pessoas começam a defender os próprios casos como se estivessem num tribunal. Às vezes, as palavras são um véu tênue daquilo que estão encobrindo. Diga a elas que prefere ouvir o que querem dizer, em vez daquilo que acham que *devem* dizer.

PLUTÃO EM ESCORPIÃO (1983/1984-1994/1995)

Plutão é o planeta dos buracos negros, e, em Escorpião, isso é mais evidente que em qualquer outro signo: equivale a dizer que você está sempre fixado naquilo que falta. Talvez isso que falta lhe tenha sido negado ou roubado na infância. Ou, então, talvez tenha sido algo que você já teve, mas foi estragado por crueldade, separação ou vergonha. E você não consegue desistir disso, seja um amor não correspondido ou um rancor que permanece insatisfeito. Entretanto, desistir é exatamente o que você precisa fazer. A obsessão, como outras coisas que não lhe fazem bem, destina-se a mantê-lo viciado: quanto mais você se mantém concentrado em algo que não pode ter, mais a raiva, a dor e o desespero atiçam o fogo infernal da obsessão. A regra geral para o tratamento de obsessões é: se você acha que não consegue viver sem ela, é provável que consiga. Fechar a porta da obsessão abre a janela da satisfação, e, de repente, aquele poço sem fundo não parece mais tão sem fundo assim. Plutão em Escorpião...

... transforma: quem tem Sol em Escorpião, ao lutar com seus demônios interiores.

... atormenta: quem tem Sol em Libra e Sol em Sagitário, quando fica espiando dos bastidores.

... leva a sério: quem tem Sol em Virgem e Sol em Capricórnio, porque eles têm um detector de mentiras infalível.

... entra em luta com: quem tem Sol em Leão e Sol em Aquário, quando reabre velhas feridas.

... regenera: quem tem Sol em Câncer e Sol em Peixes, quando acabam se mostrando mais fortes do que imaginavam.

... é uma incógnita com: quem tem Sol em Áries e Sol em Gêmeos, porque os torna obstinados. Às vezes, isso é bom, porque eles se concentram apenas no que é mais importante; às vezes, é ruim, porque sua ideia do que *não é* importante nem sempre coincide com a dos outros.

... opõe-se a: quem tem Sol em Touro. Você vê os outros como eternos insatisfeitos. Quando Plutão está em oposição a seu Signo Solar, você não se conecta de modo natural à energia dele, o que implica que sempre será dominado por ela enquanto não conseguir estabelecer essa conexão. A melhor maneira de lidar com essa energia é parar de apelar para o que há de pior nas pessoas. Basta dizer *não*, a palavra favorita de Touro. Mas, primeiro, você poderia também analisar por que as convida o tempo todo a fazer-lhe exigências. Se não tomar cuidado, essa necessidade de agradar pode trazer-lhe muitos problemas.

PLUTÃO EM SAGITÁRIO (1995/1996-2008)

É difícil acreditar que haja um desígnio maior quando você está encarando o desastre: por exemplo, quando incêndios destroem seu bairro, crises econômicas acabam com sua fortuna ou uma doença toma seu corpo e faz dele refém. Esses são os momentos em que abraçamos uma religião, nos espiritualizamos ou invocamos a ajuda de um poder superior. Mas o que acontece quando um *hater* contamina seu espaço sagrado? A quem você recorre, então? Plutão em Sagitário abala com profundidade seus valores morais, seja você religioso ou não. A maioria das pessoas abandonaria a fé, mas não você. No seu caso, ela se torna mais forte e mais resiliente, das maneiras mais estranhas e inexplicáveis. Ela não se consolida como uma resolução, mas se aprofunda. Sabe que Deus não pode proteger porque não é uma agência sobrenatural que possa ser invocada, mas, sim, uma luz viva que existe dentro de todos nós. Plutão em Sagitário mostra que o único poder superior ao qual temos de recorrer está em nós mesmos. Plutão em Sagitário...

... transforma: quem tem Sol em Sagitário, ao fazê-lo voltar a erguer-se.

... atormenta: quem tem Sol em Escorpião e Sol em Capricórnio, porque nada é sagrado.

... leva a sério: quem tem Sol em Libra e Sol em Aquário, porque sempre haverá mentes para mudar e almas para salvar.

... entra em luta com: quem tem Sol em Virgem e Sol em Peixes, ao insistir que retomem atividades que já haviam decidido abandonar.

... regenera: quem tem Sol em Áries e Sol em Leão, quando mantêm a fé.

... é uma incógnita com: quem tem Sol em Touro e Sol em Câncer, porque se recusam a parar. Às vezes, isso é bom, porque eles são capazes de continuar até bem depois de todo mundo já ter desistido; às vezes, é ruim, porque talvez todo mundo tenha feito a coisa certa.

... opõe-se a: quem tem Sol em Gêmeos. Você vê os outros como proselitistas. Quando Plutão está em oposição a seu Signo Solar, você não se conecta de modo natural à energia dele, o que implica que sempre será dominado por ela enquanto não conseguir estabelecer essa conexão. A melhor maneira de lidar com essa energia é ouvir as pessoas, se tiver tempo. Por ser geminiano, você é naturalmente curioso e sempre se dispõe a ver as coisas de outra perspectiva, desde que seja interessante. Mas lembre-se de que aquilo que é divertido para você é sério para os outros. Procure não ofender alguém que tenha acreditado que você estava perguntando algo com seriedade.

PLUTÃO EM CAPRICÓRNIO (2009-2023)

Você nasceu velho, pois sempre foi mais sério, reflexivo e disciplinado do que deveria ser alguém de sua idade. E não é como se fosse uma criança precoce, pois, na verdade, você nunca foi exatamente uma criança. Sempre foi confidente dos pais, mentor dos amigos ou caixa de ressonância de um professor ou treinador. Você não tem nenhum problema em ser responsável. Assumir a responsabilidade não pesa, mas empodera. O mais maravilhoso em ter a responsabilidade final é que você acaba mais rico do que quem a passou adiante. Ao colocá-lo praticamente no comando da tomada de decisão, as pessoas não têm outra escolha a não ser fazer o que você diz, mesmo que sejam seus superiores ou seus clientes. A desvantagem de ter Plutão em Capricórnio é que ele lhe dá cansaço do mundo ao qual você não faz jus. Você pode achar que já viu de tudo, mas isso não é verdade. Ainda é uma criança que brinca de ser adulta. Fazer esse ajuste – deixando de lado a ideia infantil do que é adulto para dar espaço ao adulto real que está atingindo a maioridade – é uma passagem complicada que você vai ter de administrar até depois de adentrar os 40 anos. Isso só mostra que você nunca está velho demais para as dores do crescimento. Plutão em Capricórnio...

... transforma: quem tem Sol em Capricórnio, por meio da austeridade.

... atormenta: quem tem Sol em Sagitário e Sol em Aquário, ao tornar as coisas mais difíceis do que precisam ser.

... leva a sério: quem tem Sol em Escorpião e Sol em Peixes, porque eles sempre conseguem esperar.

... entra em luta com: quem tem Sol em Áries e Sol em Libra, quando é intolerante.

.... regenera: quem tem Sol em Touro e Sol em Virgem, quando se reconstroem.

... é uma incógnita com: quem tem Sol em Gêmeos e Sol em Leão, porque os faz amadurecer de maneira mais lenta que a média. Às vezes, isso é bom, porque mostram seu valor em um momento da vida em que todos os demais se sentem presos à rotina; às vezes, é ruim, porque nem sempre é fácil demorar mais que todo mundo.

... opõe-se a: quem tem Sol em Câncer. Você vê os outros como severos e insensíveis. Quando Plutão está em oposição a seu Signo Solar, você não se conecta de modo natural à energia dele, o que implica que sempre será dominado por ela enquanto não conseguir estabelecer essa conexão. A melhor maneira de lidar com essa energia é cavar sob a superfície. É provável que você descubra boas razões para que as pessoas sejam como são. Compreensão mais empática do que as motiva lhe permitirá falar com as pessoas que elas de fato são.

PLUTÃO EM AQUÁRIO (2023/2024-2043/2044)

Você não acredita no destino. O destino é aquilo em que você o transforma. Se as pessoas podem remodelar seus corpos para combinar com o que são por dentro, é compreensível que possam projetar o próprio futuro. Basta fazer escolhas mais embasadas sobre o rumo a seguir a partir daqui. Mas até que ponto essas escolhas são embasadas? Uma vida melhor graças à tecnologia parece algo muito fácil, até que você perceba que nossa capacidade de criar coisas superou nossa capacidade de tomar boas decisões. Podemos modificar alimentos, alterar o código genético das espécies e até falar sobre transumanismo sem soar como um *nerd* de ficção científica, mas será que isso nos torna melhores? O fato de sermos capazes de alguma coisa não implica que estejamos destinados a ela. Nossa história está repleta de caixas de Pandora que continuamos a abrir como se fossem presentes escondidos sob a árvore de Natal. É da natureza de Plutão em Aquário ver o futuro como um lugar melhor e o passado como algo que precisa ser corrigido ou descartado por completo. Porém, o futuro que não tem um passado está fadado a repeti-lo. Plutão em Aquário...

... transforma: quem tem Sol em Aquário, quando aborda as coisas de forma holística.

... atormenta: quem tem Sol em Capricórnio e Sol em Peixes, quando fica muito à frente de si mesmo.

... leva a sério: quem tem Sol em Áries e Sol em Sagitário, quando amplia os limites.

... entra em luta com: quem tem Sol em Touro e Sol em Escorpião, por causa de diferenças ideológicas.

... regenera: quem tem Sol em Gêmeos e Sol em Libra, quando desafiam as expectativas.

... é uma incógnita com: quem tem Sol em Câncer e Sol em Virgem, porque lhes permite distanciamento nas situações. Às vezes, isso é bom, porque, com imparcialidade, não levam as coisas para o lado pessoal; às vezes, é ruim, porque podem deixar de fora exatamente aquilo que torna sua visão especial.

... opõe-se a: quem tem Sol em Leão. Você vê os outros como *eles*. Quando Plutão está em oposição a seu Signo Solar, você não se conecta de modo natural à energia dele, o que implica que sempre será dominado por ela enquanto não conseguir estabelecer essa conexão. A melhor maneira de lidar com essa energia é conhecer as pessoas de forma individual. Conversar direto com cada uma delas contribuirá muito para romper preconceitos e suposições, e talvez até para abrir sua mente para outros pontos de vista.

SEU MAPA ASTROLÓGICO COMO CALENDÁRIO PESSOAL

SEU MAPA ASTROLÓGICO COMO CALENDÁRIO PESSOAL

O primeiro passo para transformar seu mapa astrológico em calendário é *não* o ler como mapa astrológico.

A razão para isso é que a leitura de um mapa astral é feita com base no movimento dos planetas em sentido horário. Isso é ótimo para ler um relógio, mas um relógio não nos informa a época do ano, assim como um calendário não nos informa a hora do dia. É por essa razão que não abordamos neste livro o Signo Ascendente, as casas nem os posicionamentos planetários. Isso ficará para o próximo. O foco deste livro é transformar seu mapa astrológico em Calendário Cósmico. Para isso, usaremos os modos, as estações e os elementos.

Comece por seu aniversário

Para ler seu mapa como uma espécie de agenda anual, você precisa fazer três coisas:

1. Saber em qual estação você nasceu.
2. Descobrir qual é a classificação de seu signo no zodíaco: cardinal, fixo ou mutável?
3. Identificar o elemento ao qual pertence seu Signo Solar.

Depois que fizer isso, tudo se encaixará.

Vamos usar Peixes como exemplo. Se tiver nascido em Peixes (entre 18 de fevereiro e 19 de março), você sabe que:

1. Nasceu no fim do inverno (Hemisfério Norte) ou do verão (Hemisfério Sul).
2. Seu signo é mutável.
3. Seu elemento é água.

A próxima etapa é dividir o ano em trimestres, com base nos signos **mutáveis**.

SIGNOS MUTÁVEIS

Peixes = fim do inverno (Hemisfério Norte) ou do verão (Hemisfério Sul)

Gêmeos = fim da primavera (Hemisfério Norte) ou do outono (Hemisfério Sul)

Virgem = fim do verão (Hemisfério Norte) ou do inverno (Hemisfério Sul)

Sagitário = fim do outono (Hemisfério Norte) ou da primavera (Hemisfério Sul)

Na estação/Fora da estação

No exemplo, o indivíduo será pisciano e estará cumprindo o fim de uma estação (inverno ou verão, dependendo do hemisfério) quando o Sol estiver mais próximo de seu aniversário e estará na estação oposta ou "fora da estação" quando o Sol estiver mais longe dele (em Virgem). Você sempre deve começar as coisas no fim da estação anterior ao do seu nascimento (Sagitário), quando o Sol estiver se aproximando de seu aniversário, e terminar as coisas no fim da estação posterior ao nascimento (Gêmeos), quando o Sol estiver começando a afastar-se dele.

Na iminência

A estação anterior à sua é quando o Sol se aproxima de seu aniversário. A força solar está aumentando, o que significa que esse é o momento de podar, eliminar tudo o que já tiver perdido a utilidade, plantar as sementes de novos projetos e investir energia nas perspectivas que parecerem promissoras. Além de ser perfeito para conhecer gente nova e fazer novos amigos e associados, esse momento também é ótimo para atualizar seu *status* de relacionamento nas redes sociais, pois sua energia solar está em ascensão. Para os piscianos, tudo que começar quando o Sol estiver em Sagitário florescerá quando o Sol entrar no signo de Peixes.

Na estação

Sua época de pico no ano é quando o Sol está em seu signo do zodíaco. Esse é você no sentido mais pleno de expressão. Procure sempre fazer as coisas mais importantes quando estiver na estação, pois esse é o momento em que o Sol lhe mostra sua melhor luz: mais encantador, mais atraente e mais delicioso. Quando está em seu signo natal, o Sol é quente e brilhante e o torna maduro para a colheita.

Na partida

A estação depois da sua é quando o Sol começa a afastar-se de seu aniversário. Esse é o momento de fechar negócios, acertar contas e finalizar acordos, porque o que atinge o pico em Peixes desaparece no signo de Gêmeos. Também é um bom momento para fazer um balanço. Você teve safra recorde ou a colheita foi minguada? Se a safra tiver sido um sucesso, ótimo. Você saberá que está no caminho certo e vai querer investir mais energia no que fez para poder levar as coisas ao patamar seguinte. Se a colheita tiver sido minguada, com certeza você decidirá encerrar tudo o que não deu certo: deixar o emprego estagnado, retirar sua casa do mercado ou dar um basta àquela pessoa que nunca conseguiu assumir um compromisso. Você sempre poderá voltar a tentar depois de seis meses.

Fora da estação

Quando está fora da estação, você se sente letárgico, pouco reconhecido e sem autonomia, como se estivesse à disposição dos outros. E, na verdade, é isso mesmo, pois o nível de energia do Sol atinge o mínimo histórico; embora ainda haja um pouco dessa energia, parece que ela entrou na clandestinidade. Quando o Sol está no signo oposto ao seu, é como se fosse o Sol da meia-noite: fica escuro e frio, e você não consegue enxergar o caminho que deve seguir. Nem é preciso dizer que não é um bom momento para tomar grandes decisões nem assumir responsabilidades importantes, porque você não atenderá às expectativas. A boa notícia é que esse também é o momento em que o Sol começa a rumar em direção ao seu aniversário para reacender o fogo.

Em seguida, adicione os elementos

Agora que você já sabe como identificar quando está na estação e fora dela, passemos aos elementos. Eles são importantes porque identificam os signos nos quais você se sairá bem (boas épocas do ano) e aqueles em que seu desempenho será menos brilhante (épocas do ano ruins). Se quiser, pegue papel e caneta para fazer a lista de épocas favoráveis e épocas desfavoráveis, de acordo com seu Calendário Cósmico.

Os elementos

Se você é pisciano, seu signo pertence ao elemento Água. Isso implica que os outros dois signos de água – Câncer e Escorpião – o favorecem.

ÁGUA

♋	♏	♓
CÂNCER (21 junho-21 julho)	ESCORPIÃO (23 outubro-21 novembro)	PEIXES (18 fevereiro-19 março)

Portanto, você está na alta temporada no fim de uma estação e também "em seu elemento" quando o Sol está em Câncer ou em Escorpião. Isso é bom, porque acabamos de adicionar dois meses à sua lista de épocas vantajosas do ano.

Cada elemento tem um elemento complementar. O elemento complementar é aquele que gosta de você, embora, na verdade, não seja seu melhor amigo. O elemento complementar da Água é a Terra.

TERRA

♉	♍	♑
TOURO (19 abril-19 maio)	VIRGEM (22 agosto-21 setembro)	CAPRICÓRNIO (21 dezembro-18 janeiro)

Pense em como a rega do solo contribui para o crescimento das plantas e verá por que esses dois elementos se dão bem. Para Peixes, os signos de terra Touro e Capricórnio são os mais predispostos a ajudá-lo, pois estão mais próximos do seu signo no calendário. Por isso, Peixes pode adicionar o período de Touro e de Capricórnio à sua lista de boas épocas do ano. Agora, você tem até cinco meses vantajosos.

Apesar de ser um signo de terra, Virgem não é favorável a Peixes porque é quando o Sol está em oposição ao aniversário de Peixes. Virgem vai entrar na coluna de épocas desfavoráveis.

♍

VIRGEM
(22 agosto-21 setembro)

Ar e fogo nem sempre são compatíveis com água, mas são complementares entre si – por exemplo, o ar ventila as chamas. Isso não quer dizer que sejam hostis à água, mas imagine que estejam sempre jogando pedra, papel e tesoura. Entre esses três elementos, há uma constante disputa para superar uns aos outros enquanto lutam para levar a melhor: o fogo faz a água evaporar, mas a água apaga uma chama; a água afoga o ar, mas um peixe fora da água morre sufocado.

As épocas do ano em que Peixes se sente fora de seu elemento é quando o Sol está em signos de ar – Gêmeos, Libra e Aquário...

AR

♊	♎	♒
GÊMEOS (20 maio-20 junho)	LIBRA (22 setembro-22 outubro)	AQUÁRIO (19 janeiro-17 fevereiro)

... e, de novo, quando o Sol está viajando pelos signos de fogo – Áries, Leão e Sagitário.

FOGO

♈	♌	♐
ÁRIES (20 março-18 abril)	LEÃO (22 julho-21 agosto)	SAGITÁRIO (22 novembro-20 dezembro)

Isso pode lhe dar a impressão de que há mais momentos ruins que bons, mas os efeitos negativos são diminuídos nos signos não complementares que ladeiam seu aniversário, porque você está na estação.

♒	♈
AQUÁRIO (19 janeiro-17 fevereiro)	ÁRIES (20 março-18 abril)

Entretanto, você ainda precisará ter cuidado com esses signos adjacentes, porque eles nem sempre são confiáveis. É um terreno duvidoso, porém não tão difícil de atravessar.

E, por outro lado, não deixe de observar que os efeitos negativos são potencializados nos signos não complementares que ladeiam seu signo oposto, o que significa que, se você é pisciano, precisa ficar atento quando o Sol estiver em Leão e também em Libra.

♌	♎
LEÃO (22 julho-21 agosto)	LIBRA (22 setembro-22 outubro)

Agora, você poderia dizer: mas pensei que em Sagitário seria a hora de Peixes começar as coisas e, em Gêmeos, a hora de finalizá-las. Por que seriam épocas "ruins"? Basta se perguntar quantas vezes você já estava pronto para dar a largada em sua data de início. Não demora sempre um pouco para arrumar as coisas antes de elas começarem a dar certo? E os prazos? Quantas vezes você se pega correndo contra o relógio para terminar um trabalho? As épocas do ano em que você está fora de seu elemento não são necessariamente ruins. É mais correto dizer que são as épocas em que você se sente mais ansioso, confuso ou pressionado.

Compatibilidade elemental

Água complementa terra; é incompatível com ar e fogo.
Terra complementa água; é incompatível com ar e fogo.
Ar complementa fogo; é incompatível com água e terra.
Fogo complementa ar; é incompatível com água e terra.

Incorpore os planetas

Agora que você elaborou sua lista de bons e maus momentos do ano, é hora de incorporar os planetas.

Volte a seu mapa e faça uma lista de todos os planetas e dos signos do zodíaco em que eles estão. Não deixe de incluir os elementos. Isso lhe dará uma ideia do equilíbrio entre os elementos em seu mapa. Não espere que os elementos estejam distribuídos de modo uniforme. Muitas vezes, o Sol está em um elemento, e o restante dos planetas, espalhado pelos outros três.

Quando os planetas jogam no mesmo time

Todos os planetas que estiverem no mesmo elemento que seu Signo Solar ou no elemento complementar ao seu estão jogando em seu time. Trabalham em seu benefício, e isso vale até mesmo para os planetas difíceis de administrar. Por exemplo, quando estão em um signo de elemento igual ou complementar ao de seu Signo Solar, o combativo Marte aporta coragem, Saturno traz disciplina, e Urano, mais esclarecimento. É bom saber de todas essas coisas, mas é ainda melhor saber como usar esses posicionamentos planetários para planejar com base neles. Quando você já sabe quais são os meses em que pode esperar mais coragem, mais foco ou mais energia inventiva, será fácil saber quando pedir um aumento, assumir um projeto importantíssimo ou fazer seu melhor *brainstorming*. São os meses em que o Sol está passando pelos signos em que esses planetas estão em posicionamentos favoráveis.

O que fazer quando os planetas não estão num bom lugar (para você)

Mas e se você tiver esses planetas em elementos não compatíveis? Marte se tornará mais hostil; Saturno, mais exaustivo; e Urano, mais imprevisível. No entanto, essa ainda é uma informação útil, porque, assim, você sabe o que esperar. Entretanto, os planetas em elementos hostis não são bombas-relógio à espera do momento em que o Sol passará sobre eles. Você pode usar esses períodos para crescer como pessoa. Digamos que o elemento Água seja escasso em seu mapa. Então, a passagem do Sol pelos meses dos signos de água lhe dirá quando será preciso lidar com questões emocionais que vão além das que você está habituado a enfrentar. No seu caso, esses são momentos cruciais; se ignorar o que está acontecendo, com certeza, você afundará; se aprender com eles, nadará. Os obstáculos podem tornar-se oportunidades de crescimento quando o Sol está passando por signos fora da estação.

Não há mapas "ruins"

A passagem do Sol por signos do zodíaco de elemento igual ou complementar ao de seu Signo Solar também pode ajudá-lo a lidar com posicionamentos planetários difíceis em seu mapa astrológico. Digamos que você tenha nascido com Saturno, o planeta das provas, em seu Signo Solar. Esse é um posicionamento árduo, pois lhe atribui uma tarefa ingrata depois da outra, e, em geral, no período em torno de seu aniversário. No entanto, ao passar por um signo do zodíaco de elemento igual ou complementar – se você for pisciano, signos de água ou signos complementares, como Touro e Capricórnio –, o Sol de fato influirá no peso da energia de Saturno para evitar que seja tão avassalador. Não é diferente de viver em um apartamento escuro e sombrio, mas que recebe luz das 12 às 14 horas. A viagem do Sol por signos de elemento igual ou complementar ao seu se revela como épocas do ano em que você consegue sentir a depressão ceder, lidar com um problema com o qual vem lutando ou até mesmo avançar numa subida. As coisas nunca são fixas em seu mapa astrológico, porque o Sol está sempre em movimento. Pode demorar dias, semanas ou meses, mas o Sol sempre "nascerá amanhã", porque, em algum momento, estará na estação ou passará por um signo do zodíaco de elemento igual ou complementar ao do seu signo.

Siga o Sol

Sabemos que há um tempo para semear e um tempo para colher, mas também há um tempo para fazer outras coisas, como se apaixonar, construir ou descartar. Você pode usar os signos em que estão seus planetas para descobrir quais são essas épocas do ano para você:

A passagem do Sol pelo signo em que está sua Lua é um momento para engravidar.

A passagem do Sol pelo signo em que está seu Mercúrio é um momento para comprar e vender.

A passagem do Sol pelo signo em que está seu Vênus é um momento para o amor.

A passagem do Sol pelo signo em que está seu Marte é um momento para lutar.

A passagem do Sol pelo signo em que está seu Júpiter é um momento de sorte.

A passagem do Sol pelo signo em que está seu Saturno é um momento de testes.

A passagem do Sol pelo signo em que está seu Urano é um momento de colapsos ou avanços.

A passagem do Sol pelo signo em que está seu Netuno é um momento de inspiração criativa ou ilusão.

A passagem do Sol pelo signo em que está seu Plutão é um momento de provações ou transformações.

Juntando tudo

Agora que tem um modelo para o ano, você pode ir em frente e cartografar seus períodos bons e ruins com base no momento em que você estará na estação ou fora dela. Não deixe de anotar os signos dos elementos favoráveis e desfavoráveis. Isso é importante, sobretudo, para determinar quais planetas de seu mapa o ajudarão e quais o atrapalharão e quando isso acontecerá. Lembre-se de que mesmo os planetas que vão atrapalhar ainda apresentam oportunidades de crescimento, desde que você esteja disposto a incorporar os elementos deles com os quais tem pouca familiaridade. Você pode até passar a vê-los como forças positivas ocultas.

Seu Calendário Cósmico

Por mais que nossa vida se baseie em um só calendário para todos, cada um de nossos calendários pessoais é diferente. Algumas pessoas são rápidas desde o início, ao passo que outras demoram para desabrochar. Há pessoas que passam pela vida sem encontrar nenhum obstáculo, ao passo que outras precisam se arrastar por longos períodos antes de topar com algo animador e gratificante de verdade. A beleza em ter um Calendário Cósmico todo seu é que ele lhe ensina a fazer as coisas em seu tempo. Se estiver em sintonia com seu Calendário Cósmico, você não precisará agir antes de estar pronto, aceitar algo de que não goste, pressionar-se para produzir nem se preocupar com oportunidades perdidas. Saberá quando chegar a hora certa. Seu Calendário Cósmico também lhe ensina a ser dono de seu tempo, e essa talvez seja a maior de todas as dádivas. Muitas vezes, o tempo é algo que perdemos quando nos preocupamos com ele. Nada está perdido, travado nem chegando ao fim se você estiver vivendo a vida que deveria viver.

Divida o ano em trimestres com base no modo

Essa divisão do ano em trimestres pode ser aplicada a qualquer signo, mas precisa ser feita por modos. Identificar os modos é como configurar quatro pontos em uma bússola. Só que, em vez de direções, você usará estações.

Se seu signo for cardinal, divida o ano por signos cardinais; se for fixo, divida-o por signos fixos; e, se for mutável, divida-o por signos mutáveis.

Veja como fica:

Áries (cardinal) se eleva em Capricórnio (de 21 de dezembro a 18 de janeiro), atinge o pico em Áries (de 20 de março a 18 de abril), ata as coisas em Câncer (de 21 de junho a 21 de julho) e se sente indisposto no âmbito físico e/ou mental em Libra (de 22 de setembro a 22 de outubro).

Touro (fixo) se eleva em Aquário (de 19 de janeiro a 17 de fevereiro), atinge o pico em Touro (de 19 de abril a 19 de maio), ata as coisas em Leão (de 22 de julho a 21 de agosto) e se sente indisposto no âmbito físico e/ou mental em Escorpião (de 23 de outubro a 21 de novembro).

Gêmeos (mutável) se eleva em Peixes (de 18 de fevereiro a 19 de março), atinge o pico em Gêmeos (de 20 de maio a 20 de junho), ata as coisas em Virgem (de 22 de agosto a 21 de setembro) e se sente indisposto no âmbito físico e/ou mental em Sagitário (de 22 de novembro a 20 de dezembro).

Câncer (cardinal) se eleva em Áries (de 20 de março a 18 de abril), atinge o pico em Câncer (de 21 de junho a 21 de julho), ata as coisas em Libra (de 22 de setembro a 22 de outubro) e se sente indisposto no âmbito físico e/ou mental em Capricórnio (de 21 de dezembro a 18 de janeiro).

Leão (fixo) se eleva em Touro (de 19 de abril a 19 de maio), atinge o pico em Leão (de 22 de julho a 21 de agosto), ata as coisas em Escorpião (de 23 de outubro a 21 de novembro) e se sente indisposto no âmbito físico e/ou mental em Aquário (de 19 de janeiro a 17 de fevereiro).

Virgem (mutável) se eleva em Gêmeos (de 20 de maio a 20 de junho), atinge o pico em Virgem (de 22 de agosto a 21 de setembro), ata as coisas em Sagitário (de 22 de novembro a 20 de dezembro) e se sente indisposto no âmbito físico e/ou mental em Peixes (de 18 de fevereiro a 19 de março).

Libra (cardinal) se eleva em Câncer (de 21 de junho a 21 de julho), atinge o pico em Libra (de 22 de setembro a 22 de outubro), ata as coisas em Capricórnio (de 21 de dezembro a 18 de janeiro) e se sente indisposto no âmbito físico e/ou mental em Áries (de 20 de março a 18 de abril).

Escorpião (fixo) se eleva em Leão (de 22 de julho a 21 de agosto), atinge o pico em Escorpião (de 23 de outubro a 21 de novembro), ata as coisas em Aquário (de 19 de janeiro a 17 de fevereiro) e se sente indisposto no âmbito físico e/ou mental em Touro (de 19 de abril a 19 de maio).

Sagitário (mutável) se eleva em Virgem (de 22 de agosto a 21 de setembro), atinge o pico em Sagitário (de 22 de novembro a 20 de dezembro), ata as coisas em Peixes (de 18 de fevereiro a 19 de março) e se indisposto no âmbito físico e/ou mental em Gêmeos (de 20 de maio a 20 de junho).

Capricórnio (cardinal) se eleva em Libra (de 22 de setembro a 22 de outubro), atinge o pico em Capricórnio (de 21 de dezembro a 18 de janeiro), ata as coisas em Áries (de 20 de março a 18 de abril) e se sente indisposto no âmbito físico e/ou mental em Câncer (de 21 de junho a 21 de julho).

Aquário (fixo) se eleva em Escorpião (de 23 de outubro a 21 de novembro), atinge o pico em Aquário (de 19 de janeiro a 17 de fevereiro), ata as coisas em Touro (de 19 de abril a 19 de maio) e se sente indisposto no âmbito físico e/ou mental em Leão (de 22 de julho a 21 de agosto).

Peixes (mutável) se eleva em Sagitário (de 22 de novembro a 20 de dezembro), atinge o pico em Peixes (de 18 de fevereiro a 19 de março), ata as coisas em Gêmeos (de 20 de maio a 20 de junho) e se sente indisposto no âmbito físico e/ou mental em Virgem (de 22 de agosto a 21 de setembro).

LEMBRETE: Essas datas dos signos solares são aproximadas, pois, às vezes, mudam um dia a cada ano. O Sol pode fazer a transição de um signo do zodíaco para o outro um dia antes ou um dia depois, mas nunca mais que isso. Vale a pena se lembrar do fato quando traçar seu calendário anual. A explicação para isso está na página 57 do capítulo "O Sol".

AGRADECIMENTOS

Quero agradecer a Megan Newman, minha editora; Lisa DiMona, minha agente; e Marian Lizzi, minha revisora – elas são as pessoas com as quais todos os escritores sonham em trabalhar.

Um agradecimento especial a meus alunos, que me ensinaram mais do que eu poderia lhes ensinar: Michelle Argentine, Sam Barket, Rob Barnes, Annie Bills, Megan Brown, Sandy Burkett, Jan Burnell, Tammy Carlston, Marty Cooke, Nick Critchlow, Stephanie Nelson Cunningham, Martsie Earl, Angie Fernandez, Stef Garcia, Laura Godenick, Kadian Grant, Karah Gray, Melissa Hadley, David Harrington, Wanda Hatton, Colleen Hoyt, Mary Ann Hughes, Emilie Jensen, Larissa Jones, Tomarra LeRoy, Shawn Lerwill, Susan Lundstrom, Marie Manuchehri, John Neider, Shan Neider, Pat Nelson, Tonya Nemanic, Kristen Nicole, Sasha Nydegger, Katy Okelberry, Wendi Record, Shelly Riley, Cresta Schiefer, Sue Shorey, Jillian Spartan, Pamela Thompson, Emmy Thomson, Jean Timpson, Richard Valverde, Sara Vegulla, Suzanne Wagner, Robby Woodliff, Jerre Wroble e Elle Young.

E, para finalizar, uma reverência à minha deusa padroeira, Leslie Soref.

SOBRE O AUTOR

Nascido e criado em Menlo Park, na Califórnia, Christopher mudou-se para Nova York aos 18 anos, para frequentar a Juilliard School of Drama. Enquanto estudava atuação e dramaturgia, também estudou astrologia com Carolyn Asnien, que lhe ensinou a desenvolver habilidades valiosas para atuar em consultoria, como ler um mapa astral em qualquer hora e em qualquer lugar, sempre de modo "verdadeiro". Isso veio a calhar quando ele criou sua clientela nas décadas de 1980 e 1990 lendo cartas de tarô em salas VIP de várias discotecas e em clubes noturnos e interpretando mapas astrais para clientes em domicílio e em galerias de arte do SoHo. O resultado de todo esse percurso foi uma coluna mensal de horóscopos para a revista *Allure* (Condé Nast), uma coluna diária de signos solares para o *San Francisco Chronicle* e seu primeiro livro, *Ruling Planets*, publicado pela HarperCollins.

Atualmente, Christopher administra o RulingPlanets.com, um *site* por assinatura baseado em seu *best-seller*, além de ministrar aulas e *workshops* de astrologia em todo o país. Faz palestras sobre a história da astrologia nos Estados Unidos desde os tempos pré-revolucionários até os tempos modernos, com ênfase especial na história da astrologia *pop* na América (é mais antiga e mais colorida do que você pensa), sobre a astrologia no período da Guerra Civil Americana, sobre astrologia e identidade *queer*, além de apresentar algumas histórias entremeadas da astrologia da Nova Era e do fundamentalismo cristão. É casado com Adam Sklute, diretor artístico do Ballet West, de Salt Lake City, e orgulhoso tutor de Juno, uma cadela da raça Kangal que tem gosto peculiar pela *New York Review of Books*. Não há brinquedo para estimular a dentição que consiga detê-la.